KB122195

10배 마인드셋

10

배
마인드셋

10X
IS
EASIER
THAN
2X

10배가 2배보다 쉽다

벤저민 하디, 댄 설리반 지음 / 심채원 옮김

글의온도

25년 동안 댄 설리번의 가르침을 받으며, 그의 교훈이 내 삶의 모든 면에서 10배 성장을 이끌었음을 직접 체험했다. 벤저민 하디 박사는 이 걸작에서 댄의 10배 마인드셋을 더욱 명쾌하게 풀어냈다. 모든 기업가라면 반드시 읽어야 할 필독서다!

지노 위크먼_ 『트렉션』과 『이오스 라이프』 저자

댄은 10배 마인드셋의 대가다. 앞으로 다가올 성장의 시기에 이 책의 교훈은 생존에 필수적일 뿐만 아니라 성공을 위한 완벽한 길잡이가 될 것이다.

피터 H. 디아만디스_ 의학박사, 뉴욕타임스 베스트셀러 『풍요』Abundance, 『대담함』Bold, 『미래는 생각보다 빠르다』The Future Is Faster Than You Think 저자

단 10%의 성과 향상을 위해 애쓰는 것은 전 세계인과 똑똑함을 겨루는 것과 같다. 설령 이 경쟁에서 이긴다 해도 결과는 미미할 뿐이다. 10% 높은 목표 대신 10배의 목표를 세우는 것은 100배 어려울 수 있으나, 그에 따른 보상 역시 100배에 달해 투자 대비 수익률이 훨씬 높아진다.

때로는 이런 대담한 목표 설정이 오히려 더 쉬울 수 있는데, 그 이유는 이러한 사고의 전환이 주변인들보다 더 똑똑해지려 애쓰는 것보다 실은 훨씬 적은 비용이 들기 때문이다.

아스트로 텔러_ 구글의 자회사 X[1]의 CEO

이 책은 단순한 동기부여를 넘어, 단계별 실천 로드맵을 제시한다. 댄 설리번이 소개하는 10배 마인드셋은 성공을 위한 필수 스킬이다.

크리스 보스_ 블랙 스완 그룹의 CEO 겸 설립자, 『우리는 어떻게 마음을 움직이는가』
Never Split the Difference 저자

차례

10배 마인드셋

PART 2

10배 마인드셋, 실천편

인생의 모든 도약은
새로운 나를 요구한다

◆ 애벌레가 세상의 종말이 온 줄 알 때, 우리는 "넌 이제 나비
  가 될 거야"라고 말해준다.

— 리처드 바크, 베스트셀러 『갈매기의 꿈』 저자

1493년 이탈리아 피렌체, 17세의 미켈란젤로는 사람의 시신
을 몰래 구해 해부하는 일에 몰두한다. 당시에는 사형에 처해질
수도 있는 큰 범죄였다.

"우리 빈민가를 돌면서 시신을 찾아볼래?" 미켈란젤로는 아버
지가 저명한 의사였던 친구 마르실리오 피치노에게 물었다. 피치
노는 도저히 믿을 수 없었다.

"사랑하는 친구야, 시신 도굴꾼이 될 생각일랑 아예 꿈도 꾸지 말라고!"[1]

하지만 미켈란젤로는 필사적이었다. 다른 방법이 없다면 무덤을 파헤쳐서라도 시신을 구할 작정이었다. 자신의 '목표 달성'을 위해서는 해부학적 지식이 필수였기 때문이었다.

그는 이제 막 실물 크기의 입체 조각품인 9피트(약 2.7미터) 높이의 헤라클레스 조각을 제작할 참이었다. 최근 후원자이자 멘토였던 로렌초 데 메디치Lorenzo di Piero de' Medici가 세상을 떠난 후 미켈란젤로는 그를 추모하기 위해 이 프로젝트를 계획했다.

미켈란젤로는 이 조각상을 시작하기 전에도 작은 조각을 많이 제작했다. 하지만 입체적인 작품도 아니고, 돈을 받고 한 일도 아니었다. 이 프로젝트는 그가 프로 의식을 가지고 진행한 첫 번째 대형 프로젝트였다. 그는 더 이상 초보자나 아마추어처럼 생각하거나 행동하지 않으려 했다.

그는 피렌체 두오모 대성당의 관리인을 설득하여 마당에 방치된 오래된 대리석 덩어리를 자기에게 팔라고 졸랐다. 지난 2년간 메디치 궁전에서 일하며 모은 돈의 대부분인 황금 5플로린을 대리석 구매에 쏟아부었다.

로렌초가 죽은 후 미켈란젤로는 가난에 시달리던 아버지와 함께 고향으로 돌아와야 했는데, 아버지는 아들이 예술가가 되는 것을 반대하고 장사를 권했다. 아버지의 축복을 받기 위해, 조각품 제작 의뢰를 받았는데 의뢰인이 대리석을 사주었고, 작업하는 동안 매달 소액의 보수도 받을 예정이라고 거짓말했다. 프로젝트가 실패하면 꿈을 포기해야 할지도 몰랐기에 이것은 위험한 거짓말이었다.

두오모 공방에 자리 잡은 미켈란젤로는 밀랍으로 헤라클레스 모형을 만들기 시작했다. 하지만 그 과정에서 곧 인물 조각에 필요한 기술이 자신에게 부족함을 깨달았다.

내가 무엇을 하고 있는지 모르는데 어떻게 사람을 만들 수 있을까? 피부, 근육, 뼈대만 간신히 표현하는 것 말고는 내가 뭘 할 수 있을까? 내 눈에 보이지 않는, 표면 아래에 숨겨진 인체의 중요한 구조는 어떻게 파악할 수 있단 말인가? 내부에서 형성되어, 외형을 만드는 것들은 대체 어떻게 표현한단 말인가?[2]

생생한 인물상을 그리고 조각하려면 오직 신체 외부와 내부의 복잡성과 기능을 직접 연구해야 한다고 결심했다.

그렇다면 어디서 시신을 구한단 말인가? 부유층의 시신은 가족 무덤에 묻혀 있으므로 어떻게 할 수 없었다. 중산층의 시신 역시 종교 의식을 치른 후라 구하기 쉽지 않았다.

피렌체에서 아무도 돌보지 않고 원치 않는 죽음을 맞은 이들, 극빈자, 고아, 걸인뿐이었다. 이들은 아플 때 무료 병상이 있는 교회 병원으로 실려갔다.

미켈란젤로는 야심 찬 프로젝트를 완성하기 위해 또 다른 큰 모험을 감행해야 했다. 시신을 만지다 적발되면 최소한 감옥행이었고, 최악은 사형이었다.

피렌체의 자선 병원 산토 스피리토는 어찌 보면 가장 큰 무료 숙소였다. 미켈란젤로는 산토 스피리토를 몰래 돌아다니며 시신 안치소를 찾아냈다. 그는 밤늦게 안으로 들어가 해가 뜨기 전에 나오기를 반복했다. 촛불이 깜빡거리면 미켈란젤로는 빵을 굽는 수도사들이 곧 근처에 오는 것도 알았다.

그렇게 몇 달 동안 수십 구의 시체를 해부하며 미켈란젤로는 인체 해부학을 터득해갔다. 근육이 어떻게 구부러지고, 정맥이 어떻게 펌프질하며, 힘줄은 어떻게 늘어나는지 등 세부적인 부분을 주의 깊게 살폈다. 그는 모든 장기를 잡고 잘라보았다. 시간이 지나자, 시체 냄새에도 익숙해졌다. 그는 사람마다 생김새는 다르지만 뇌의 모양과 느낌은 비슷하다는 사실에 흥미를 느꼈다.

집으로 돌아와 배운 것을 스케치하며, 해부학은 미켈란젤로의 전문 분야가 되었다.[3] 훗날 그의 제자는 이렇게 회고했다.

> 미켈란젤로는 해부를 통해 알려진 모든 동물을 연구했고, 인체 해부 횟수는 전문가를 능가했다. 이는 다른 화가들이 따라올 수 없는 수준이었고, 그의 탁월함에 큰 영향을 미쳤다. 평생을 인체 해부에 몰두한 사람들조차 미켈란젤로만큼 사람의 몸에 대해 잘 알지 못했다.[4]

미켈란젤로는 이런 과정을 거치며 큰 조각상을 완성할 수 있는 기술과 자신감을 키웠다. 디자인을 구상하고 계획하면서 그는 조각상의 자세와 감정을 확실히 느껴보고자 여러 버전을 스케치했다. 영웅의 전형적인 모습인 넓은 다리와 엉덩이, 팔을 벌린 모습 대신 그리스식의 닫히고 간결한 모습을 제시했다. 해부학 지식을 바탕으로 헤라클레스의 힘의 원천을 몸통과 팔다리 사이의 통합된 것으로 묘사했다. 작은 허리 가죽만 입은 헤라클레스는 맨몸으로 거대한 몽둥이에 기대어 힘찬 포즈를 취하고 있다.

미켈란젤로가 스케치한 헤라클레스 동상[5]

미켈란젤로는 거친 점토 모형으로 무게와 자세를 계속 조정하면서 최적의 자세를 찾았다. 몸집과 근육의 긴장 사이의 상호작용을 잘 알고 있던 그는 클럽을 잡은 팔에 반응하여 등 근육이 굽어지는 모습을 세밀하게 표현했다. 몸을 기울이자 힘줄이 늘어나고 수축했고, 인대가 긴장되고, 엉덩이와 어깨가 회전했다.

이 모든 것을 확신 있게 표현할 수 있었던 것은 인체 해부학을 이해하고 있었기 때문이었다. 그는 납작한 막대기를 사용하여 목 깊이, 겨드랑이 깊이, 몸통 경사, 구부러진 무릎에 도달하기 위해 얼마나 깊게 잘라야 하는지 감을 잡았다. 쟁기로 밭을 갈듯이 표면에 가깝게 깎아내자, 세라베자 대리석의 풍화된 외피 아래 부드러운 내부가 드러났고, 유백색 부스러기가 손가락 사이로 부서져 나왔다. 표면 아래로 더 깊이 들어가자 대리석은 금세 철처럼 단단해져 원하는 형태를 얻으려면 온 힘을 쏟아야 했다.

그는 대리석을 거의 망가뜨릴 뻔했다. 목 부위를 너무 깊이 잘라낸 탓에 새로 생긴 어깨 근육에 강한 힘이 가해지면서 머리에 스트레스를 주는 진동이 느껴졌기 때문이다. 좁은 지점에서 대리석에 금이 갔다면 헤라클레스는 머리를 잃을 수도 있었다.

다행히 머리는 깨지지 않고 버텨냈다.

미켈란젤로는 밀리미터 단위까지 세밀하게 표현하기 위해 여러 정교한 도구를 직접 제작했다. 망치를 두드릴 때마다 수정을 자르는 끌 같은 느낌 대신 균등하게 힘이 분산되도록 했다. 때때로 뒤로 물러나 대리석 주위를 돌며 쌓인 먼지를 닦아냈다. 멀리

서 살펴보다가 눈을 가늘게 뜨고 가까이서 보기를 반복했다.

몇 번의 실수로 헤라클레스의 앞면을 깎아내기도 했지만, 뒤쪽에 여분의 대리석을 남겨두어 계획보다 더 깊숙이 조각할 수 있었다.

진행 속도는 점차 빨라졌다. 위풍당당한 가슴, 찢어진 팔뚝, 나무줄기 같은 허벅지 등 대리석의 해부학적 구조가 점토 모델과 일치해갔다. 손 드릴로 콧구멍과 귀를 만들며 섬세하게 조각했다. 최고급 끌로 광대뼈를 둥글게 다듬고, 손을 천천히 돌리면서 미세한 터치로 날카롭고 또렷한 눈매를 만들었다.

프로젝트가 막바지에 이르자 그는 더 오랜 시간 작업에 몰두했고, 식사도 잊은 채 지쳐서 침대에 털석 누울 때가 많았다.

미켈란젤로의 10배 마인드셋

완성된 헤라클레스에 대한 소문은 금세 퍼져 나갔다.

미켈란젤로는 이 작품을 궁전 마당에 걸고 싶어 하는 스트로치 가문에게서 황금 100플로린(피렌체 사람에게는 엄청난 금액이었다)을 제안받았다. 조각상이 완성된 시기는 1494년 봄이었고 미켈란젤로의 나이는 19세였다.

미켈란젤로는 꿈꾸던 수준의 헤라클레스를 조각하기 위해 그누구도 하지 않았던 인체 해부학을 깊이 공부했다. 불가능해 보이는 목표를 세우고, 수많은 시행착오를 겪으며 진지하게 집중하고 위험을 무릅쓴 끝에 마침내 주목할 만한 프로젝트를 완성해냈다.

위대한 예술가 미켈란젤로 역시 처음부터 천재로 태어난 것이 아니었다. 그는 내가 '10배 프로세스'라 부르는 것을 꾸준히 추구하면서 위대한 예술가로 도약했고, 궁극적으로 전설의 반열에 올랐다.

미켈란젤로는 지금까지 해왔던 그 어떤 작업보다 훨씬 뛰어나면서도, 자기 분야에서 이미 확립된 표준이나 규범을 뛰어넘는, 혁신적이고 비선형적인 작업을 시도했다. 그가 원하는 수준의 프로젝트를 마치려면 기술과 창의성뿐만 아니라 헌신, 신념, 정체성까지 완전히 변화시켜야만 했다.

그는 10배 프로젝트를 위해 많은 위험을 감수해야 했다. 복잡한 인체 해부학, 실물 크기의 인간 조각상 제작 등 독특한 지식과 관점을 배우고 업그레이드해야 했기 때문이다. 헤라클레스를 완성하고 판매하면서 그는 프로젝트를 시작했던 17살 무렵의 자신과는 질적으로 다른 사람이 되었다.

헤라클레스 조각상을 성공적으로 만들어 판매한 후 그는 정신적, 정서적으로 완전히 다른 사람이 되었고, 이전보다 훨씬 더 확장된 기술과 자신감으로 무장했다. 직업적으로도 그는 이전과는 전혀 다른 위치에 있었다. 이제 그는 중요한 일을 해냈다는 평판을 얻었고, 사람들은 미켈란젤로에게 더 많은 관심을 가지고 그에게 더 많은 작품을 의뢰하고 싶어 했다.

미켈란젤로는 어떻게 이런 돌파구를 마련할 수 있었을까?

최근 들어 심리학에서 점점 더 중요해지는 개념인 심리적 유연성psychological flexibility은 개인의 가치에 부합하는 방식으로 문제에 대응하는 능력으로 정의된다.[6] 근본적으로는 감정적으로 힘든 상황에서도 선택한 목표를 향해 나아가는 능력을 의미한다. 자신의 감정을 인정하고 받아들이는 동시에, 그 감정에 휘둘리지 않는 상태다. 심리적으로 유연해지면 감정적으로 확장되고 성장할 수 있으며, 힘들 때도 더 헌신적이고 일관된 삶을 살 수 있다.[7][8][9]

이것은 어떻게 가능할까?

심리적 유연성의 핵심은 자신을 콘텐츠(내용물, 대상)로 보는 것이 아니라 맥락으로 인식하는 것이다.[10][11][12] 이렇게 하면 자신을 곧 생각과 감정과 동일시하지 않으므로 자기 생각과 감정에 지나치게 몰입하지 않을 수 있다. 대신 생각과 감정의 맥락을 바꾸면 내용도 바뀌는 것을 경험한다.

자신을 콘텐츠가 아닌 맥락으로 보게 되면 훨씬 더 유연하고 적응력이 높아진다. 마치 가구 배치를 바꾸거나 집을 리모델링하는 것처럼, 자신을 발전시키고 변화시키는 데 도움이 된다. 자신을 하나의 맥락으로 확장하면, 큰 장애물이나 기회가 닥쳐왔을 때도 당황하지 않고 대처할 수 있다. 이 과정에서는 점점 더 흥미로운 목표를 향해 새로운 경로를 찾아가며, 겸손하면서도 단호하게 당신의 길을 헤쳐나갈 수 있다.

미켈란젤로는 놀라울 정도로 유연했다. 그는 계속해서 더 웅장하고 깊이 있는 비전을 떠올렸고, 그 비전을 실현하기 위해 감정적으로, 기술적으로 그리고 능력 면에서 자신을 발전시켰다. 이를 통해 자유와 선택의 폭을 넓혔고, 10배 도약할 때마다 정체성과 삶의 질이 근본적으로 개선되었다. 그리고 이 과정은 평생 계속되었다.

미켈란젤로는 헤라클레스 조각상에서 멈추지 않았다.

이미 얻은 자신감과 기술을 바탕으로, 로마의 라파엘레 리아리오 추기경이 200플로린에 급히 의뢰한 작은 큐피트 조각상을 작업하는 것으로 다음 10배 도약에 도전하기 시작했다. 리아리오 추기경은 이 작품에 크게 감명받아 미켈란젤로를 자신의 궁전으로 초대하여 풀타임으로 일하도록 했다.[13]

1496년 6월 25일, 21세의 미켈란젤로는 평생을 보냈던 피렌체를 떠나 로마에 도착했다. 그는 즉시 거대한 대리석 조각을 찾아 야심찬 새 프로젝트에 착수했다. 8~9개월 후인 1497년 봄, 어린 사티로스(반인반수)가 뒤에서 바라보는 포도를 든 로마의 포도주 신 바쿠스의 실물 크기 조각상을 완성했다.

리아리오 추기경의 길 건너편에 살던 은행가 자코포 갈리는 미켈란젤로와 친구가 되어 그의 안뜰을 장식할 목적으로 바쿠스를 구입했다. 갈리는 미켈란젤로가 1497년 11월, 성 베드로 대성당에 놓을 피에타 조각상을 만들 수 있도록 도와주었다. 성모 마리아가 예수의 주검을 안고 슬퍼하는 모습을 표현한 〈피에타〉는 완성하는 데만 2년이 걸렸다. 미켈란젤로는 이 작품이 완벽하기를 원했고, 이를 위해서는 자신의 창의력과 조각 기술을 한 차원 더 높이 끌어올려야 했다.

당대의 다른 피에타들과는 달리 그는 예수가 아닌 마리아를 중심인물로 내세우고자 했다. 미켈란젤로는 30대 남성을 안고 있는 중년 어머니가 아닌 젊고 빛나는 동정녀의 모습 그대로, 죽은 구세주를 안고 슬퍼하는 모습을 묘사한 것이다. 노출된 그리스도의 아름다운 몸은 미켈란젤로가 인체 해부학에 고도로 숙달한 상태였음을 보여준다.

피에타의 완성은 미켈란젤로에게 또 다른 10배 도약의 디딤돌이었다.

인생의 위대한 도약대를 만나다

24살에, 그는 3년 전 고향을 떠났을 때와는 전혀 다른 사람이 되어 피렌체로 돌아왔다.

해외에서 영향력 있는 인물들과 교류하며 바쿠스와 피에타라는 다음 단계의 프로젝트를 완수했다. 피에타는 오늘날까지도 역사상 가장 위대한 예술 걸작 중 하나로 평가받는다.

피에타 완성 후 미켈란젤로의 기량과 창의성, 자신감은 헤라클레스 때와는 비교할 수 없을 만큼 성장했다. 품질, 깊이, 영향력 면에서 전혀 다른 차원에 있는 두 조각상을 견주는 것 자체가 모욕적일 정도다. 이는 마치 정크푸드와 정찬을, 또는 정찬과 세계 최고 수준 셰프의 특급 요리를 비교하는 것과 같다.

1501년 초, 미켈란젤로는 다음 단계의 10배 도약을 위한 작업에 착수했다.

시에나 대성당에 설치할 15개의 조각상 제작 의뢰를 받아 이미 4개를 완성한 미켈란젤로는 피렌체 대성당 작품실(오페라이)의 감독관들이 거대한 다비드 조각상을 완성할 조각가를 찾고 있다는 소식을 듣게 된다.

높이 17피트(약 5.2미터)의 대리석 조각은 40년 넘게 미완성 상태로 피렌체 두오모 성당의 마당에 방치되어 있었고, 지중해의 작열하는 태양에 계속 노출되어 있었다. 이 조각상은 수십 년 전에 두 명의 조각가가 시도했다가 포기한 후 손상된 상태였다.

미켈란젤로는 무엇보다 이 프로젝트를 갈망했다. 그에게 다비드상은 10배의 기회였다. 이 작품으로 특별한 걸작을 탄생시킬 수 있으리라 확신했다. 당시 26세였던 미켈란젤로는 자신이야말로 다비드상을 완성할 적임자라며 오페라이를 설득했다.[14]

미켈란젤로는 도나텔로를 비롯한 당대의 다른 많은 다비드 조각상과는 다르게, 골리앗의 잘린 머리를 밟고 선 승리자 다윗을 묘사하지 않기로 했다. 흔히 그려지듯, 다윗을 그저 작고 여성스러운 인물로 묘사하지 않기로 한 것이다. 미켈란젤로는 사무엘상에서 어린 다윗이 거인 골리앗과 맞설 수 있다고 사울왕을 설득할 당시를 떠올렸다. 사자와 곰을 제압한 다윗 이야기에서 미켈란젤로는 완벽한 인간상을 발견했다.

미켈란젤로가 그린 것은 위대한 승리 이후의 다윗이 아니라, 그 용맹한 도전 직전의 모습이었다. 왼손에는 어깨 너머로 물맷돌을 들고 오른손에는 옆구리에 돌을 쥔 채, 다윗의 얼굴에는 불안감과 동시에 결연한 의지가 드러난다.

거의 3년에 걸쳐 미켈란젤로는 다윗을 꼼꼼히 관찰했다. 그리고 그 다윗은 미켈란젤로 자신을 송두리째 변화시켰다.

1504년 초에 완성된 〈다비드〉는 즉시 걸작으로 인정받았다. 이때 미켈란젤로의 나이는 겨우 29세였다.

그는 다비드상 제작 대가로 400플로린을 받았는데, 이는 당시까지 판매한 작품 중 최고액이었다. 당시 가장 영향력 있는 예술가와 정치인으로 구성된 위원회가 모여 다비드상을 세울 장소를 결정했다. 다비드상은 피렌체 시청인 베키오 궁전 앞에 세워졌다. 그리고 다비드상은 피렌체의 독립과 자유의 상징이 되었다. 말 그대로 도시 전체에 변혁의 바람을 불어넣었다. 다비드상은 피렌체의 용기와 자부심을 되찾아주었고, 시민과 도시는 크게 번영하기 시작했다.

다비드상이 완성되면서 미켈란젤로의 명성은 레오나르도 다빈치에 필적하게 되었다. 자기 능력을 10배 이상 끌어올린 미켈란젤로에게는 국가와 정부 지도자들의 의뢰가 쇄도했다.

1505년 레오나르도 다빈치의 〈앙기아리 전투〉와 함께 베키오 궁전 의회실에 걸리게 될 〈카시나 전투〉 그림을 작업하던 중 그는 이 프로젝트를 중단해야만 했다. 새로 선출된 교황 율리우스 2세가 미켈란젤로에게 자신의 무덤을 만들어달라고 의뢰했기 때문이었다. 그런 교황의 요청을 거절할 수는 없었다. 미켈란젤로는 로마로 이주해 작업에 착수했다.

3년 후인 1508년, 교황은 그에게 시스티나 성당에 그림을 그려달라고 요청했고, 그는 37세의 나이로 1512년에 성당에 벽화를 완성했다. 미켈란젤로는 평생 자신의 기량을 훨씬 뛰어넘을 정도의, 아니 불가능에 가까운 프로젝트에 계속 도전했다.

대부분 사람이 10배 도전에 완전히 몰입하지 못하는 이유는 그 과정에서 불가피하게 현재의 정체성, 환경, 안전지대를 버리고 나아가야 하기 때문이다. 10배로 성장한다는 것은 상상할 수 있는 가장 본질적이고 흥미로운 미래를 기반으로 살아간다는 의미다. 10배 미래는 당신이 하는 모든 일에서 '필터 역할'을 할 것이며, 현재 삶의 대부분은 이 10배 필터를 통과하지 못한다.

당신을 지금까지 이끌어온 것이 미래까지 데려다줄 수는 없다. 배우 레오나르도 디카프리오의 말마따나, "인생의 모든 다음 단계는 새로운 나를 요구한다."

◆ 하지만 작업의 질은 어떨까? 새롭고, 신선하고, 다르지 않으면 만족할 수 없었기 때문에 자기 능력을 훨씬 뛰어넘는 작품을 만들겠다는 생각은 그의 뼛속 깊이 자리 잡고 있었다. 그는 품질에 대해서는 타협하지 않았으며, 한 인간이자 예술가로서 성실성은 그의 삶을 지탱하는 반석이었다. 만약 그가 무관심으로 그 반석을 깨뜨렸더라면, 지칠 대로 지쳐서 최선을 다하지 않았더라면, 그저 흘러가는 대로 살았더라면, 그에게 무엇이 남았을까?

— 아이빙 스톤, 『고뇌와 환희』[15)]

역사상 가장 위대한 예술가와 기업가들은 10배 사고와 2배 사고의 차이를 잘 알고 있다.

"그럼, 10배 도약을 이루지 못한 사람들은 어떻게 됐을까?" 궁금할 수도 있다. 대다수는 승진, 더 많은 돈, 새로운 개인적 성취 등 조금 더 많은 것을 원한다. 점진적인 발전을 추구하는 2배 사고방식은 이미 하던 일을 계속하거나 잘 유지한다는 의미다. 과거가 무엇을 어떻게 할지를 결정하도록 내버려두는 것이다. 2배는 선형적이므로 노력을 2배로 늘려 성과 역시 2배로 높이겠다는 의미다. 같은 일을 더 많이, 더 빠르고 더 열심히 하겠다는 것이다.

반면, 10배는 너무 크고 불가능해 보이기 때문에 현재의 사고 방식과 접근 방식에서 즉시 벗어나게 한다. 우리는 10배 더 열심히, 더 오래 일할 수 없다. 무차별적인 노력과 선형적인 방법으로는 10배를 달성할 수 없다.

10배는 기업가, 투자, 자기계발 분야에서 유행하는 개념이다. 그러나 대부분은 10배 사고방식의 진정한 의미와 이것으로 무엇을 할 수 있는지에 대해 근본적으로 오해하고 있다. 사실 대부분은 이 10배 사고방식을 문자 그대로 정확하게 거꾸로 이해한다. 그런 실정이라 삶에 10배를 적용하는 데 어려움을 겪는 게 당연하다. 2배 사고방식에 갇혀 있으면서 10배를 추구하다 보면 잘못된 방향으로 가게 되고, 더 많은 것을 얻기 위한 끝없는 경쟁의 소용돌이에 빠져든다.

첫째, 10배는 더 많은 것이 아니다. 더 적은 것이 중요하다.

미켈란젤로는 이 점을 명확히 이해했다. 교황이 다비드상과 관련하여 그의 천재성의 비결이 무엇인지를 물었을 때 미켈란젤로는 이렇게 답했다. "간단합니다. 다윗이 아닌 것은 모두 제거하기만 하면 됩니다."

10배로 간다는 것은 핵심적인 요소로 초점을 단순화하는 것이다. 그런 다음, 나머지는 모두 제거한다.

스티브 잡스는 혁신의 본질인 극단적 단순화의 대가였다. 그는 아이팟을 디자인할 때 사용자들이 불편해하는 음악 관리의 모든 측면을 제거하고 음악 청취 경험을 10배 더 좋고 쉽게 만드는 기술을 제공했다. 한 곡만 듣고 싶을 때 매장에 가서 12~15달러를 지불하고 앨범 전체를 구입하는 대신, 이제 원하는 곡만 쉽고 간편하게 구입해 주머니에 쏙 들어가는 크기로 한 곳에서 모두 듣게 설계했다. 좋아하지도 않는 노래가 80% 이상 포함된 수백 장의 CD를 더 이상 들고 다니지 않아도 되었다.

둘째, 10배는 양이 아니라 질質에 관한 것이다.

미켈란젤로를 전설로 만든 것은 작품의 양이 아니라 그가 해낸 일의 탁월한 품질이었다. 미켈란젤로는 10배가 될 때마다 거의 신에 가까운 수준의 숙련도와 표현력에 도달했다.

물론 그도 많은 일을 했다. 사실 엄청난 양이었다. 하지만 많은 사람도 그 정도 노력은 한다. 많은 사람이 바쁘지만 생산적이지는 않다. 그들은 많은 일을 하는 것 같지만 궁극적으로 성취하는 것은 거의 없다.

10배에서는 이전과 이후에 현격한 질적 차이, 즉 대대적인 혁신과 업그레이드가 나타난다.

10배는 기는 것에서 걷는 것, 알파벳을 모르는 것에서 읽는 것, 부모 밑에서 살던 데에서 독립해 혼자 사는 것, 어색하고 수줍음 많던 데에서 대담하고 지적인 리더가 되는 것과 같은 변화다.

10배는 말과 마차에서 자동차로 전환하는 것과 같다. 교통수단이라는 면에서는 같은 장르지만 사과 품종이 각기 다른 것과는 다른 차원이다. 비선형적인 변화가 일어나기 때문이다. 이런 차원에서 근본적으로 양적인 변화라기보다는 질적인 변화이다. 이러한 변화는 불가능해 보이는 상상 속 미래에서 시작되며, 지금까지 당신과 다른 모든 사람이 해왔던 것과는 비선형적이고 근본적으로 다른 방향과 접근 방식을 취한다.

2배는 양에 초점을 맞춘다. 0을 더하고 지금 하고 있는 일을 더 많이 하는 것이다. 이는 선형적이고 창의적이지 않다. 더 높은 지능과 레버리지가 아닌 무차별적 노력에 더 많이 의존한다.

가장 근본적인 질적 변화는 내면, 즉 비전과 정체성이 바뀌는데서 온다. 이를 바꾸면 다른 모든 활동도 동시에 달라진다. 당신의 내면의 발전과 정서적 성장을 구체화하여 더욱 정교한 기준과 결과의 형태로 외부로 표출할 수 있다.

10배는 모든 일에 대한 지각 필터perceptual filter가 된다. 모든 것이 10배 또는 2배라는 기준으로 당신 앞에 놓인다.

10배의 가치가 없는 것은 필터를 통과하지 못해 관심에서 멀어진다. 제약 이론에 따르면 인간에게 가장 큰 병목 현상은 주의력에서 발생한다. 주의력은 시간보다 훨씬 더 제한적이며, 가장 소중한 자원이다. 실제로 주의력의 질과 깊이가 우리의 시간 사용의 품질을 결정한다. 사람들의 주의력은 대부분 흩어져 있고, 여러 방향으로 끌려가며, 현재 순간에 집중하기 힘들다.

10배 마인드셋을 적용하면 실제로 집중하는 시간은 훨씬 줄어들지만, 분산되지 않고 집중하기 때문에 훨씬 더 강력해지고 영향력이 커진다.

셋째, 10배는 특정한 결과에만 초점을 맞추는 것이 아니다. 이는 프로세스에 관한 것이며, 능력과 실행 시스템을 뜻한다.

- 비전과 표준의 획기적 확장
- 전략과 초점 단순화
- 비필수 요소 파악 및 제거
- 고유 영역의 숙련도 개발
- 비전을 즐겁게 공유하는 사람들을 이끌고 역량 강화

10배는 자신과 삶을 변화시키는 도구다.

10배를 약속할 때마다 그 약속은 당신을 특급 여정으로 안내한다. 그 여정은 마치 양파 껍질을 하나씩 벗겨내며 자신의 본질을 발견하는 과정과 같다. 각 층을 하나씩 제거할 때마다 이전의 자신을 넘어서고, 점차 진정한 나로 변모하게 된다.

10배 마인드셋이 약속하는 네 가지 자유

10배에 도전하며 자신을 변화시키면 자유로워진다.

자유에는 표면적인 수준의 자유와 더 깊은 수준의 자유, 이렇게 두 가지 차원이 있다. 표면적인 수준의 자유는 외부적이고 측정 가능한 것으로, 무지, 가난, 노예 상태와 같은 제약에서 벗어나는 '무엇으로부터의 자유'를 의미한다. 그러나 더 깊은 수준의 자유는 내면적이고 본질적인 것으로, 이것은 자기 삶에 대한 완전한 주권을 갖는 자유를 말한다.[16]

더 높은 수준의 자유를 누리려면 헌신과 용기가 필요하다. 어떤 위험이나 대가가 요구되더라도 스스로 기준을 정하고 그에 따라 살아가야 한다. 누구도 이보다 더 높은 수준의 자유를 줄 수 없다. 의식적인 선택을 통해 이루어지는 자유는 순전히 내면의 문제다. 당신은 상상할 수 있는 모든 외적 자유를 누리면서도 자유롭지 않을 수도 있다.

10배는 수단이고 자유는 목적이다. 10배를 달성할 때마다, 아무리 비정상적이거나 불가능해 보이더라도 의식적으로 특정 수준 또는 표준에 맞춰 삶을 살기로 선택해야 한다. 그 기준은 당신이 선택했다. 그리고 거기에 헌신한다. 당신은 스스로 선택한 대로 살면서 헌신을 통해 자신과 세상을 변화시킨다.

세계 최고의 기업가 코치이자 '스트레터직 코치'Strategic Coach의 공동 설립자인 댄 설리번은 10배의 사람들이 추구하는 네 가지 기본적인 자유를 발견했다.

- 시간의 자유
- 돈의 자유
- 관계의 자유
- 목적의 자유[17]

자유는 근본적으로 질적이며 내적인 것이다. 자유는 스스로 선택하고 받아들여야 한다. 누구도 당신에게 자유를 주거나 빼앗을 수 없다.

미켈란젤로는 네 가지 자유를 평생에 걸쳐 확장했다. 자유는 그의 무한한 삶의 게임이었고, 내면의 자유를 더욱 확장하기 위해 유한한 게임을 했다. 불가능해 보이는 프로젝트에 도전하고 완수할 때마다 그의 자유는 10배로 확장되었다.

그의 시간은 더 나은 일에 투자되었고 자신과 타인 모두에게 더 가치 있게 여겨졌다. 따라서 시간의 자유는 그에게 지속해서 증가했다. 미켈란젤로는 더 많은 보상을 받았고, 그를 고용한 사람들은 그에게 숙소를 제공하고, 재료비를 지불하며, 하인을 고용하고, 프로젝트 완성에 필요한 조수들의 비용까지 지불했다. 돈에 대한 자유가 늘면서 돈은 그의 생활 방식과 활동에 더 이상 방해가 되지 않았다.

인류의 역사와 문화의 방향을 바꾼 프로젝트에 교황이 그를 고용할 정도로 미켈란젤로는 유명해졌다. 그가 누린 관계의 자유는 10배 도약할 때마다 계속 확장되어 원하는 거의 모든 사람을 만날 수 있게 되었고, 영향력 있는 사람들이 정기적으로 찾는 인물이 되었다.

그리고 관계의 자유는 목적의 자유를 가속화하는데, 이는 관계가 문을 열고 닫기 때문이다. 이러한 관계를 통해 사업체의 소유자를 잘 알게 되어 리더십 역할을 맡는 등, 선택의 폭과 기회는

10배 이상 비선형적으로 늘어난다. 이러한 현실을 무시하는 사람들은 네 가지 자유를 이해하지 못하고, 그로 인해 제한을 받는다. 따라서 현실과 다투기보다는 규칙을 익혀서 원하는 대로 현실을 바꿀 수 있어야 한다.

미켈란젤로의 목적의 자유는 거의 믿을 수 없을 만큼 광범위했고, 그는 실제로 문화, 국가, 경제의 흐름을 바꾸는 프로젝트를 수행했다. 10배 도약을 할 때마다, 그의 선택과 명확한 목표는 극적으로 더 크고 의미 있는 것이 되었다. 그가 삶을 정의하는 방식 역시 기하급수적으로 확장되었다.

자유를 확장하는 것은 기업가 여정에서 궁극적인 목적이며, 우리가 가질 수 있는 자유와 창조할 수 있는 자유의 양에는 끝이 없다.

제임스 카스 박사는 자신과 자신이 참여하는 게임의 지속적인 변화를 통해 자유를 확장하는 것을 중요하게 생각한다. 그는 이를 '무한 게임'infinite game이라고 부르는데, 이는 우리가 유한한 게임이나 규칙에 얽매이지 않고 자유롭게 플레이할 수 있는 상태를 의미한다.[18]

2배가 된다는 것은 상황, 관점, 목표, 정체성 등 유한한 게임에 갇혀 있다는 의미다. 존재하고, 행동하고, 소유하는 자유를 확장하지 못하고 있음을 나타낸다. 두려움과 마비에 사로잡혀 있으며, 현재 상태를 유지하려는 노력이 반영되어 있다.

10배로 나아간다는 것은 핵심 자아의 본모습과 자신의 최고 목적이 아닌 모든 것을 제거한다는 의미다.

10배는 자유를 확장하는 무한한 게임을 하고 있다.

하지만 자유는 값싼 것이 아니다. 자신과 타인에게 잔인할 정도로 정직해야 하며, 이렇게 하면 두렵지만 해방감을 준다. 10배에는 반쪽짜리 대책이나 반쪽짜리 약속은 없다. 목적의 자유를 얻으려면 삶에서 10배가 아닌 모든 것을 버려야 한다. 우리는 대부분의 시간이 2배 패러다임에 잡혀 있을 가능성이 높기 때문에 이 것은 어려운 일이다.

35년간 사업가 2만5천 명을 코칭하며 완성한
원포인트 레슨

이 책은 10배의 성장과 변화에 관심이 있는 사람들을 위한 책으로, 직접 10배를 달성하는 마인드셋과 방법을 알려준다. 내가 직접 10배의 변화를 경험했기 때문에 이 사실을 잘 안다.

나는 벤저민 하디 박사이며, 이 책의 공동 저자인 댄 설리반과 함께 이 책을 쓰고 있다. 조직 심리학 박사 과정에서 공부하면서 나는 기업가적 용기와 변혁적 리더십을 중심으로 연구를 진행했다.[19] [20] 연구를 통해 나는 기업가 지망생과 성공한 기업가 사이에서 핵심적인 차이점을 발견했다. 그것은 소위 '돌아갈 수 없는 지점'point of no return이라는 근본적으로 새로운 개념이다. 이는 당신이 두려움을 넘어서 가장 갈망하는 것에 완전히 헌신하고, 그것을 향해 온 힘을 다해 몰입하는 순간을 의미한다. 나는 또한 가장 탁월한 리더가 어떻게 자신을 따르는 사람들의 정체성과 행동을 변화시켜, 그들을 더 높은 수준으로 이끄는지를 알아냈다.

2014년부터 2019년까지 박사 과정을 이수하는 동안에 내가 올린 블로그 게시물을 1억 명이 넘는 사람들이 읽었으며, 『포브스』, 『포춘』, 『사이콜로지 투데이』와 같은 플랫폼에 정기적으로 게시되었다. 2015년부터 2018년까지 3년 동안 나는 실리콘밸리에 본사를 둔 대규모 블로그 플랫폼Medium.com에서 가장 많이 읽힌 작가 1위에 올랐다. 또한 2018년에 첫 번째 책, 『최고의 변화는 어디서 시작되는가』Willpower Doesn't Work를 출간했고, 온라인 교육 사업을 10배 넘게 성장시켰다.[21]

2019년 박사 학위를 취득한 후에는 5권의 책을 더 출간했으며, 그중 3권은 전설적인 기업가 코치인 댄 설리번과 공동 집필했다. 내 책은 수십만 부가 판매되고, 비즈니스 및 심리학 분야에서 빠르게 스테디셀러가 되고 있다.

아내와 나는 또한 여러 차례 10배 성장을 이루었다. 박사 과정 첫해인 2015년에 우리는 세 남매(3세, 5세, 7세)의 양부모가 되었다. 그 후 3년 동안 로렌과 나는 법정에서 위탁 제도와 싸웠고, 2018년 2월 기적적으로 입양 허가를 받았다. 입양 한 달 후, 로렌은 쌍둥이 여자아이를 임신해 2018년 12월에 무사히 출산했다.

그렇다. 2018년에 우리는 아이가 0에서 5명으로 늘어났다.

10배의 변화였다. 이후 여섯 번째이자 마지막 아이인 멋진 아들 렉스가 태어났다. 내가 경험한 10배 변화에 대해서는 더 많이 이야기할 수 있다.

인생에서 처음으로 10배를 경험한 후로 그 과정을 제대로 이해하고 싶었다. 그래서 지난 10년 동안 10배 성장, 변화 심리 및 적용 포인트에 대해 치열하게 연구해왔다.

나는 이 주제를 연구하며 지난 50년 동안 그 누구보다 많은 고위급 기업가들을 직접 코칭한 댄 설리반이 먼저 진행해온 연구를 알게 되었다. 댄 설리번의 회사 '스트레터직 코치'Strategic Coach는 전 세계 최고의 기업가 코칭 회사이다. 지난 35년 동안 25,000명 이상의 고위급 기업가들이 이 프로그램에 참여했다.

2015년에 처음으로 창업을 도전하면서, 그리고 창업가의 용기에 대해 학문적으로 연구하던 중, 댄의 연구를 접하게 되었다. 댄의 가르침은 나에게 신선한 충격을 주었고, 작가이자 기업가로서 나의 10배 성장을 촉진하는 데에 큰 영향을 미쳤다. 단 몇 년 만에 무일푼에서 백만 불 단위의 회사를 만들 수 있었다.

댄의 가르침에 대한 애정과 감사는 결국 공동 작업으로 이어졌고, 이 책과 다른 두 권의 책, 『누구와 함께 일할 것인가』Who Not How와 『격차와 이득』The Gap and The Gain으로 이어졌다. [22] [23] 이전 책과 마찬가지로 이 책 역시 다른 누가 쓸 수 없었으므로 내가 직접 써야만 했다.

댄의 가르침은 이 프로젝트의 기초를 형성한다. 댄은 진정한 마스터이다. 그의 아이디어와 사고는 매우 독특하고, 직관적이지 않아 기존의 통념에 정면으로 반한다. 예를 들어, 10배 더 큰 결과를 얻는 것이 2배를 얻는 것보다 실제로는 더 쉽다는 개념을 생각해보라.

댄이 코칭한 기업가들은 처음에 이 아이디어를 들었을 때 고개를 갸웃거리며 믿지 못했다. 하지만 댄은 매우 단순하면서도 심오한 통찰력과 관점을 통해 이 개념의 진실을 오해할 수 없을 만큼 명확하게 설명한다.

댄이 50년 동안 수만 명의 독특한 기업가들과 직접 협업하며 그들의 10배 성장을 도와왔던 경험과, 나의 기업가 심리학에 대한 배경을 기반으로, 이 책에서는 10배 성장에 대한 새로운 관점을 제시한다. 매우 인기 있지만 오해도 많은 이 주제에 대한 차별화된 시각이라고 할 수 있다.

이 책에서 10배에 대한 진실을, 단순하고 명백하면서도 바로 적용 가능한 형태로 전달하기 위해, 나는 심리학 문헌을 깊게 파헤쳤다. 댄과 오랜 시간 인터뷰를 진행했고, 이전에는 본 적 없는 수많은 기업의 최고 기업가들을 대상으로 인터뷰를 진행했다. 또한, 이 개념을 입증하기 위해 먼저 나 자신의 삶을 속속들이 변화시켰다.

우리의 실험은 성공적이었다.

함께 쓴 첫 책『누구와 함께 일할 것인가』서문에는 10배 마인
드셋에 대한 비전이 잘 나와 있다. 나는 그 책을 쓰면서 우리의 목
표는 수십만 명의 독자의 삶을 변화시키는 것 외에도 500명 이상
의 성장 지향적인 기업가들이 직접 '스트래터직 코치'에 합류하여
직접 교육을 받게 하겠다고 썼다.

그리고 2년도 되지 않아 두 가지 목표를 모두 달성했다. 이 책
은 기업가 분야에서 고전이자 스테디셀러가 되었으며, 댄의 가르
침을 전하는 내 글에 담긴 자유분방한 매력에 반해 고위급 기업가
들이 매일 합류하고 있다. 양사의 협력은 우리의 삶과 비즈니스
모두에서 10배의 질적 변화를 가져왔다.

우리는 다음 10배 도약을 다시 구상했고, 수백만 명의 독자에
게 도달할 수 있는, 획기적으로 개선된 책을 출판하고 10배의 성
장과 자유를 원하는 5,000명 이상의 세계적 기업가들을 우리의
코칭 프로그램에 초청하고자 했다. 독자들은 이 책을 통해 10배
마인드셋의 원천에 직접 접근할 수 있는 특별한 기회를 얻게 될
것이다.

삶의 새 필터이자 새로운 기준

◆   살아있는 모든 것은 끊임없이 변화하고 움직인다. 자신이 원하는
    수준에 도달했다고 생각하며 안심하는 순간, 마음 한구석이 쇠퇴의

단계에 들어간다. 힘들게 얻은 창의력을 잃게 되고 다른 사람들도 이를 감지하기 시작한다. 창의력은 끊임없이 새로워져야 하는 힘이자 지능이며, 그렇지 않으면 죽게 된다.

— 로버트 그린[24]

이 책에서 당신이 직면할 가장 놀라운 진실이 있다. 직관적으로 10배는 2배보다 훨씬 쉽다. 2배보다 훨씬 단순하다.

하지만 "쉽다"와 "단순하다"를 구분하기는 생각보다 어렵다. T. S. 엘리엇에 따르면, "완전한 단순함에 이르려면 더 많은 비용이 든다."[25] 쉽고 단순하게 살려면 생활에서 불필요하게 나를 힘들게 하는 모든 것을 버려야 한다. 더 구체적으로는, 진정으로 원하지 않는 모든 것을 버려야 한다.

10배는 말 그대로 10배가 아닌 모든 것, 즉 인생 대부분을 걸러내는 필터다. 정말로 원하지 않는 모든 것을 기꺼이 버릴 수만 있다면, 당신의 삶은 그 어느 때보다 훨씬 더 쉽고 단순하며 성공적이 될 것이다.

무섭지 않냐고? 확실히 그렇다.

100%의 헌신이 필요한가? 물론이다.

하지만 일단 결정을 내리고 나면 모든 것이 달라진다. 어떤 일을 하느냐가 모든 일을 하는 방식이 된다. 10배는 당신의 필터이자 새로운 기준이 된다.

이 책에서는 10배가 무엇인지, 왜 10배가 가장 자연스럽고 흥미진진하며 강력한 삶의 방식인지 알아볼 것이다. 앞으로 당신은 자신과 세상을 완전히 다르게 보게 될 것이다.

자기 잠재력과 모든 결정을 다르게 보게 될 것이다.

이 책을 다 읽기 전이라도, 당신의 삶을 변화시킬 매우 독특하고 개인적인 10배 도약을 상상해보고 명확히 할 마음의 준비를 해보라. 10배를 새로운 기준과 정체성으로 두고, 자신의 과거 모습 중 2배에 머물러 있는 자신을 걸러내기 시작하는 것이다.

10배에는 끝이 없다. 자유에는 끝이 없기 때문이다.

내면의 게임이다. 무한한 게임이다.

몇 번이고 반복해서 플레이할 수 있는 게임이다.

얼마나 멀리 갈지 어느 정도로 달라질 것인지는 오직 당신만이 결정할 수 있다. 지금보다 10배 더 성장하기로 결심했다면, 10배 더 성장한 미래의 자신은 지금과는 다른 사람이 될 것이다. 짧은 시간 안에 지금은 상상할 수 없는 자유를 누리게 될 것이다. 시간, 돈, 관계, 목적의 10배 가치와 질은 지금 당신에게는 불가능해 보이지만 10배 미래의 주인인 자신에게는 지극히 당연한 일이 될 것이다. 10배를 약속할 때마다 동일한 과정을 거쳐야 한다.

1장에서는 이 10배 마인드셋에 대해 자세히 설명한다. 10배와 2배가 정반대인 이유와 10배가 2배보다 훨씬 쉽고 간단하며 흥미진진한 이유를 정확히 알 수 있을 것이다. 고도로 상상력이 풍부하고 전략적이며 실용적인 과정 전반을 안내한다.

2장에서는 10배에 헌신하고 이를 통해 자신과 자기 정체성을 변화시키는 방법을 배운다. 마인드셋이 실제로 굴러가는 매커니즘이다. 어쩌다가 10배 목표를 세울 수는 있다. 하지만 10배 마인드셋을 당신의 '기준'으로 삼는 것은 순수한 헌신과 용기가 필요한 다른 차원의 게임이다. 진지하게 임한다면 인생 전체를 바꿀 수도 있고, 자신을 확장하고 자유로워지는 유일한 방법을 배울 수 있다. 따라서 10배 기준을 세우고 점점 더 멋진 일에 "아니오"라고 말하는 법을 배우면서 당신의 필터와 정체성을 날카롭게 다듬고 개선할 수 있다.

3장에서는 원함wanting과 필요needing의 차이를 배운다. 10배로 성장하려면 삶과 세상을 '필요'의 관점에서 보는 프레임에서 나와야 한다. 10배를 '할' 필요는 없고, 10배를 '원하면' 된다. 가장 높은 형태의 자유는 필요가 아니라 원함에 기반한다.

원하는 것을 선택하려면 근본적인 정직과 헌신, 용기가 필요하다. 여러 겹의 껍질을 벗겨내고 나 자신이라는 존재의 근본과 핵심에 도달해야 한다. 자기 자신에게 더 솔직해질수록 한 인간이자 사업가로서 초능력인 '고유 능력'을 더 명확하게 파악하고 개발할 수 있다. 고유 능력을 회피하면 좌절과 평범함이 가득한 삶으로 이어진다. 10배 마인드셋으로 더 많은 층을 벗겨낼수록 당신은 유일한 '나 자신'이 되고, 당신의 삶은 더 가치 있고 목적 있게 될 것이다.

4장에서는 다른 시각으로 자기 과거를 바라보면서, 이미 10배로 성장한 모든 부분을 더욱 명확하게 인지한다. 여기까지 이끈 핵심 요소들을 연결하고, 그 관점을 토대로 영혼이 가장 갈망하는 다음 단계의 질적이고 비선형적인 10배 도약을 계획한다. 과거와 미래를 통해 10배의 성장을 보고 느끼면서, 10배 성장을 일상화하는 방법을 배워, 이를 점점 더 자연스러운 삶의 방식으로 받아들일 수 있게 된다.

5장에서는 공교육에서 가르치고 대부분의 미국 기업에서 지속되고 있는 선형적이고 양적인 시간 모델에서 벗어나는 데 도움이 되는 내용을 소개한다. 과거 모델은 19세기 산업 공장 모델을 기반으로 하며 10배의 성장과 혁신에는 근본적으로 맞지 않다. 기업가들이 10배, 많게는 100배 더 생산적이고 행복하며 성공할 수 있도록 돕기 위해 댄이 수십 년간 개발한 시간 시스템을 배운다. 양적으로 시간을 관리하는 대신 질적으로 시간을 활용하여 훨씬 더 많은 몰입과 재미, 변화를 가져오는 방법이다. 스케줄링이 줄어들고, 시간이 얇게 쪼개지고 파편화되는 일이 줄어든다. 깊은 업무, 능동적인 회복, 최고의 경험을 위한 더 크고 넓은 자유를 확보할 수 있다.

6장에서는 이전 장의 모든 구성 요소를 바탕으로 자유로움을 추구하는 자기 관리형 회사를 만드는 데 도전한다. 비즈니스의 모든 측면을 스스로 관리하고 발전시키는 팀을 구성한다. 혁신적 리더가 되면 혁신, 전략 수립, 비전 제시, 협업, 진화 등 가장 중요한 몇 가지 일에 전적으로 집중할 수 있다.

사람들은 당신의 비전을 통해 10배 이상의 미래를 보게 될 것이다. 주변의 모든 사람이 더 나은 리더가 되고 현재 역할을 뛰어넘어 진화할 수 있도록 지원하여, 새로운 인재를Whos를 영입하고 10배 성장의 다음 단계로 나아가게 이끌 수 있다. 이것이 바로 고유 능력 팀워크Unique Ability Teamwork이다. 이러한 과정을 통해 주변에 10배 운영 체제를 구축하게 되면 개인의 삶은 더 단순하고, 더 느리고, 더 깊고, 더 강력해진다.

이제, 10배 성장할 준비가 되었는가?
시작해보자.

PART 1

10배 마인드셋

10X
IS EASIER
THAN
2X

01
10배의 힘

질문을 바꾸면 전혀 다른 세계가 열린다

◆ 지옥으로 가는 길은 물량 추구로 포장되어 있다. 물량 공세는 한계 제품, 한계 고객 그리고 관리 복잡성을 크게 증가시킨다. … 노력은 낮은 수익으로 이어진다. 반면, 통찰을 바탕으로 원하는 것을 실천 하면 높은 수익으로 이어진다.

많은 일에 손대기보다는 소수의 일에서 탁월해지는 데 주력하라. 우리가 경계해야 할 것은 시간 부족이 아니라, 시간을 저급한 방식 으로 소모하는 습관이다. 80/20 법칙에 따르면, 상위 20%의 활동 에 두 배의 시간을 투자하면 주 2일 근무로도 지금보다 60% 더 많 은 성과를 거둘 수 있다.

— 리처드 코치[1]

질문을 바꿔라

"수익을 10% 향상시키려면 어떻게 해야 할까요?"

마케팅 전문가 조 폴리시Joe Polish의 '기업가 마스터마인드' 그룹에 참석한 적이 있는데, 그는 이 질문을 포함해 다른 몇 가지 질문을 던졌다. 조의 질문에 5~10분 정도 생각한 후 그룹 토론을 진행했다. 제약 이론과 의사 결정 분야의 세계적인 전문가 중 한 명인 앨런 바너드Alan Barnard 박사도 그날 함께했다.

바너드 박사는 "사실 이것은 정말 나쁜 질문이다"라고 말했다. 그 이유는 다음과 같았다.

수익을 10% 늘리는 방법은 무수히 많다. 하지만 이런 목표로는 우리 집중력을 끌어올리고 구체화하기에 부족하다. 반면, "수익을 10배로 늘리려면 어떻게 해야 할까?"라는 질문은 훨씬 효과적이다. 10배 성장을 이룰 수 있는 방안이 그리 많지 않기 때문이다. 하지만 10배라는 도전적인 목표는 우리의 사고를 확장시키고, 기존의 틀을 깨는 혁신적인 아이디어를 찾게 만든다.

사실 현재 하는 일로는 놀라운 성과를 거두기 어렵다. 핵심과 주변을 구분하려면 대부분의 경로나 전략을 배제할 만큼 거대한 목표를 세워야 한다. 불가능해 보이는 목표는 가장 가능성 높은 한두 가지 조건을 찾는 데 도움이 된다. 그래야 부족한 자원인 주의력을 어디에 쏟아야 할지 명확해진다.

바너드 박사는 불가능하다고 생각할 정도로 큰 목표를 세우도록 권한다. 예를 들어, 한 기업가가 향후 1년 내에 백만 달러의 수익을 내고자 한다면, 바너드 박사는 "그게 가능하다고 생각하십니까?"라고 묻는다.

기업가는 "네"라고 대답한다.

"앞으로 1년 안에 천만 달러 수익은 어떤가요?"라고 바너드 박사가 제안한다. "그게 가능하다고 생각하십니까?"

"그럴 것 같지 않네요"라고 기업가는 대답한다.

바너드 박사는 강조한다. "그 목표는 불가능합니다. 하지만 향후 1년 동안 천만 달러의 수익을 내려면 어떤 조건이 충족되어야 할까요? 그 후에, 이러한 '만약'의 조건들을 어떻게 현실로 만들 수 있을지 고민해보세요."

기업가는 불가능한 목표를 실현시키기 위해 필요한 조건들을 직접 나열하기 시작한다. 이러한 조건과 전략은 시간과 에너지에 대한 최고 수익을 원한다면 기업가가 집중해야 할 부분이라고 바너드 박사는 지적한다. 나머지는 잡음일 뿐이다.

거창하고 불가능해 보이는 목표는 효과적인 방안과 그렇지 않은 것을 즉각 가려주고 가장 영향력 있는 소수의 경로를 밝혀주기에 매우 실용적이다.

반면 작은 목표는 현 위치에서 지엽적이고 선형적인 것만 보게 만들어 효율적인 경로를 불분명하게 한다.

이것이 바로 10배 목표가 2배 목표보다 더 간단하고 쉽고 실용적인 근본 이유다. 2배 목표는 잠재적 경로를 너무 많이 만들어 분석 마비를 유발하고 에너지와 노력을 어디에 쏟아야 할지 알기 어렵게 만든다.

10배 목표는 전략과 경로를 제한해준다.

내 아들 칼렙을 예로 들어보겠다. 그는 열정적인 테니스 선수로, 대학을 진학해 선수로 뛰고 싶어 한다. 최근 그의 코치는 "그냥 프로로 가는 게 어때?"라고 물었다.

놀랍게도 칼렙은 그런 가능성을 떠올려본 적이 없었다. 연습을 마치고 돌아오는 길에 우리는 코치의 의견에 대해 이야기를 나누었다.

"프로가 되기로 결심하면 지금 하는 일에 변화가 생길까?"

"아마도요." 그가 대답했다.

"지금의 궤도로 프로에 갈 수 있을 것 같니?"

"아니요."

"프로가 될 것이라면 그 길을 찾을 수 있을 것 같아?"

"아마도요."

"대학 진학과는 다른 길이겠지?"

"네."

목표가 과정을 결정한다.

댄 설리번은 "현재를 개선하는 최선의 방법은 미래를 더 크게 그리는 것"이라고 말한다.

목표를 10배로 높이고 업그레이드하면 원하는 목적지에 도달하기 위한 다채로운 경로를 모색하게 된다. 이는 각자에게 다른 질문을 던지게 하는 계기가 된다.

2배 성장의 길은 많지만 그만큼 비효율적이고 복잡하다. 반면 10배 도약의 방법은 쉽게 찾을 수 없어 목표 설정이 단순하면서도 효과적이다. 10배 성장 전략이 희소하기에 더욱 가치 있고 유용하다.

올랜도에도 칼렙의 테니스 실력을 대학에 입학할 수준으로 끌어올릴 수 있는 코치들은 많다. 하지만 프로 레벨로 지도할 수 있는 코치는 현실적으로 극히 드물었다. 프로 레벨에 도전하려면 칼렙의 훈련 과정을 크게 바꿔야 했다.

아이러니하게도 칼렙이 대학이라는 목표를 달성할 수 있는 가장 좋은 방법은 목표를 프로 수준으로 끌어올리는 것이다. 이렇게 하면 모든 일에 대한 판단력이 향상되고, 더욱 세밀한 준비가 요구되기 때문이다.

다시 말해, 2배 성장을 달성하는 가장 쉬운 방법은 10배 성장을 목표로 설정하는 것이다. 10배 성장을 위해서는 기존의 방식을 완전히 바꿔야 하므로, 그 과정에서 더욱 효율적이고 창의적인 방법을 찾게 된다. 노먼 빈센트 필의 조언처럼 "달을 향해 쏴라. 빗나가도 별들 사이로 떨어질 것이다".

10배와 2배는 차원이 다르다.

과거의 가정과 규범에 따라 선형적으로 운영했을 때는 2배.

흥미롭고 불가능해 보이는 비전을 품고 비선형적으로 운영했을 때는 10배.

2배를 목표로 삼으면 현재에서 크게 벗어나지 못하고 조금 전진하는 데에도 많은 힘을 허비하게 된다. 어느 방향으로 나아가야 할지, 어떤 행동이 낭비인지 명확히 알려주지 못한다.

반면 10배 마인드셋을 적용하면 핵심과 주변부를 구분할 수 있다.

현재 수준에서는 10배 성장을 위해 효과가 있는 것은 거의 없으므로, 이를 진지하게 받아들인다면 지금 하는 모든 일에 대해 훨씬 더 솔직해져야 한다. 또한, 그런 변화를 가져올 수 있는 방법이나 조건은 매우 제한적이기 때문에, 우리는 앞으로의 경로를 더욱 신중하게 선택해야 한다.

목표를 효과적으로 달성하려면 그 한계에 도전해야 한다. 가능한 한 멀리 밀어붙여라. 목표를 불가능하게 만들어야만 현재의 가정과 지식에 기반한 운영을 그만둘 수 있다. 새로운 아이디어에 열려 있고, 한 번도 생각해본 적 없는 다양한 경로를 시도해볼 수 있다.[2]

심리학에서 경로 사고pathways thinking는 목표에 강하게 몰입하는 사람들의 특성이다. 이들은 목표로 가는 과정과 경로를 지속해서 학습하고 반복한다. 장애물에 부딪히거나 목표를 달성하지 못했을 때도 피드백을 통해 배우고 더 나아지고 경로를 재설정한다.[3)4)5)6)7)8)9)] 목표는 잡음 속에서 신호를 걸러내고 어디에 집중해야 가장 큰 효과를 낼 수 있는지 명확하게 지시하는 필터 역할을 한다.

10배는 단순하다. 목표에 도달할 수 있는 경로가 거의 없기 때문이다. 목표와 기준이 높고 구체적일수록 선택의 폭이 줄어드는데, 이는 역설적으로 목표 달성을 더 쉽게 한다. 목표가 크고 구체적일수록, 현재 진행 중인 대부분의 작업을 즉시 중단하고, 더 나은 대안을 찾아내고 탐색하기 위한 공간을 확보하게 된다.

예를 들어, 정말 멋진 집을 원한다면 가구 선택의 폭이 좁아진다. 원하는 것이 구체적일수록, 그에 맞는 디자이너의 수가 줄어든다. 반대로, 집에 대한 기준이 낮거나 구체적이지 않다면, 가구 선택 옵션은 무한히 늘어난다.

매우 복잡하고 특별한 문제를 해결하려고 할 때는 제너럴리스트가 아닌 스페셜리스트가 필요하다. 최상의 건강을 위해서는 아무 의사나 찾아가지 말고, 해당 분야의 전문의를 찾아야 한다.

결국, 대부분은 잡음일 뿐이다. 지금 당신이 하는 대부분의 일이 10배 성장을 방해하는 걸림돌일 수 있다.

10배의 힘: 2가지 전제

◆　야망, 즉 우리가 추구하는 큰 목표가 없다면 어떤 사소한 일, 어떤
　　방해 요소를 거절해야 하는지는 어떻게 알 수 있을까?

— 라이언 홀리데이[10]

　　최고의 성과를 내는 기업가들은 단순한 길을 택함으로써 더
나은 결과를 얻는다. 10배의 기준을 가지고 살아야만 시간과 에
너지를 요구하는 모든 일에 높은 비판적 시각을 가질 수 있기 때
문이다.

　　10배 마인드셋으로 살아간다는 것은 더 많은 것을 성취하려
면 실제로는 더 적은 일에 집중해야 한다는 것을 알고 이해한다는
뜻이다. 더 많은 시간을 일한다고 해서 반드시 결과가 더 나아지
는 것은 아니다. 오히려 과도한 업무 시간은 창의적인 사고를 제
한하고 혁신을 저해할 수 있다.

　　너무 많은 시간을 일한다는 것은 10배가 아니라 2배로 산다는
의미다. 이는 혁신이 아닌 노력에 집중하고 있다는 뜻이다.

　　경제학자들은 이러한 현상에 대해 80/20 법칙 또는 파레토 원
칙이라는 개념으로 명확히 정리했다. 80%의 결과가 20%의 원인
에서 비롯된다는 것으로, 간단히 말해, 20%의 집중이 최상의 결
과 80%를 만들어낸다는 것이다. 당신이 투자하는 몇 가지가 거의
모든 결과를 만들어내고 있다. 반대로 80%의 노력이 결과의 20%

이하를 창출한다는 것은 사실상 많은 시간과 에너지가 방해 요소에 투입되고 있다는 뜻이다.

그렇다면 중요한 20%와 그렇지 않은 80%를 어떻게 구분할 수 있을까? 이를 위해 반드시 해야 할 일이 두 가지 있는데, 대부분은 첫 번째만 하고 멈춘다. 하지만 첫 단계에서만 멈추면 20%와 80%를 구분하지 못할 가능성이 높다. 첫 단계는 필요하지만 충분하지는 않다.

첫 번째 단계는, 목표를 구체화해야 한다는 것이다. 목표를 알지 못하면 앞으로 나아갈 길을 효과적으로 찾을 수 없다.

명확한 목표가 없으면 목표 달성에 효과적인 20%와 그 이외로 방향을 흐트러뜨리는 80%가 무엇인지 정의할 수 없다. 목표가 현재 위치와 크게 다르지 않다면 목표에 도달하기 위해 많은 것을 바꿀 필요가 없다고 느낀다. 따라서 80%와 20%를 구분하지 않아도 상관없다. 이렇게 하면 어디에 노력을 집중하고 변화해야 할지 정확히 판단하기 어렵고, 80% 중 효과가 없는 부분을 파악하는 데도 방해가 된다.

루이스 캐럴의 『이상한 나라의 앨리스』에서 앨리스는 갈림길 앞에서 체셔 고양이에게 어느 길로 가야 할지 묻는다.

"그건 네가 어디로 가고 싶으냐에 따라 달라지지." 고양이가 대답한다.

"난 어디든 상관없어." 앨리스가 말했다.

"그럼, 어느 쪽으로 가든 상관없겠네." 고양이가 말했다.

작은 목표는 현재 접근 방식에서 크게 조정할 필요가 없으므로 80/20의 사고를 적용할 필요가 없다. 따라서 중요한 20%와 다른 방향으로 가는 80%를 분리하기 위한 두 **번째 단계는, 훨씬 더 큰 목표를 설정하는 것이다.** 목표를 충분히 크게 잡아야만 현재 활동의 80%를 분석하여 목표 달성에 방해되는 부분에 집중할 수 있다. 목표를 충분히 크게 설정해야만 어떤 전략, 관계 또는 행동 (80%)이 어느 정도로 비효율적인지 분명해진다.

20%와 80%을 구분하는 선을 그어라

이제 댄 설리반이 개발한 10배 대 2배 프레임워크에 대해 알아보자. 당신이 2배 성장만을 목표로 한다면 기존 생활의 80%, 즉 지금 하는 일을 유지하면서도 해낼 수 있다. 실제로 2배 성장 또는 선형 성장을 목표로 하는 경우, 당신은 이렇게 일하고 있을 것이다.

2배 성장은 주로 과거에 해왔던 일을 계속하는 것이다.

2배는 선형적이다. 근본적으로 다른 일을 하는 것이 아니다. 가능한 한 적은 변화로 지금 하는 일을 더 많이, 더 잘하려고 노력하는 것이 대부분이다.

하지만 10배는 2배와 정반대이다. 10배를 달성하려면 현재 생활과 집중하는 것의 80%를 버리고 관련성이 높고 영향력이 큰 중요한 일에 올인해야 한다. 그리고 10배를 달성할 때마다 같은 과정이 반복된다. 10배 점프를 할 때마다 이 과정이 적용된다.

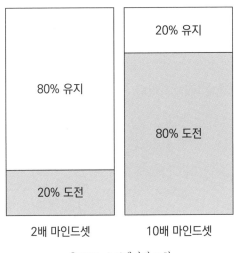

2022. 스트레터직 코치

이 프레임워크는 10배 또는 2배 사고의 기본 개념이다. 10배를 달성하려면 과거 당신의 성공과 마인드셋에 의존해서는 안 된다. 당신을 현재 위치까지 이끈 방법이 반드시 앞으로의 길을 열어줄 것이라는 보장은 없다.

현재 위치에서 10배를 달성하려면 20% 영역만 확장하고 나머지는 걸러야 한다. 10배 비전을 명확히 설정하고 식별해야만 당신을 방해하는 80%를 분명하게 인식할 수 있다.

10배는 지금 당신의 삶과는 근본적으로 질적으로 다르다. 이는 마치 집 안의 가구를 단순히 재배치하는 것이 아니라, 완전히 새 집으로 이사를 가는 것과 같다. 10배가 되면 자신을 포함한 세상의 모든 것이 달라 보일 것이다.

댄 설리번이 기업가들에게 코칭하는 사고 도구 중 하나는 현재 고객의 상위 20%, 즉 매출의 80%를 가져다주고 흥미를 제공하는 고객(제품이나 서비스)을 파악하고 상위 20%와 하위 80%를 구분하는 선을 긋게 하는 것이다.

"하위 80%를 즉시 제거하면 어떻게 될까요? 현재 수준의 매출로 돌아가는 데 얼마나 걸릴까요?"

이 질문을 듣고 고민한 후 댄의 고객 기업들이 공통으로 내놓은 답은 "2년에서 3년 사이"였다. 그리 길지 않은 시간이다. 많은 기업이 수십 년 동안 회사를 운영해온 것을 고려하면 정말 짧은 시간이라고 할 수 있다.

상위 20%에 집중하는 것이 80%를 유지하는 것보다 더 쉬운 이유는 다음과 같다.

- 500달러 고객: 이 투자로 우리 삶이 어떻게 변화할지 나에게 이해시켜주세요. 내겐 중요한 투자니까 결과를 제대로 보여주세요.
- 5만 달러 고객: 송금했습니다. 고맙습니다.

10배의 사람이 2배의 사람보다 쉽다.

카슨 홈퀴스트는 2012년 26세에 시작한 건설 운송 회사 스트림 로지스틱스의 공동 창립자이자 CEO이다. 스트림 로지스틱스는 건설 회사에 트럭과 트레일러 등 운송 및 물류를 제공한다. 스트림 로지스틱스는 빠르게 성장하여 2012년부터 2017년까지 팀원이 3명에서 30명으로 늘었다. 이 무렵 카슨은 회사가 지금보다 10배 성장하는 법을 더 깊이 이해하기 위해 '스트레터직 코치'에 합류했다.

그가 가장 먼저 배운 것은 10배 성장을 이루려면, 혁신하고 전략을 세우고 자기 자신과 아이디어를 발전시킬 여유를 갖기 위해 회사가 스스로 돌아가게 해야 한다는 것이었다. 당시 카슨은 주당 50시간씩 일하며 모든 일에 관여하고 있었다. 그는 세세한 부분까지 파악했으며 말 그대로 모든 것을 점검하면서 '병목 현상'을 만들었다. 카슨은 바빴지만 생산성은 떨어졌다.

댄의 10배 가르침을 들으면서 그는 자신이 어떻게 팀의 효율적인 성장과 멤버들의 자율적인 업무 수행을 방해하고 있는지 깨닫게 되었다. 또한 그는 디테일에 너무 몰두하고 있었고, 회사의 미래에 대해 생각할 시간이 없을 정도로 매일같이 긴급한 전투를 치르고 있었다.

댄 설리번은 기업가들이 항상 이러한 함정에 자주 빠지며, 빡빡한 일정에 쫓기는 기업가들은 자기 자신을 변화시킬 수 없다고 경고한다.

2배 성장은 당신이 사업에 몰입하여 일하는 결과로 얻어지는 반면, 10배 성장은 당신이 목표를 중심으로, 사업의 핵심에 집중할 때 나온다.

2배는 말과 마차를 잘 준비해 그 효율성을 높여가는 것과 같다면, 10배는 한발 물러서서 같은 노력으로 더 많은 거리를 달릴 수 있는 전략을 찾는다. 헨리 포드가 자동차를 발명했던 것처럼 말이다.

그때까지 카슨은 자신과 비전과 마인드셋을 변화시키지 않은 채 그저 2배 모드에서 반복적인 노력을 기울이고 있었다.

카슨은 이후에 우리의 조언대로 18~24개월 동안 자신이 하던 모든 일을 이어받을 새 리더십 팀을 고용하고 교육하는 데 투자했다. 2019년이 되자 스트림 로지스틱스는 팀원 수가 40명으로 늘었고 스스로 돌아가기 시작했다.

카슨은 자기 스케줄상에 아무것도 올려놓지 않았다. 그는 완전히 자유로워진 상태에서 회사를 분석하고, 한 인간이자 리더로서 자신을 발전시키고, 회사의 방향성을 다시 생각하기 시작했다.

그 해에 그는 프리존 프론티어Free Zone Frontier 프로그램에 참여했다. 이 프로그램은 기업가들에게 독특한 협업과 경쟁 없는 틈새 시장을 만들고 100배 더 크게 생각하는 방법을 가르치는 스트레터직 코치의 최상위 프로그램이다. 그곳에서 카슨은 댄의 상위 모델 중 하나인 '누구에게 영웅이 되고 싶은가'를 배웠다.[11] 이 아이디어는 간단하다. 함께 일하고 싶은 사람들의 유형을 명확하게 정의하는 것이다. 그들이야말로 당신이 가장 잘하는 일에 감사하고 가치를 부여할 것이기 때문이다.

카슨은 자신이 보유한 다양한 유형의 고객에 대해 깊이 생각하기 시작했다. 여러 지표와 회계를 자세히 분석한 결과, 회사에서 함께 일하는 고객 유형이 크게 '일반 화물' 고객과 '고위험 화물' 고객, 이렇게 둘로 나뉜다는 사실을 발견했다. 2019년 당시에는 일반 화물 고객이 전체의 95%를 차지했다. 이 '일반 화물'이란 고객의 요구사항이 특별하거나 복잡하지 않은, 일상적인 프로젝트들을 의미한다. 물류 및 운송 회사를 통해 장비를 A 지점에서 B 지점으로 옮기는 것만 해주면 된다. 스트림 로지스틱스는 대부분의 시간을 이런 단순하고 보편적인 서비스를 원하는 고객들에게 집중하고 있었다.

카슨은 여기서 한 가지를 깨달았다. 스트림 로지스틱스가 제공하는 서비스 중에서 이런 일상 고객들에게 '특별한 가치'를 제공하는 것은 없었다. 비록 경쟁사들보다 서비스 수준은 높았지만, 그들이 원하는 것은 특별한 품질보다는 가격 경쟁력이었다. 특별한 요구사항이나 도전 과제가 없었기 때문에, 이런 일반 고객들은 결국 가격에 더 큰 비중을 둘 수밖에 없었다. 그 결과, 건설 물류 분야에서는 가장 좋은 가격을 제시하는 사업체가 계약을 따가는 저가 수주 경쟁이 계속되고 있었다.

이러한 고객들은 충성도가 높지 않았다. 그들은 자기 회사를 좋아했지만 더 좋은 제안이 있으면 별 생각 없이 그 제안을 받아들였다.

회사의 비즈니스 모델을 분석하면서, 현재의 방식으로는 회사 성장이 선형적으로만 이루어질 것을 깨달았다. 과거에는 빠르게 성장했지만, 이제는 성장 속도가 둔화되어 어느 정도 한계에 도달한 상태였다. 회사는 빠른 성장을 위해 많은 인력을 고용했는데, 매출을 20% 늘리기 위해서는 팀원을 20% 추가로 고용해야 했다. 현재의 비즈니스 모델과 집중력을 유지하면서도 성장을 이어가려면 불가피한 조치였다.

그러나 레버리지가 높은 특별한 서비스를 제공하지 않아 선형적인 성장만 가능했던 것이다. 그 결과, 대부분 광범위한 고객에게 평범한 서비스가 제공되었다.

카슨은 '고위험 화물' 고객에 대해 생각해보았다. 이들은 전체 고객의 단 5%에 불과했지만, 회사 수익의 15%를 차지했다. 뿐만 아니라 스트림 로지스틱스 서비스를 가장 높이 평가하고, 큰 비용을 지불했으며, 회사도 가장 흥미롭게 여기는 고객이었다.

이 고위험 화물 고객들은 복잡하고 특별한 요구사항을 가지고 있었다. 모든 것이 완벽해야 하고, 정확한 시간에 정확한 장소로 정확한 방식으로 배송해야 했다. 이들의 요구사항을 충족시키지 못하면, '높은 위험'을 맞이할 수밖에 없었다. 때때로 이러한 유형의 물류 상황에는 5대가 넘는 대형 화물 트레일러와 호위까지 필요했다. 위험하고 격렬해질 수 있다.

카슨은 이 고위험 화물 고객들에 집중한다면, 스트림 로지스틱스가 독특하고 특별한 일을 할 수 있을 것이라고 믿었다. 더욱이, 이런 고객들과 일할 때의 수익성은 비대칭적이고 비선형적이었다. 즉, 5% 노력으로 5%가 아닌 15% 이상의 수익을 얻을 수 있었다. 따라서 이런 고객들에게 미래의 모든 에너지를 집중하면, 회사의 수익성이 기하급수적으로 향상될 가능성을 보았다.

카슨은 회사의 모든 노력을 '고위험 화물' 고객에 집중하고, 더이상 일반 화물 고객을 모집하지 않는 방향으로 전략을 전환하겠다는 아이디어를 제시했다.

처음에는 팀원들이 아이디어에 반대했다. 고객의 95%와 수익의 85%를 포기하는 것이 너무 위험해 보였기 때문이다. 특히 영업 담당자들은 활성 잠재 고객 수가 300~400명에서 30~40명으로 급감하는 것에 우려했다. 고위험 화물 잠재 고객 한 명당 많은 수익을 창출할 수 있다는 사실은 인정했지만 그렇게 적은 잠재 고객으로 어떻게 현실적으로 매출을 유지할 수 있을지 도저히 떠오르지 않았던 것이다.

하지만 카슨의 설득과 논리적인 분석 결과를 이해하면서 팀원들은 이 아이디어를 점차 받아들이게 되었다. 결국, 회사 전체가 100% 에너지를 고위험 화물 고객으로의 전환에 쏟는 데에는 불과 6개월이 걸렸다. 처음 몇 달 동안은 영업 담당자들이 계속 일반 화물 잠재 고객에게 전화를 걸어 더 많은 거래를 성사시키려고 시도했다. 카슨은 이를 중단하고 고위험 화물에만 집중하라고 재차 권했다.

고위험 화물 고객에 집중하면서, 팀 전체는 이 유형의 고객이 생각보다 많고 그들의 요구사항이 복잡하다는 것을 발견했다. 또한, 영업 담당자들은 고위험 화물 고객으로부터 더 많은 수익을 창출하는 방법을 찾기 시작했다.

영업 담당자들은 고위험 화물 영업을 점점 더 많이 진행하면서 양보다 질이 더 중요하다는 사실을 깨달았다. 일반 화물 고객은 배송당 260~280달러 수익이 발생했다. 고위험 화물 고객은 배송당 700달러 이상의 수익을 올렸으며 때로는 그 몇 배에 달했다.

2019년에는 일반 화물 고객이 고객의 95%를 차지했다. 그러나 2022년 10월 현재, 일반 화물 고객 비율은 25% 미만이다. 회사는 지난 2년 6개월 동안 일반 화물 고객을 모집하는 데 에너지를 쓰지 않았고, 이미 확보한 고객을 유지하는 일도 하지 않았다.

2019년에 스트림 로지스틱스의 연 매출은 2,200만 달러였는데, 2022년에는 3,600만 달러를 넘어설 것으로 보인다. 더 중요한 것은, 2019년에 비해 수익이 4배 이상 증가했고, 그 과정에서 새로운 팀원을 추가 고용할 필요가 없었다는 점이다. 회사는 여전히 40명의 직원을 보유하고 있다.

팀은 고위험 화물 고객에 집중함으로써 분산과 긴장을 줄였다. 카슨은 팀원을 추가하지 않고도 현재 팀만으로 수익성을 50~100% 더 높일 수 있다고 했다. "우리는 양보다 질을 중시하는 사고방식으로 전환했다"라는 그의 말처럼, 더 높은 품질, 더 적은 양을 목표로 했다.

이처럼 10배 목표는 양이 아닌 질에 중점을 둔다. 그것은 더 많은 것이 아니라 더 다르고, 더 나은 것을 추구한다. 특정 유형의 사람들에게 더 차별화되고 더 나은 서비스를 제공함으로써, 우리는 모든 일에서 더 많은 비대칭적 이점을 얻을 수 있었다.

스트림 로지스틱스는 이전보다 훨씬 적은 수의 고객을 보유하고 있지만, 불과 2년 6개월 만에 매출은 2배 가까이, 수익은 4배 가까이 증가했다. 새로운 비즈니스 모델과 집중을 통해, 앞으로의 미래는 훨씬 더 크고 흥미진진해 보인다.

2019년에는 주로 정기 화물 고객 중심으로 비즈니스를 운영하던 시절이었기 때문에 팀은 꽤 안주하고 있었다. 대부분 일상적인 업무를 수행하면서 어느 정도 효율성에 도달했고 큰 도전을 받지 않았기 때문이다. 그러나 독특하고 도전적인 고난도 화물 고객으로 전환하면서, 운영팀은 처음 시작할 때와 같은 도전을 받게 되었고, 이를 통해 다시 한번 성장할 수 있었다.

고성과 상태를 활성화하려면 주어진 작업에 다음 세 가지가 필요하다는 연구가 많다. 1) 명확하고 구체적인 목표, 2) 즉각적인 피드백, 3) 현재 스킬 레벨을 넘어서는 도전 과제. [12] [13] [14] [15]

암벽 등반, 모터크로스, 스노보드와 같은 익스트림 스포츠에서 "플로우Flow"가 심도있게 연구되는 이유 중 하나는 이러한 활동이 "높은 위험도"를 내포하고 있기 때문이다. 실패 결과는 즉각적이고 때로는 치명적일 수 있으며, 선수들은 이전에 "가능하다"라고 여겨지던 한계를 뛰어넘는 도전에 계속 도전하므로 기술 대비 도전 비율이 엄청나게 높아진다.

미켈란젤로의 헤라클레스와 피에타는, 품질과 집중도 그리고 깊이 면에서 사실상 비교 대상이 될 수 없고, 완전히 다른 두 가지 세계에 속한다.

스트림 로지스틱스의 전체 팀 규모는 같지만, 2년 반 전보다 질적으로 크게 발전했다. 카슨의 팀은 알아서 돌아가고 있다. 점점 더 높은 수준의 고객에게 제공하는 서비스를 10배 이상 향상시키기 위해 계속 진화하고 있으므로 회사에서는 '끊임없는 혁신'이 일어난다. 이를 위해, 고객이 필요로 하는 것이 무엇인지를 지속해서 학습하고, 이러한 유형의 고객에게 고유하고 최고의 서비스를 제공하기 위해 새로운 방법에 투자하고 있다.

예를 들어, 아파트 모듈과 같은 대형 화물을 옮길 때 큰 도전 중 하나는 화물을 옮길 수 있을 만큼 큰 트레일러를 구하는 것이다. 이 문제를 해결하기 위해, 카슨 팀은 75대의 대형 트레일러를 새로 제작하고 있다. 이를 통해 서비스를 더욱 독특하고 가치 있게 만들었다.

10배의 비전을 가진다면, 현재 고객 관계의 80%와 현재 활동, 습관, 사고방식의 80%가 장애물이 된다. 물론, 80%를 포기하는 것은 쉽지 않지만, 그것이 10배 목표를 달성하는 가장 쉽고 확실한 방법이다. 이는 짐 콜린스가 『좋은 기업에서 위대한 기업으로』에서 말한 것처럼, 사랑하는 것을 죽이는 것만큼이나 극단적으로 느껴질 수 있다.

좋은 것이 위대한 것의 적이다. 위대한 기업들은 어떤 일을 해야 하는지만이 아니라, 어떤 일을 하지 말아야 하는지에도 집중했다. … 팔에 암이 생기면 잘라내야 하는 것처럼, 어떤 것을 포기하는 용기도 필요하다.[16)]

10배 성장을 원한다면, 먼저 20%와 80%를 빠르게 구분해야 한다. 80%를 제거하면 10배 성장이 유기적이고 가속화된다. 20%에 올인하면, 당신의 삶은 10배 더 좋아지고, 더 단순해지며, 더 흥미로워진다. 당신은 어떤가?

• 10배 더 가치 있고 영향력 있는 사람이 되게 하는 20%는 무엇인가?
• 당신이 하는 일이나, 함께 일하는 사람 중, 당신의 성공과 흥분을 가장 크게 이끌어내는 것은 무엇인가?
• 당신을 쉽게 지치게 하고, 궁극적으로 미래의 큰 도약에 가장 방해가 되는 80%는 무엇인가?

10배 마인드셋,
당신의 포텐을 터뜨리는 생각의 전환

◆   2배 목표는 지금 하는 일을 더 많이 하는 것일 뿐이다. 하지만 10배
     목표는 그것을 뛰어넘어 도약하는 것이다. 10배 목표를 달성하려
     면, 2배 목표의 스트레스와 복잡성을 우회하는 완전히 다른 방식이
     필요하다.

     — 댄 설리반[17]

　결혼 1년 후인 1983년, 린다 맥키삭은 남편 지미와 함께 거액
의 대출을 받아 데이브 앤 버스터스와 비슷한 레스토랑을 시작했
다. 지미는 거의 10년 동안 레스토랑 업계에서 일해왔기에 성공
을 확신했다. 하지만 사업을 운영한 지 1년 만에 경기가 침체되면
서 사업도 함께 망했다. 대출금보다 60만 달러나 적은 금액에 가
게를 팔아야 했고, 그들은 하루아침에 60만 달러의 빚더미에 앉게
되었다.

　20대 초반이었던 린다는 사업에 대해 아는 바가 없었지만, 재
정 상황이 좋지 않다는 것 정도는 알고 있었다. 그녀는 지미가 밤
에 잠을 이루지 못하는 것을 보았고, 은행에서 걸려오는 전화를
받으며 힘들어하는 것도 지켜봤다. 이런 상황에서 지미는 린다에
게 솔직하게 마음을 털어놓았다.

　"당신 도움이 필요해."

"내가 열심히 일하는 거 알잖아. 우리 가족은 일 하나로는 부족하니 항상 다른 일도 하고 있고." 그녀가 대답했다.

"돈을 많이 벌고 싶으면 부동산을 해보라고 오래전에 들은 적이 있어." 그는 말했다.

린다는 자기 소유의 집에서 살아본 적이 없었다.

"나는 부동산이 뭔지도 몰라. 어떻게 시작하지?"

그는 린다에게 대학에서 학점을 취득하고 시험을 봐서 자격을 취득해보라고 했다. 그렇게 해서 그녀는 부동산 중개인 자격을 얻고 사업을 시작했다. 처음에는 느렸고 수익도 많지 않았다. 첫해에는 총 3천 달러 수준이었다. 지미는 첫해에 벌어들인 3천 달러를 두고 "정말 대단했다"라고 말했다.

에이전트가 된 지 2년 후인 1986년, 린다는 캘리포니아에서 열리는 부동산 세미나에 참석하기 시작했다. 부동산 비즈니스를 운영 중인 연사들이 무대에 올랐고, 그 연설은 그녀의 마음을 사로잡았다. 세미나에 참석하며 사고방식과 네트워크, 교육 체계를 업그레이드한 지 1년 만에 그녀는 약 30건의 거래를 성사시켰고 연간 약 4만 달러의 중개 수익을 올렸다.

비서를 고용하다

세미나에서 만난 대도시의 최고 중개인들에게는 비서가 있었는데, 그녀는 이 사실에 흥미를 느꼈다. 자신이 사는 도시의 중개인 중에 비서를 둔 사람은 아무도 없었기 때문이었다. 그녀는 도시에서 최초로 비서를 고용했다. 흥미롭고도 두려운 결정이었다. 비즈니스는 성장하고 있었지만 비서에게 주당 350달러를 어떻게 지급할 수 있을지 몰랐기 때문이다. 비서는 모든 문서 작업과 물류, 일정 등을 담당했고, 그녀는 이로 인해 자신이 싫어하던 세부 작업들에서 벗어날 수 있었다.

이렇게 해서 린다는 주당 수십 시간 동안 에너지를 소모하면서도 큰 성과를 내지 못했던 80%의 업무에서 벗어났다. 그녀는 집을 리스팅하고 판매하거나 구매하려는 사람들을 직접 상대하는 20% 핵심 업무에 헌신하면서 진정한 열정을 느낄 수 있었다.

이런 변화에는 몇 가지 심리적 요인이 작용했다. 첫째, 비서를 고용했으니 그에 걸맞은 수익을 내야 했다. 필요는 발명의 어머니라더니, '왜'가 충분히 강하면 '어떻게'를 찾아낼 수 있음을 보여준다. 무언가에 올인하기 전까진 아무 일도 일어나지 않는다.

그런 후에야 더 높은 수준의 생산성을 달성하기 위한 방법과 경로를 찾거나 만들 수 있는 심리 상태, 즉 필요성을 느끼는 상태에 도달한다. 이것이 내가 '반환점'point of no return에 관한 연구를 통해 발견한 사실이다.[18] 사람들이 반환점을 인지하고, 특히 재정적 투자와 관련된 헌신의 순간이 지나가면, 그들의 집중력, 동기부여 그리고 통찰력이 크게 향상된다. 한 기업가는 이를 마치 "매트릭스 속의 네오처럼 총알을 피하는 상태"라고 표현했다.

이는 희망에 대한 연구가 점점 더 많아지고 있다는 측면에서도 중요하다.[19] [20] [21] [22] 희망의 핵심 요소 중 하나는 경로 사고이다.[23] 즉, 희망을 품은 사람들은 가장 어려운 상황에서도 결국 목표를 향한 길을 찾아내고, 필요한 경우 계속해서 자신의 경로를 조정한다.[24]

그녀가 비서를 고용함으로써 얻은 두 번째 이점은 이제 마음과 시간을 20%의 중요한 일에 집중할 수 있게 되었다는 것이다. 이로 인해 그녀는 의사 결정 피로에서 벗어날 수 있었고,[25][26][27] 이메일 작성, 계약서 작성, 정보 검색, 전화 받기 등의 작은 결정과 작업을 비서에게 맡김으로써 정신이 맑아지고 집중력이 높아졌다.

비서 고용은 에너지와 의지력을 소모하고 집중력을 떨어뜨리는 수많은 일상적 의사 결정으로부터 벗어나, 자신에게 열정을 주는 몇 가지 분야에서 탁월한 능력을 발휘할 수 있게 해주는 결정이었다. 비서를 고용한 지 1년 만에 린다의 매출은 두 배로 뛰었다. 그해 비즈니스가 급성장하면서 요구되는 업무를 비서가 모두 감당하지 못할 정도였다. 이에 따라 린다와 비서는 업무 분담을 재조정하고, 비서에게 선호하는 업무를 선택하게 했다. 그리고 나머지 업무를 처리할 또 다른 비서를 고용했다. 두 번째 비서를 고용한 후에는 매출이 다시 두 배로 증가했다. 린다는 "어시스턴트를 고용할 때마다 다음 해에 매출이 두 배로 늘었다"라고 말했다.

비핵심업무를 전문가에게 맡기다
린다가 지속적으로 세미나에 참여하면서 확인하게 된 사실은 최고의 에이전트들은 자신이 선호하지 않는 업무 분야를 전문화된 다른 에이전트에게 맡기는 것이었다. 린다는 바이어와 함께 일하는 것은 좋아하지 않았지만 새 매물을 리스팅하는 것에는 열정이 있었다(리스팅이란 새로운 부동산 매물을 시장에 공개하고 판매하려는 업무를 통칭하며, 여기에는 부동산 정보를 수집하고, 가격을 책정하고, 매물을 광고하며, 관심 있는 구매자를 찾는 것이 포함된다—옮긴이). 그래서 그녀는 최고의 리스팅 에이전트가 되기로 결정하고, 바이어를 관리할 에이전트를 고용했다.

"리스팅은 내 모든 레버리지를 최대한 발휘할 수 있는 분야에요, 제 리스팅은 하루 만에도 팔리니까요. 하지만 바이어와 함께하면 한 번에 한 건만 판매할 수 있죠. 따라서 최고의 리스팅 에이전트가 되겠다는 결심은 저에게 엄청난 레버리지가 되었어요."

린다는 바이어 에이전트를 고용하여 모든 바이어를 관리하게 했고, 수수료를 50 대 50으로 나누었다. 바이어와의 업무가 하루 일과에서 차지하는 비중이 컸던 린다에게 이것은 큰 도움이 되었다. 바이어 에이전트를 고용한 후, 그녀는 이전에 바이어와 직접 일하는 데 사용했던 수십 시간을 매주 즉시 확보할 수 있었다.

비서를 한 명에서 두 명으로 늘린 것, 그리고 80%의 세세하고 번거로운 업무에서 벗어난 것은 린다에게 큰 도약이자 변화였다. 또한, 바이어와의 업무에 80% 시간을 할애하지 않고 20%의 리스팅 업무에만 집중할 수 있게 된 것은 린다의 업무 방식에 또 다른 큰 도약을 가져왔다.

20%에 집중하면서 더 좋은 위치의 매물을 더 많이 리스팅하여, 그녀는 비즈니스를 크게 확장했고, 이를 위해 더 많은 바이어 에이전트와 마케터를 고용했다.

린다는 '후 낫 하우'(Who Not How, 자신의 재능과 방법론을 정교화하는 대신 그 분야 전문가를 활용하는 것—옮긴이) 원칙을 더욱 적용함으로써 10배의 성장을 이루었다.[28] 그녀는 자신이 좋아하지 않는 80%에 얽매이지 않고 '사람'에 투자하여, 80%의 업무를 처리하고 비즈니스의 다양한 측면을 조직하고 관리하기 위해 노력했다. 이처럼 '어떻게'가 아니라 '누구'에 집중하는 것은 10배 성과를 얻기 위한 핵심 원칙이다. 비즈니스를 운영하는 데 끝없는 '방법론'에만 갇혀서는 10배 성장을 이룰 수 없다.

2배 사고방식의 벽에 도전하다

린다가 팀을 점차 확대하고 자신이 가장 열정적으로 참여할 수 있는 20%에 점점 더 집중하면서 비즈니스는 폭발적으로 성장했다. 그녀는 강력한 팀을 이끌며 달성 가능한 비전을 지속해서 확장해 나갔다.

특히 마케팅과 브랜딩에 집중 투자를 시작하여 큰 인지도를 얻게 되었다. 1992년, 린다는 자기 지역에서 최고의 부동산 중개인이 되었다. 그녀의 비즈니스는 1986년 이후 10배 이상 성장했다. 이제 연간 수수료 수입만 50만 달러를 넘어섰다.

이런 빠른 성장에도 불구하고 린다는 현재의 중개업체에 불만을 느끼기 시작했다. 업체는 수입의 20%, 즉 10만 달러 이상을 가져갈 뿐만 아니라, 그녀의 성장을 방해하는 장애물을 계속 만들어냈다. 린다는 지역의 부동산 시장을 석권하고 싶었다. 사람들이 부동산 하면 린다를 떠올리게 하고 싶었다. 그러나 중개업체는 마케팅에 린다의 전화번호를 사용하거나 매물로 내놓은 집 앞 간판에 린다의 이름을 쓰지 못하게 했다.

중개업체는 과거의 방식에 얽매여 2배 사고방식으로 일하고 있었고, 린다에게도 그렇게 따라오라고 한 것이다. 그럼에도, 그녀의 10배 마인드셋은 기존 체제를 위협했고, 중개업체는 린다의 혁신과 확장을 저지하기 위해 갖은 수를 썼다.

2배 조직이나 산업의 관점에서 10배 사고방식을 가진 린다 같은 사람을 '기준 파괴자'(Rate Buster)라고 부른다. [29] [30] 이 표현은 공장에서 한 생산직 근로자가 기존 표준을 크게 초과하는 생산성을 보여 동료들의 강한 반발을 불러일으키고, 이로 인해 필요한 생산량에 대한 기대치가 높아져서 피곤해질 것을 우려한 동료들의 반대에 부딪혔을 때 유래했다.

성실하게 일하는 동료들을 '게으르게' 보이게 만들고 새로운 기준과 규범을 세우기 때문이다. 레이트 버스터는 주변의 2배 사람들을 불편하게 만든다.

흥미롭게도, 조직과 산업 전체는 성장을 원한다고 주장하면서도, 10배 성장의 핵심이 될 수 있는 기준 파괴자에 대해 방어적인 태도를 보인다. 그러나 2배 마인드셋의 목표는 발전이 아니라

'유지'에 있다. 그들은 자신의 80%, 즉 안전지대, 문화, 습관적인 운영 방식에 전념한다.

린다가 시장의 한계에 부딪힐 무렵, 부동산 회사 켈러 윌리엄스는 미국 전역을 돌며 각 도시에서 최고의 에이전트를 모집하고 있었다. 그들은 린다에게 매력적인 제안을 하여 그녀의 마음을 두드렸다.

작은 것을 포기하고 큰 것을 취하다

린다가 켈러 윌리엄스Keller Williams로 이직하는 데 받을 수 있는 주요 혜택 중 하나는 회사가 에이전트로부터 받는 수수료에 상한선이 설정되어 있다는 것이었다. 즉, 켈러 윌리엄스는 에이전트로부터 21,000달러 이상을 받지 않았다. 이는 켈러 윌리엄스가 에이전트의 성장을 제한하지 않고, 더 많은 거래를 장려하는 인센티브를 제공했다는 의미였다. 일정 수익 이상은 에이전트가 전부 가져갈 수 있게 해서, 그들의 수익을 보장하고 동시에 더욱 성장하도록 돕는 방식이었다.

린다는 현재 52개의 리스팅을 포기해야 했지만, 그럼에도 켈러 윌리엄스에 합류하기로 결정했다. 어차피 그 리스팅은 이전 중개업체의 소유였기 때문이다. 당시 린다는 이미 중개업체에 연간 10만 달러 이상의 수수료를 지불하고 있었다. 하지만 켈러 윌리엄스로 이동하면 금방 손실을 만회할 수 있다고 믿었다. 그중 48개의 리스팅은 "린다가 떠나면 우리도 함께 떠나겠다"라고 기존 중개업체에 통보한 상태였다. 결국 그녀는 켈러 윌리엄스에서 48개의 매물을 관리하게 되었다.

1992년부터 1998년까지, 린다가 근무했던 켈러 윌리엄스 프랜차이즈는 그 도시에서 존재감이 미미하던 데서 최고의 수익을 내는 부동산 사무실로 급성장했다. 린다는 매년 200~300건의 거래를 성사시키고 80만 달러 이상의 커미션을 올리며 미국 전역의 켈러 윌리엄스 에이전트 중 1위를 차지했다.

1998년, 린다가 근무하던 프랜차이즈 소유주는 프랜차이즈를 갱신하지 않기로 결정했다. 다른 회사로 옮기고 싶어 했던 것이다. 이에 켈러 윌리엄스의 소유주인 게리 켈러는 린다와 지미에게 직접 연락을 취했다.

두 분이 다음 켈러 윌리엄스 프랜차이즈의 경영자가 될 가능성이 크다고 생각합니다. 이전 경영자가 '센트리21'로 넘어가면서, 이 지역의 새로운 관리인이 될 수 있는 기회가 생겼습니다.

몇 달 후, 린다와 지미는 이전과 같은 켈러 윌리엄스 프랜차이즈를 에이전트가 아닌 관리자로서 다시 문을 열었다.

그동안 린다는 개인 부동산 중개인으로 시작해, 비서를 고용하고, 여러 명의 비서와 다른 중개인, 마케팅팀을 영입하는 등 이미 여러 차례 '10배 성장'을 경험했다. 그녀는 매번 80%의 쉬운 목표를 포기하고 20%를 추구함으로써 10배 도약을 거듭했다.

이런 과정을 거칠 때마다 린다는 팀에 더 능력 있는 인력을 영입하고, 자신은 20%의 틈새 시장에서 점점 독보적인 역량을 갖추어갔다. 이제 켈러 윌리엄스의 프랜차이즈 경영자가 된 것은 린다에게 새로운 10배의 시작을 의미했다. 이는 새로운 가능성을 담은 새로운 차원이 열린 것이다. 이 새로운 국면에서 린다는 다음 10배를 달성하기 위해, 지금까지 20%로 여기며 열심히 해왔던 분야를 80%로 전환했다.

이제 린다가 주목한 새로운 20%는 도시 전체에서 최고 에이전트를 모집하고 프랜차이즈에 강력한 문화를 구축하는 것이었다. 이제 린다는 자신의 비즈니스에서 얻는 커미션뿐만 아니라 프랜차이즈 전체의 커미션도 받을 수 있었다. 그녀는 자신의 리스팅 업무 일부를 계속 진행하면서 다른 리더들의 모범이 되었다.

그러면서 점차 더 많은 시간을 다른 에이전트들에게 최고의 사고방식과 방법을 가르치고 훈련시키는 데 투자했다. 그녀는 리더이자 지도자로서 역할을 강화했고, 이로 인해 많은 탁월한 인재들이 그녀의 사무실에 합류했다. 이론은 물론 풍부한 경험을 바탕으로 가르쳤기에 그녀의 지도법은 실질적이고 믿음직했다.

10배 도약은 고정관념을 넘어서는 연속

1998년부터 1999년까지의 18개월 동안, 린다는 빠르게 성장하여 첫 번째 사무실에서 30분 거리에 두 번째 사무실을 개업했다. 이는 뉴욕시에서 획기적인 성장이었고, 예를 들어, 기존에는 사무실마다 상담원을 대략 30명가량 두는 것이 보통이었지만, 린다는 이러한 관행을 깨뜨렸다. 그녀는 상담원 수가 증가한다 해서 반드시 경쟁이 과열되고 개인의 발전이 정체되어야 한다는 생각에 반대했다. 오히려 사무실 규모가 커지면 상담원들에게 더 좋은 교육 기회와 리소스가 제공될 수 있음을 입증했다. 그녀의 전략은 제로섬 게임이 아닌, 모두에게 이익이 될 수 있는 상황을 만들었다. 그녀의 열정, 혁신적인 리더십 그리고 열정적인 문화로 수십 명의 신입 상담원과 최고의 인재를 끌어오는 데 성공했다.

1999년, 린다는 게리 켈러로부터 다시 한번 전화를 받았다. 그는 린다에게 오하이오, 인디애나, 켄터키에서 새롭게 시작할 기회가 있다고 일렀다. 그녀는 이 기회를 선점해 이 세 주 선역에서 다수의 사무실을 관리하는 지역 총책임자 위치에 올랐다.

지역 책임자가 되면 게리 켈러와 직접 파트너가 될 수 있었다. 그녀는 지역 전체의 모든 거래에 대해 게리 켈러와 50대 50으로 로열티를 나누게 되었다. 이 또한 린다에게 10배 기회였다.

물론, 이를 위해서는 오하이오, 켄터키, 인디애나로 정기적으로 날아가, 해당 지역에서 새로운 프랜차이즈 관리인을 모집하고, 이들이 탄탄한 에이전트 팀을 구성해 새 사무소를 열 수 있도록 지원해야 했다.

린다는 현재의 20% 영역을 포기해야 했지만, 그 대신 10배 성장을 통해 80% 영역을 확보할 수 있었다. 그녀는 여러 회사에서 성공적인 영업 관리자로 일했고 부동산 업계에서 일하기를 원했던 시동생 브래드를 고용해 자신의 사업을 관리하도록 했다. "브래드, 회사에 합류해 함께 운영해보는 건 어때? 기본 급여 외에도 인센티브와 성과급을 받을 수 있어. 그렇게 되면 나는 오하이오, 켄터키, 인디애나로 자주 날아갈 수 있게 될 거고."

그 후 8개월 동안 브래드는 린다를 따라다니며 주택 리스팅부터 거래 성사, 인재 채용, 사무실 문화 구축에 이르기까지 그녀가 하는 모든 일을 배우기 시작했다. 또한 그는 고객들과의 관계를 재정립하여 자신과 일하는 것이 편하도록 했다. 고객들은 그를 "리스팅 파트너"라고 불렀다.

처음에는 그녀의 고객 일부가 다른 사람과 일하는 것에 대해 우려했지만 서비스 수준이 일정하게 유지되자 그런 우려는 사라졌다. 이는 린다에게 있어 중요한 관문이었다. 어떤 창업에서든 마주치는, "핵심 업무는 타인에게 맡길 수는 없다"라는 고정관념을 넘어서는 단계였다. 또한, 고객이 자기를 필요로 하고 직접 업무를 수행해야 한다고 믿는 것도 오해임을 깨달았다. 두려움과 무지에서 비롯된 착각이지만, 이를 극복하면 더 나은 결과를 얻을 수 있다.

일단 시도해보고, 어떤 일을 누가 어떻게 처리해야 하는지를 완전히 이해한다면, 자신과 고객 모두를 위해 업무 처리 방식을 개선하고 재교육을 받을 수 있다. 이때는 누가 어떻게 하는지보다, 최종 결과에 더욱 집중하는 것이 중요하다. 시간이 지남에 따라, 10배 성장을 추구하는 당신을 고객들이 사랑하게 될 것이다.

반면, 단지 현 상태를 유지하는 데 더 관심 있는 고객들은 당신이 그들의 안전지대를 방해한다고 느끼며 결국은 떠나게 된다.

2000년 초, 린다는 회사를 브래드에게 완전히 넘기고 오하이오, 켄터키, 인디애나에서 많은 시간을 보내기 시작했다. 처음에는 재정적으로 조금 힘들었지만, 이제는 브래드에게 합당한 보수를 지불하며 그가 사업을 운영하도록 했다. '앞으로 멀리 나아가기 위해 한 걸음 뒤로 물러나는 것'이라고 린다는 말한다.

20%의 핵심에서 비선형적인 수익률이 창출된다

유능한 인력을 고용하여 자신을 위한 80% 시간을 확보하는 것은 비용이 아니라, 자신과 비즈니스에 대한 중요한 투자다. 10배 성장을 방해하는 주요 장애물 중 하나는, 재능 있는 인력을 고용하는 것을 그저 부담스러운 '비용'으로 여기는 것이다. 이는 사실 피할 수 없는 필수 투자로 봐야 한다. 이런 투자로 당신은 20%의 핵심 영역에 집중하여 비선형적인 투자 수익률을 얻을 수 있기 때문이다. 또한, 당신이 지겹게 여기던(혹은 좋아하던) 80%의 일을 누군가가 맡게 되므로, 결국 자신에 대한 좋은 투자이기도 하다.

프랜차이즈 시작은 쉽지 않았다. 린다는 오하이오에서 첫 번째 프랜차이즈를 운영하는 데 3년이 넘게 걸렸다. 3년 내내 프랜차이즈를 함께 시작할 적임자를 찾고 모집하는 데 매달렸다. 이를 위해 오하이오주 콜럼버스에서 수많은 강의와 세미나를 개최했다. 최고의 에이전트들에게 전화해 비전과 가능성을 보여주었다.

콜럼버스에 있는 대형 대출 기관과 대화하면서 대형 파트너를 물색했다.

3년 동안, 린다는 직접적으로 수익을 내지 못했으며, 사실 수입의 상당 부분은 계속해서 투자되고 있었다. 하지만 그녀는 이것이 가치 있는 투자라는 것을 알았고, 장기적으로 보았을 때 현재 위치에 머무르는 것보다 10배 또는 100배의 이익을 얻게 할 것으로 확신했다. 그녀는 이전 단계에서와 마찬가지로 다음 단계에서 성공하기 위해서는, 역량을 계속 발전시켜야 한다는 것을 알았다.

마침내 프랜차이즈를 시작할 적합한 사람을 찾은 후, 린다는 새 관리자가 최고의 설계사들을 모집하고 프랜차이즈를 구축하도록 도왔다. 이 시점부터 린다의 주요 역할은 새 관리자가 투자를 받고, 큰 인센티브를 통해 성공하도록 지원하고 독려하는 것이었다.

첫 프랜차이즈의 안착 후, 린다는 더 나은 파트너와 함께 점점 더 많은 프랜차이즈를 빠르고 능숙하게 시작했다. 콜럼버스에서 처음 세 개의 프랜차이즈를 시작한 후, 인디애나폴리스로 이동했고, 그다음 데이턴으로 옮겨갔다. 특정 도시나 지역에서 여러 개의 프랜차이즈를 빠르게 설립하는 일에 점점 더 능숙해져, 지역 전체에 더 많은 사무실을 열 수 있었다.

그녀는 20%의 핵심 업무에 집중했다. 즉, 적합한 프랜차이즈 파트너를 찾고, 그들이 프랜차이즈를 시작하고 운영할 수 있도록 지원하며, 사무소 운영을 안정화하기 위해 초기 우수 에이전트를 모집하는 업무였다. 또한 모든 프랜차이즈 소유주에게 지속적인 교육과 지원을 제공하여, 그들이 도전과 좌절, 장애물을 극복하고, 잠재력을 최대한 발휘하도록 도왔다.

2011년, 린다는 자신을 대신할 지역 팀을 고용하여, 지역 내에서 프랜차이즈를 시작하고 구축할 새로운 사람들을 찾도록 했다. 그 이후로 린다는 20%의 시간을 리더로서 자기 성장과 팀 교육에 집중했다. 그들이 더 나은 리더가 될 수 있도록 도와줌으로써, 마치 미켈란젤로처럼 10배 도약을 이루어갔다.

영향력의 범위와 깊이가 확장된 6번의 10배 도약 과정

모든 사람의 10배 도약 과정은 모두 다르겠지만, 핵심 원칙과 프로세스는 늘 같다. 10배 도약을 할 때마다, 당신은 자신의 20% 핵심 부분에서 세계 최고에 가까워진다. 그런 다음, 이제 달성한 자유를 레버리지하여 불가능해 보이는 또 다른 도약에 도전할 수 있다.

이전의 80%를 버리고 더 확장된 20%에 전력을 집중함으로써 10배를 달성할 때마다, 당신은 마스터, 혁신가, 리더로 거듭나게 된다. 시간이 지남에 따라 10배 도약을 충분히 이루면, 당신은 점점 다른 리더들의 리더가 되어, 영향력의 범위와 깊이는 기하급수적으로 확대된다.

2022년, 이 책을 집필할 당시, 린다의 사업은 오하이오, 인디애나, 켄터키에 걸친 두 개의 광역 지역까지 확장되었고, 28개 사무실에서 5,000명 이상의 부동산 에이전트가 활동하고 있었다.

1999년에 자신의 사업을 브래드에게 넘겨준 후, 리더십을 지역 팀에 맡긴 것에 대해 린다는 "지역의 성장과 발전에 전력을 집중함으로써, 2021년에는 140억 달러 이상의 매출을 달성한 조직을 보유하게 되었다"라고 말했다. 해당 지역의 각 프랜차이즈를 공동 관리하고 있는 린다는 모든 거래에서 일정 부분을 수익으로 가져간다. 총 140억 달러 수익은, 부동산 중개인으로서 첫해에 거둔 3,000달러 총수익과는 엄청난 차이다!

그녀는 부동산 경력을 시작한 이래로 전체 매출의 10배 도약을 여섯 번이나 이루었다. 이러한 10배 도약을 이루는 과정에서, 린다는 먼저 자신의 비전과 정체성을 확장하는 질적 변화를 겪었다. 그다음으로, 새로운 비전을 바탕으로 새 20%에 집중하고, 나머지 80%를 배제하는 방식으로 비선형적인 질적 변화를 주었다.

돌아보면 린다가 부동산 중개인이 된 후 대학 수업을 그만두었을 때가 비선형적 전환과 20% 집중의 첫 번째 시작이었다.

에이전트로서 경력과 경험이 쌓이면서, 행정 업무에서 손을 뗀 것, 그다음으로 바이어를 직접 상대하는 일에서 손을 뗀 것, 그리고 또 한 번의 도약을 위해 자신의 생계 수단이었던 리스팅 업무까지 포기한 것이 10배 마인드셋을 실천한 것이었다. 이어서 그녀는 자신이 구축한 프랜차이즈 운영과 관리에서도 손을 뗐다. 이제 그녀는 새로운 프랜차이즈 파트너를 모집하고 지원하는 일도 거의 하지 않는다.

그녀의 개인 연간 소득은 수천 달러에서 시작하여 수만, 수십만 달러를 거쳐 지금은 수백만 달러에 이르기까지 꾸준히 10배 성장을 해왔다. 그녀가 공동으로 관리하는 두 지역에서 140억 달러가 넘는 매출을 올리고 있는데, 이 사업에서 린다는 일정 부분을 수익으로 가져간다. 지난 몇 년 동안 그녀의 전체 순자산도 10배 성장을 거듭했다. 린다와 지미는 30년 동안 부동산 업계에서 일하면서, 자신의 부동산에도 투자했고, 여기에는 본격적인 기업용 건물도 포함되었다. 현재 그녀의 순자산은 1억 달러에 육박하고 있다.

린다는 10배 성장 프로세스를 따라 불가능해 보이는 수준까지 비전을 확장하고, 그 비전을 실현하기 위해 핵심 20%에 집중하고, 현재의 위치에 안주하는 80%를 놓아주면서 10배의 성장을 이루었다. 그녀는 이 과정을 여러 번 반복해왔고, 지금도 계속하고 있다.

10배 성장은 완전히 다른 경로를 밟는다

각 10배 점프는 이전 점프와는 비선형적인 관계다. 점프할 때마다 그녀는 극적으로 변화하고 발전해, 더욱 전문적이고 독특한 능력과 지혜를 갖게 되었다. 또한, 각각의 10배 점프를 통해 시간, 돈, 관계, 목적이라는 네 가지 자유를 더욱 풍부하게 누렸다.

이 책을 위해 린다와 인터뷰를 하기 전에, 그녀에게 초안을 보여줬다. 글을 보고 이런 반응을 보였다.

제 인생의 궤적이 보이더군요. '세상에! 이런 일이 일어날 줄은 정말 몰랐어요!'라는 생각이 들었습니다. 또한, 책의 설명이 너무나 명확해서, 2배 성장이 오히려 더 어렵게 느껴졌어요. 저는 항상 에이전트들에게 '왜 더 큰 것을 얻기 위해 지금 가지고 있는 것을 놓지 않느냐'라고 말했는데, 특히 부동산 중개인들은 자신이 해온 일에 매달리는 경향이 있습니다. 너무 제한적이죠. 이 책은 정말 훌륭합니다! 10배로 성장하는 방법의 기본을 제시하고 있으니까요.

사람들은 보통 10배 성장에 대해 이야기하는데, 그것은 사실 꽤 어려운 개념입니다. 솔직히 말해, 저 역시 이해하기 쉽지 않았습니다. 부동산 업계 사람들은 '2배 성장도 힘들었는데, 이제 10배를 하라고?'라고 말하죠. 그들은 '지금도 힘들게 일하는데 더 열심히 뭔가를 하라고 하네'라고 푸념해요. 그들은 10배 성장이 '완전히 다른 일'이라는 것을 깨닫지 못합니다. 2배 성장은 10배 성장을 위한 발판이었을 뿐이며, 이제는 이전과는 완전히 다른 일을 하고 있고, 더 큰 일을 위해 이전에 하던 일을 내려놓아야 합니다.

린다의 말이 맞다. '10배'라는 개념을 이처럼 명확하고 정확한 용어로 설명한 책은 없었다.

이 책의 각 장을 따라가다 보면, 인생에서 원하는 목표를 10배로 성취하기 위한 명쾌하고, 단순하며, 반복 가능하고 실행 가능한 경로를 발견할 수 있다. 원하는 성과를 꾸준히 키우고 분명히 해나가는 데 필요한 지식, 도구 그리고 핵심 20%를 지속적으로 개선하는 전략을 익힐 수 있다. 여기에 더해, 80%의 부수적인 요소들을 계속 제거하여 자신의 인생을 더 큰 자유로 이끌 수 있는 방법도 배우게 된다. 이 모든 것을 통해, 가장 강력하고 진정한 자신이 될 수 있다. 자신만의 '다비드상'으로 거듭나는 것이다.

1장의 요점

- 불가능해 보이는 목표가 실제 가능한 목표보다 더 실용적인 이유는, 현재의 지식과 고정관념을 깨야 하기 때문이다.

- 10배를 만드는 경로는 찾기 쉽지 않다. 하지만 깊은 성찰을 통해 10배 목표를 세우면, 높은 레버리지를 제공하는 소수의 전략과 관계에 집중하게 된다.

- 10배 목표를 세우면, 성과를 내는 데 중요한 20%의 일과 사람이 분명해지고, 동시에 성장을 방해하는 80%의 일과 사람이 무엇인지도 알게 된다.

- 2배 성장을 목표로 한다는 것은 기존 고객, 역할, 행동, 사고방식의 80%를 유지하겠다는 뜻이다. 약간의 조정만으로도 가능하기 때문이다.

- 10배 성장을 목표로 한다는 것은 기존 고객, 역할, 행동, 사고방식의 80%를 제거하고, 자신과 주변의 모든 것을 근본적으로 변화시켜야 한다는 의미다.

- 2배는 선형적이므로 계속 성장하려면 더 많은 노력이 필요하다. 더 열심히 일하는 것이지, 더 똑똑해지는 것이 아니다. 즉, 양적 성장에 초점을 맞추는 것으로, 품질, 독창성, 혁신과는 별개로 지금 하는 일을 더 많이 한다는 의미다.
- 10배 성장은 비선형적인 접근을 의미하며, 더 적은 노력으로 더 나은 결과를 달성하는 방법을 찾는 데 중점을 둔다. 여기서는 질적 성장과 비전 그리고 집중력이 중요해진다.
- 10배의 도약을 할 때마다 현재의 80%를 버리고 더 강력하고 집중된 20%로 더 깊이 파고 들어가게 된다. 80%를 내려놓는다는 것은 일반적으로 80%를 대신할 사람을 고용하고, 반복 가능한 것은 체계화하고 정리하며, 반복하지 못하는 것은 혁신할 수 있게 하는 것이다.
- 10배 성장을 달성할 때마다 80%를 포기함으로써 시간, 돈, 관계 그리고 목적 측면에서 개인적 자유의 양과 질이 비약적으로 증가한다.

10X
IS EASIER
THAN
2X

02
더 적게 일해도
더 많이 버는 비밀

전 세계 유튜브 구독자 1위 미스터비스트의
10배 마인드셋 코칭

◆ 문제 하나를 처리하는 방식은 전체 문제 해결 방식을 보여준다.

— 마사 벡[1]

대학을 졸업한 24세의 채드 윌라드슨은 메릴린치의 재정 고문 트레이닝 프로그램에 참가했다. 남부 캘리포니아에서 시작된 이 교육 과정에는 100명의 교육생이 참여했고, 채드는 엄혹하고 가파른 성장의 길을 걸어 성공적으로 프로그램을 완료한 두 명의 졸업생 중 한 명이 되었다. 그는 이 분야에서 자신만의 눈에 띄는 성과를 이루어냈다.

교육의 목표는 야심 차게 시작한 신입 어드바이저들에게 신규 고객을 유치하고 투자를 이끌어내는 방법을 가르치는 것이었다. 18개월 내에 관리 자산 1,500만 달러를 달성해야 했고, 실패하면 일자리를 구하지 못하고 프로그램에서 나와야 했다.

교육생들은 대부분 젊었고, 많은 투자자는 당연히 경험이 풍부한 자산관리사를 선호했다. 경험 없는 젊은이에게 자기 돈을 맡기려는 사람은 거의 없었다.

채드는 10만 달러 이상의 투자금을 보유한 고객과만 일하겠다고 결심했다. 매니저는 그런 금액을 투자할 만한 사람들이 채드와 같은 나이대를 신뢰하지 않을 것이라며 사실상 불가능하다고 말했다.

하지만 채드는 자신이 세운 기준에 집중했다. 그는 매일 가장 먼저 출근하고 가장 늦게 퇴근하며, 중요한 시험과 자격증을 준비하고 지역 사업주들과 관계를 구축하는 데 많은 시간을 투자했다. 다른 어드바이저들이 여가를 즐길 때에도 채드는 자기 일에 열중했다.

금융계 엘리트 자리를 포기한 이유

처음 6개월 동안 그는 수백 통의 전화를 걸었으나 번번이 거절당했고, 신규 고객은 한 명도 유치하지 못했다. 그러나 6개월 후, 이전에 콜드콜(Cold Call, 미리 약속이나 접촉 없이 상대방에게 전화를 거는 것—옮긴이)을 시도했던 한 남성으로부터 예상치 못한 전화를 받았다. 은퇴를 앞둔 이 남성은 60만 달러 이상의 자산을 보유하고 있었고, 채드의 끈질긴 노력을 기억하며 자신의 자산 관리를 맡기고 싶어 했다.

이 첫 번째 고객은 매니저가 불가능하다고 했던 것보다 6배나 많은 자산을 가지고 있었다. 이 경험으로 채드는 자신감을 얻고 도전을 계속했다. 이후 그는 10만 달러 이상의 자산을 가진 많은 고객을 확보했다.

프로그램 첫해가 끝나자마자, 그는 신규 고객의 최소 자산 기준을 10만 달러에서 25만 달러로 올렸다. 그 순간부터 25만 달러 미만의 투자금은 받지 않기로 결정한 것이다.

그리고 자신이 집중했던 목표를 성취했다.

자신의 기준과 집중력 수준을 낮추지 않았다.

2005년, 18개월의 프로그램이 끝날 무렵, 채드는 졸업 기준을 두 배나 뛰어넘어 3천만 달러의 자산을 관리하게 되었다.

이후 7년 동안, 채드는 관리 자산을 2억 8,000만 달러 추가로 늘려, 메릴린치에서 상위 2%의 어드바이저, 그리고 가장 빠르게 성장하는 어드바이저 중 한 명으로 이름을 올렸다. 당시 모건 스탠리, 골드만 삭스, UBS와 같은 대형 기업들이 채드의 영입을 위해 400만 달러가 넘는 계약금을 제시했음에도, 그는 자신의 진로를 직장에 묶어두지 않으려 했다. 고액 자산가들을 대상으로 하는 자문 업무가 특정 기업의 프레임을 벗어나 얼마든지 더 넓은 범위에서 실현될 수 있다는 것을 깨달았다.

채드는 기업가 고객들을 이해하고 지원하는 데 독보적인 숙련도를 개발했고, 이를 통해 10배의 놀라운 성장을 이루어냈다. 그는 자신이 원하는 수준의 고객을 원하는 수준의 서비스로 도울 수 있는 유일한 방법은 특정 회사의 틀을 벗어나 개인 신탁 자산 자문 회사를 설립하는 것이라고 생각했다. 9년 만에 이미 금융계의 엘리트로 인정받았지만 완전히 다시 시작하기로 결심했다. 그는 10배가 아니라 2배로 살아가게 할 수밖에 없는 안락한 자리를 내려놓았다.

2011년, '퍼시픽 캐피털'을 설립했을 때, 채드는 백만장자 혹은 그 이상의 고성장 기업가들에게만 집중했다. 그는 누구에게 어떻게 도움을 줄 것인지를 보다 특화하고, 틈새시장을 공략하기로 결심했다. 처음부터 다시 시작하면서, 채드는 양보다는 질에 집중한 것이다.

최고의 세부적인 지원을 제공하기 위해 넓은 그물을 던지는 대신, 자신이 도울 수 있는 '고래'가 누구인지, 그리고 다른 금융회사와는 다르게 어떻게 10배 가치를 창출할 수 있는지를 명확하게 파악해야 했다. 퍼시픽 캐피털 설립 당시, 그의 최소 기준은 최소 100만 달러를 투자하고 성장 가능성이 있는 기업가였다.

그가 지금 세운 20% 목표는 이전에 10배를 넘어섰던 20%와는 근본적으로 달랐고, 더 구체적인 목표였다. 콜드콜을 하거나 세미나를 주최하거나 직접 기업을 방문하는 대신, 이미 성공한 기업가들의 네트워크에 가입하고, 업계에서 쌓아온 명성을 활용해 나갔다.

채드는 다시 시작하여 2012년부터 2017년까지 3억 달러 이상의 자산을 관리하게 되었다. 이 글을 쓰는 현재, 채드는 10억 달러 이상의 자산을 관리하고 있으며, 8~9억 달러 규모의 기업가들에게 집중적으로 투자를 하고 있다. 그는 지속적으로 최소 기준을 높여 2021년에는 100만 달러에서 250만 달러로, 2022년에는 250만 달러에서 500만 달러로, 2023년에는 500만 달러에서 1,000만 달러로 올렸다.

그의 집중력과 최적화는 점점 더 명확해지고 있다. 지속해서 80퍼센트를 제거함으로써 불가능한 목표에 도달한다.

더 적게 일하는데도 더 많이 버는 이유

채드는 고객에 대한 기준만 높이는 것이 아니다. 자신에 대한 기준도 높인다. 매년 맡는 고객 수는 줄었지만, 각 고객의 가치는 이전 고객 평균의 10배에 이른다. 또한, 채드가 '고래'에게 제공하는 가치와 영향력은 더 넓은 고객층과 일할 때보다 훨씬 더 독특하고 정확하다. 그는 더 많은 것을 성취하는 것이 반드시 더 많은 일을 해야만 한다는 의미가 아님을 잘 알고 있다.

1장에서 소개한 린다와 마찬가지로, 채드가 10배 성장을 달성했던 중요한 요소는 그의 추진력에 있다. 그는 다른 재무 설계사들과 달리 여러 회사와 벤처에 투자하기도 했다. 채드의 가장 큰 고객조차도 그의 라이프스타일과 재정 상태가 기하급수적으로 성장함에 따라 그를 따라잡기 위해 공을 들여야 할 정도다. 채드는 천편일률적인 이론이나 상품을 제공하는 대신, 모범을 보이며 살아간다.

그 와중에서도 채드는 더 적게 일하는 방법을 찾아냈다. 10배 성장을 거듭하는 동안, 채드는 자신과 고객을 지원하기 위해 전문 경영 비서와 대규모 재무 전문가팀을 고용했다. 비서는 이메일, 일정 관리, 전화 통화 등 비즈니스와 개인 생활의 모든 행정 작업을 대신 처리했다. 퍼시픽 캐피털의 전문가팀은 모든 고객 미팅, 일상적인 운영, 투자 관리, 고객을 위한 전략적 재무 계획 등을 맡았다.

과거에는 연간 200일 이상을 사무실에서 보냈지만, 이제는 퍼시픽 캐피털 건물 안에 개인 사무실조차 없다. 그는 1년에 약 30일 정도만 출근하여 팀과 소통하고, 비전을 공유하며 가능한 모든 지원을 제공한다.

과거에는 수십 가지의 다양한 업무와 활동에 시간을 사용했다. 이제는 제한된 몇 가지 업무에만 집중하고 있으며, 이 업무들은 전 세계에서 아무도 그를 따라잡지 못하도록 그만의 독특한 방식으로 처리하고 있다.

채드의 생산성, 즉 눈에 띄는 성과는 더 적은 일을 하고 있음에도 불구하고 급상승하고 있다. 그는 더 적은 일을 하면서도 매년 사업을 거의 두 배로 성장시키고 있다. 지난 3년 동안 세 권의 책을 출간했으며, 최근 몇 년 동안은 지난 수십 년 동안보다 더 많은 휴가를 다녀왔다.

10배 마인드셋 사상가인 그렉 맥키언은 "본질주의자는 더 많은 것을 하는 대신 더 많은 것을 제거함으로써 더 많은 것을 생산해낸다"[2]라고 말했다. 10배로 집중하려면 10배 필터에 맞지 않는 모든 것을 지속해서 걸러내 단순화해야 한다. 성장을 거듭할수록 필터는 점점 더 세밀해져 더 적은 것을 통과시키게 된다.

많은 기업가는 저항에 부딪히면 곧바로 그만두기 때문에 채드와 같은 성장을 이루지 못한다. 채드가 고객과의 일상적 접점을 줄이기로 했을 때, 일부 고객과 친구들은 의문을 제기했다. 그들은 채드가 기존 방식을 고수하길 바랐고, 그의 기준과 비전이 높아지는 걸 원치 않았다. 이들은 10배가 아닌 2배에 머물렀다.

아이러니하게도 채드는 자신을 터무니없이 바쁘게 만들며 여유를 주지 않던 80%의 사소한 일들을 제거함으로써, 자신을 더욱 효과적으로 활용할 수 있게 되었다. 80%의 일에서 계속 자유롭게 된 채드는 고객이 비전과 헌신을 높이도록 돕고, 고객이 흔들릴 때 지원하는 등, 자신의 가장 큰 기여에 집중할 수 있게 되었다.

고객들이 채드의 10배 성장을 인정하고 높이 평가한 이유는 그 효과를 직접 체감했기 때문이다. 채드는 고객들이 그들의 비전과 기준을 확장하도록 도왔고, 고객들은 채드의 모범과 지침을 따라 훨씬 더 성공하고 행복해졌다.

변화를 꺼리는 사람들은 흔히 자신의 안전을 위협받는다고 느껴서다. 당신의 변화가 그들에게 불편을 줄 수 있고, 당신이 추구하는 자유보다 자신의 안전이 더 중요하기 때문이다. 이런 불편함을 피하려 10배 대신 2배 성장을 선택하는 게 가장 흔한 이유 중 하나다.

10배로 급변하는 과정에서 주변인들은 당신의 변화를 이해하지 못할 것이다. 그들 입장에선 경제 논리나 현실을 무시하는 것처럼 보일 수 있어, 당신이 만든 변화의 틀을 외면하거나 피하려 들 것이다. 하지만 10배 마인드셋은 사실 2배 성장 마인드셋의 결과를 훨씬 뛰어넘는다.

안전보다는 자유를 선택하는 사람들이 10배 프로세스에 더 끌리겠지만, 이를 받아들이는 누구나 더 극적으로 진화하게 될 것이다.

대부분의 사람들은 오래된 표준과 전략, 특히 자신에게 효과가 있었던 전략을 버리는 것을 두려워한다. 불확실성과 실패 가능성을 생각하면 이해할 만한 경향이다. 그렇다면 채드는 어떤 점이 다른가?

채드는 세계 최고의 성취자들만이 가진 특성, 즉 새로운 정체성을 빠르게 받아들이는 능력을 잘 보여준다. 그는 하루에 수백 통의 콜드콜을 잘 해내는 사람이라는 '정체성'을 버렸다. 그는 사무실에 가장 먼저 출근하고 가장 늦게 퇴근하는 사람이 되겠다는 정체성을 버렸다. 세계에서 가장 큰 금융 회사 중 한 곳에서 최고가 되겠다는 정체성을 버렸다. 항상 준비되어 있어야 하고, 정장을 입고 멋지게 보여야 한다는 강박관념을 버렸다. 이메일에 직접 답장하고, 고객 미팅에 참석하고, 심지어 자기 사무실이 있어야 한다는 생각도 버렸다. 바쁘다는 것을 지위의 상징으로 여기는 생각도 버렸다. 20%에 속하지 않는 모든 사람을 만족시키려는 노력까지도 버렸다.

그가 버린 것들 중 '나쁜 것'은 없었다. 실제로, 많은 것은 채드가 현재 위치에 도달하는 데 결정적인 역할을 했다. 하지만 계속해서 자신을 확장하고 10배로 성장하기 위해서는, 당시의 정체성(80%)을 넘어 새로운 비전과 표준(20%)을 받아들여야 했다.

다음 20%에 헌신한다는 것은, 흥미진진한 미래를 통해 자신과 삶을 변화시키는 10배 마인드셋을 받아들이는 것이다. 반면, 80%에 머무른다는 것은, 큰 변화를 피하고 현상 유지를 선택함으로써 2배 마인드셋으로 살아가는 것이다.

채드는 10배로 도약하기 위해 자신을 여기까지 이끈 정체성까지 버리고, 그다음 단계로 나아갈 새로운 정체성을 찾아냈다. 어떤 일이 2배 프로세스로 흘러가면, 그 80%를 버리고, 그 일을 더 잘할 수 있는 다른 사람에게 넘기거나, 아예 제거했다. 그는 자기 삶을 가장 흥미진진한 10배 수준이 되게끔 단순화하여, 점점 더 세밀하고 특화된 20%에 집중하고 숙달하는 것을 선택했다.

정체성은 기본적으로 두 가지로 구성된다. 첫째는, 자신에 대한 내러티브, 즉 이야기이고, 둘째는, 자신에 대한 기준 또는 약속이다.[3] 엄밀하게 정의해보면, 정체성은 "개인이 굳게 헌신하는 가치와 신념으로 구성된 잘 조직된 자아 개념"[4]이다.

간단히 말해, 정체성은 한 사람이 가장 헌신하는 무엇이다. 정체성은 자신에 대한 이야기이며, 자신이 가장 중요하게 생각하는 개인적 기준이다. 표준은 스스로 설정한 품질과 규범 수준을 의미한다. 우리 모두는 자기 자신이 인지하지 못하더라도, 스스로 설정한 기준을 지키려고 노력한다.

중요한 것은 우리는 모두 스스로 선택한 기준이 있다는 것이다. 우리는 중요하게 생각하는 기준을 정하고, 그것을 어느 정도까지 유지할지를 결정한다. 예를 들어, 한 사람이 프로이고 다른 사람은 아마추어인데, 두 사람 모두 테니스에 열정은 깊다. 하지만 프로는 자신의 플레이에 대해 훨씬 높은 기준을 세운다.

기준을 높이고 거기에 헌신하는 것이 바로 자신의 정체성을 발전시키는 방법이다. 기준을 높이고, 자신을 10배 향상시키려면 댄 설리반이 제시한 4C가 필요하다.

1. 헌신 Commitment
2. 용기 Courage
3. 역량 Capability
4. 자신감 Confidence

헌신하기 전에는 아무 일도 일어나지 않는다. 현재의 역량과 자신감을 훨씬 뛰어넘는 특정 기준에 도전하고자 할 때, 자신의 지식과 안전지대를 벗어나야 하므로 용기가 필요하다.

약속을 향해 용기 있게 적응하는 과정에서 많은 손실과 실패를 경험하게 된다. 이를 피드백과 학습의 기회로 활용할 수 있다. 학습한 내용에 적응하고 적용함으로써, 이전에는 없던 역량과 기술을 개발할 수 있다. 전적으로 헌신하지 않았다면 개발하지 못했을 영역이다.

헌신은 숙달로 이어지며, 그 과정에서 새로운 표준을 만들어나간다. 이 단계에서 더 높은 수준의 자신감을 갖게 된다.[5] 현재의 나는 과거와는 비교할 수 없을 정도로 달라졌다. 이제 10배로 성장한 내가 새로운 표준이 된 것이다. 이전에는 도달할 수 없었던 더 크고 좋은 기회를 볼 수 있고, 그 기회를 잡아들일 수 있다. 그리고 이런 변화를 통해, 그다음 단계인 또 다른 10배 프로세스로 4C 사이클을 새롭게 시작할 수 있다.

10배 마인드셋의 최대 장애물: 정체성 바꾸기

내 정체성의 80%(활동, 상황, 사람들과의 관계 등)를 버리는 일은 엄청난 상실감으로 다가올 수 있다. 과거의 나, 사람들이 나를 어떻게 보았는지, 그리고 나와 어떻게 관계를 맺어왔는지 등을 놓아버린다면, 나의 큰 부분을 잃어버린 것처럼 느껴질 것이다. 하지만 이런 변화를 통해, 새롭게 정의된 나를 찾아내고, 새로운 관계를 만들어 나갈 수 있다.

프로스펙트 이론prospect theory에 따르면, 사람들은 상실에 대해 엄청난 혐오감을 가지고 있다.[6] 이득을 추구하는 것보다 상실을 훨씬 더 두려워하며 피하려 한다.

손실 회피는 세 가지 형태로 나타난다. 1) 이미 투자한 것에 대해 수익성이 없음에도 불구하고 계속 투자하는 것(즉, 매몰 비용 편향).[7][8] 2) 자신이 소유하거나 믿거나 만든 것을 단순히 자기 것이라는 이유로 과대평가하는 것(즉, 소유 효과).[9][10][11] 그리고 3) 자신과 타인에게 일관성이 있는 것으로 보이기 위해 이전에 해왔던 일을 계속하는 것(즉, 일관성 원칙).[12][13][14] 이런 모든 손실 회피 전략들은 80%를 포기하는 것을 극도로 어렵게 만든다. 그래서 현재 또는 이전의 정체성을 버리기가 어려운 것이다.

기준을 높이는 것은 결코 쉬운 일이 아니다. 하지만 지금까지 해왔던 방식(즉, 2배 마인드셋)을 고수하는 것보다는 훨씬 쉽다.

10배로 성장하기 위해서는 자유를 기반으로 살아야 한다. 본질적으로 자기가 그렇게 원했던 것이기 때문에 그 원하는 기준을 선택하고, 다른 사람의 의견에 대해서는 걱정하지 않는다. 한때 자신을 구성했던 핵심 요소들을 놓아버리면서, 정체성을 유연하게 발전시켜 나간다.

최소 기준을 높이는 데는 엄청난 헌신과 용기가 필요하지만, 이것이 바로 자신을 성장시켜 나가는 가장 확실한 방법이다. 예를 들어, 채드가 10만 달러 이상의 투자금을 가진 고객과만 일하기로 결정했을 때처럼, 처음에는 새로운 목표를 달성하는 데 어려움을 겪고, 이 과정에서 많은 좌절과 상처를 받을 수도 있다. 이것이 바로 댄이 말한 4C 중 '헌신'과 '용기'의 단계다. 하지만 시간이 흐르면서 자신과 지식, 역량을 발전시켜 제2의 본능이 되어간다.

정체성과 기준을 높이는 것은 주로 감정적인 요소를 포함하므로, 10배 성장에는 심리적 유연성이 중요하다. 심리적 유연성을 갖추게 되면, 처음에는 어려웠던 도전과 상황에 점차 적응하게 된다. 그 결과, 생각과 감정의 내용보다는 맥락에 집중하는 것이 익숙해진다. 자신을 맥락 속에서 발전시키고 확장해나가면서 내면과 외면의 삶의 내용도 동시에 달라지는 것이다. [15] [16]

일시적으로 불편함을 느끼더라도, 자신이 설정한 기준을 지켜내려는 노력이 필요하다. 감정을 억제하지 않고 받아들이면, 정체성은 새로운 기준에 빠르게 적응하고, 수용의 단계에 이른다. [17] [18] [19] [20] 이를 통해 새로운 기준을 편안하게 받아들이게 되고, 개인의 정서적 발전과 확장이 가능해진다. 유명한 영적 지도자이자 과학자인 데이비드 호킨스 박사는 이렇게 말했다.

무의식은 우리가 자신에게 마땅히 주어져야 한다고 믿는 것만을 허용한다. 만약 우리가 자신을 작게 보고 있다면, 우리는 그저 가난을 받는다. 그리고 우리의 무의식은 그러한 현실을 우리에게 가져다주게 될 것이다.[21]

새로운 표준을 설정하려면, 더 이상 적합하지 않은 80%(현재 2배 마인드셋을 유지하게 하는 정체성과 표준)를 '예'라고 받아들이는 것부터 멈추어야 한다. 새로운 표준을 익히고 자기 것으로 받아들여, 그 표준에서 능력과 자신감을 갖출 때까지 노력해야 한다.

예를 들어, 당신이 전문 연사이고 현재 연설료가 2만 5천 달러라면, 최소 연설료를 5만 달러로 올려보라. 그리고 어떤 일이 일어나는지 관찰해보라. 앞으로 몇 달 동안 수많은 강연 문의가 들어올 텐데, 그중 대부분은 당신이 수립한 새 기준인 5만 달러를 거부할 것이다. 그래서 당신은 새로운 표준에서 12분의 1만 받아들일 수밖에 없다. 단기적으로 보면, 2만 5천 달러 수준에서 12번을 모두 수락하는 것보다 5만 달러 한 번을 수락하는 것이 더 이익이 적다(30만 > 5만). 하지만 기억하라. 이것은 정체성과 자신감에 10배의 가치를 부여한다.

시간이 지나면서 우리는 먼저 감정적으로, 그리고 나서 명성,

위치, 기술 수준과 같은 외부 요소들을 새 표준으로 자연스럽게 받아들이기 시작한다. 이 과정에서 주변 세계가 우리를 새로운 시각으로 보도록 재조정한다. 이러한 기준들은 우리가 업무에 접근하는 내적 필터로 작동하고, 사람들이 우리와 어떻게 일하는지 결정짓는 지표가 된다.

채드의 경험에서 배울 수 있는, 최소한의 기준을 높이고 2배 마인드셋을 넘어서는 전략을 이해했다면, 이제 모든 일에서 질을 높이고 양을 줄일 수 있는 10배 프로세스의 다음 단계에 대해 더 깊이 탐구해보자.

하나를 어떻게 처리하느냐가 전체를 어떻게 처리하느냐를 보여준다. 당신은 어떤가?

- 스스로에게 어떤 기준을 가지고 있나?
- 당신의 기준은 스스로 선택한 것인가, 아니면 외부 규범에 의해 채택된 것인가?
- 당신이 집중하고 헌신하는 최소한의 기준은 무엇인가?
- 기준을 크게 높인다면 어떤 일이 발생할까? 20% 분야에 집중하고 숙달하기 위해서는 어떻게 해야 할까? 80% 분야에 대해서는 어떻게 할 예정인가?

10배 프로세스를 받아들이면 이제 더 적은 일에 집중하게 된다. 하지만 일의 양을 줄이면, 업무 품질, 깊이, 영향력이 10배로 증가한다. 카슨, 린다, 채드처럼 양보다 질에 집중하면 기하급수적이고 비선형적인 결과를 경험하게 될 것이다.

이제 시작해보자.

전 세계 유튜브 1위의
10배 마인드셋 코칭

◆   전 세계의 99%는 자신이 위대한 일을 성취할 수 없다고 확신하기 때문에 평범한 목표를 세운다. 그 결과 '현실적인' 목표에 대한 경쟁이 가장 치열하며, 가장 많은 시간과 에너지가 여기에 들어간다. 10만 달러를 모금하는 것보다 100만 달러를 모금하는 것이 더 쉽다. 8점짜리 다섯 개를 받는 것보다 완벽한 10점짜리 한 개를 받는 것이 더 쉽다.

— 팀 페리스[22]

2015년, 당시 17살이던 지미 도널드슨은 노스캐롤라이나 시골 집에서 평범한 유튜브 동영상을 만들던 중산층 백인 청년이었지만, 세계 최고의 유튜버가 되고 싶다는 높은 포부가 있었다.[23][24]

7년 후인 2022년, 이제 23세인 지미는 세계 최고의 유튜버가 되겠다는 목표를 거의 달성했다. '미스터비스트'MrBeast라는 브랜드로 알려진 그는 다양한 소셜 미디어 채널에서 수억 명의 구독자를 보유하고 있고, 세계에서 가장 빠르게 떠오르는 인터넷 스타가 되었다. 그는 150명 이상의 팀을 이끌고 있으며, 연간 매출이 거의 10억 달러에 이르는 다양한 사업에 참여하고 있다.

2022년 3월, 지미는 조 로건의 팟캐스트에 출연하여 인터뷰를 진행했다. 조는 지미에게 "많은 사람이 '미스터비스트처럼 되고 싶다'며 조언을 구하나요?"라고 물었다. 이 질문에 지미는 조에게 자신의 트위터 피드를 열어보라고 요청했고, 그곳에는 그가 최근 멘토링한 사람의 10배 성장 결과가 담겨 있었다.

멘토링을 시작하기 전, 그는 한 달에 유튜브에서 460만 조회수를 기록하며 2만 4천 달러를 벌었습니다. 그러나 7~8개월 후에는 조회수가 4,500만 회까지 증가했고, 월 수입은 40만 달러가 되었습니다.[25]

조가 깜짝 놀라며 "어떤 조언을 해주셨기에 이렇게 기하급수적인 변화가 일어났나요?"라고 물었다. 그는 10배 프로세스를 적용하여 의도적으로 더 적은 일을 하면서도 기하급수적인 결과를 달성하는 방법을 명확하게 설명했다. 지미의 답변을 주의 깊게 읽어보라. 미스터비스트, 즉 지미 도널드슨의 직접적인 말이다.

이상하게 들릴 수도 있지만, 50개의 동영상으로 10만 조회수를 얻는 것보다 하나의 동영상으로 500만 조회수를 얻는 것이 훨씬 쉽습니다. … 1년에 한 개의 멋진 동영상을 업로드하는 것이 평범한 동영상 100개를 업로드하는 것보다 더 많은 조회수를 얻습니다. 이것은 매우 기하급수적입니다. 유튜브에서 좋은 성과를 내려면 사람들이 동영상을 클릭하고, 시청하기만 하면 됩니다. …

사람들이 내 동영상을 10% 더 많이 클릭하고, 내 동영상을 10% 더 오래 시청한다면, 조회수가 10% 증가하는 것이 아니라 4배 정도 증가합니다. 이것은 기하급수적인 생각입니다. 10% 더 나은 동영상이 조회수에서도 10% 더 많은 정도가 아니라, 4배 더 많은 조회수를 얻습니다. 이런 원칙을 이해한다면 당신은 에너지를 본질적인 부분에 집중하도록 자극받게 됩니다.

우리의 목표는 단순히 조회수를 소폭 늘리는 것이 아니라, 10배 이상 대폭 상승시키기 위해 투자하는 시간을 극대화하는 것입니다. 이것이 바로 나의 멘토링 대상자들에게 최고의 비디오 제작 능력을 갖출 수 있도록 지원하고, 효과적으로 일할 편집 팀을 구성하도록 도와주는 이유입니다. 다섯 가지 일을 하고 있다면 각각에 20%의 시간만 투자할 수 있기 때문입니다. 편집자를 고용하면 그 편집자는 자신의 시간을 100% 그 일에 투입할 수 있습니다. 당신은 하루에 10시간씩 편집할 수 없지만 그는 할 수 있습니다.

10배는 그의 설명처럼 그렇게 간단하다. 지미처럼 기하급수적으로 생각해야 한다. 10배의 결과를 원한다면 선형적으로 생각해서는 안 된다. 기하급수적으로 생각하려면 양보다는 질에 집중해야 한다. 더 많은 양과 더 많은 노력이 중요한 것이 아니다. 2배 생각은 선형적이고 느리며, 지미가 말하는 기하급수적인 결과를 내놓지 못한다.

양보다는 질에 집중하면 에너지를 더 잘 활용할 수 있다. 일을 점점 더 많이 처리하느라 지치거나, 수많은 일을 하는 것을 그치게 된다. 대신 20%에 집중하고, 그 일을 정말 잘 해내라. 그리고 80% 일을 처리할 수 있는 팀을 구성한다. 그러나 관리, 편집 등 업무의 다른 측면을 좋아하는 전문가들이기 때문에, 팀원에게는 80% 일이 아니다.

지미의 10배 사고에 대한 통찰력을 세 가지로 요약하면 다음과 같다.

- 기하급수적으로 생각하라: 훨씬 더 크고 비선형적으로 생각하라는 뜻이다.
- 양보다 질에 집중하고, 자기 일에서 세계 최고가 되라.
- 다른 모든 일을 처리할 팀을 구성하여 업무 질을 높이는 데 집중하라.

10배 더 성장하려면 10배 더 나아지는 데 집중해야 한다.

10배 더 나아지려면 자신이 하는 일에 대한 비전과 기준을 지속해서 높여야 한다. 20%에 집중하여 양보다 질에 집중하고, 노력만으로는 기하급수적인 결과를 얻을 수 없다는 것을 알기에 나머지 80%를 포기한다.

하나의 업무를 잘할 수는 있어도, 심지어 그 업무를 누구보다 뛰어나게 할 수 있더라도, 그것이 일반적으로 지미가 말하는 기하급수적인 결과를 내는 수준의 품질로 이어지지는 않는다는 점을 명심해야 한다.

기하급수적인 결과를 만들어내는 품질 수준에 도달하려면, 당신은 "기하급수적으로 더 크고 다르게" 생각해야 한다. 충분히 크고 구체적인 비전과 기준을 세우고, 그 목표를 향해 품질에 집중해야 한다.

2배와 같이 목표가 작다면, 대부분의 노력은 낭비될 수 있다. 그것은 실제로 자신을 확장하고 도전하고 있는 상황이 아니다. 엄밀히 말하자면, 당신은 지금 하는 일에 더 능숙해지고 있을 뿐이다. 진화하거나 혁신하는 것이 아니다. 그저 습관적으로 하던 일을 더 효율적으로 할 뿐, 실제로 더 나아지는 게 아니다.

중요한 것은 노력 자체가 아니라, 그 노력이 어디로 향하고 있는지다. 당신이 집중하고 헌신하는 것이 무엇이든, 당신이 주인이 되는 것이다.

심리학자 말콤 글래드웰[26]이 제시한 '1만 시간의 법칙'이 헛소리인 이유도 이런 이유 때문이다. 기업가이자 엔젤 투자자인 네이벌 라비칸트는 "1만 시간이 아니라 1만 번의 반복이 중요하다"[27]라고 말한다.

그렇다. 반복은 중요하다. 그러나 그 반복이 10배 업그레이드를 지향할 때만 의미가 있다.

10배 목표를 지향하지 않는다면, 당신은 동일한 형태와 오류를 계속 반복하게 될 것이다. 새롭고 다른 품질의 무언가가 아니라, 이미 가지고 있는 것을 더 많이 최적화하는 데 그칠 것이다.

대부분 사람은 청동 동전을 찾는 데에만 집중하다가 주변에 있는 금화를 놓친다.

그렇다고 횟수나 양적인 노력이 전혀 중요하지 않다는 말은 아니다. 지미는 지금까지 수천 개의 유튜브 동영상을 직접 제작했다. 이는 무척 많은 양이다. 그러나 그를 수많은 유튜버들과 차별화하는 것은 세계 최고가 되겠다는 그의 강한 의지와 비전이었다. 지미는 자신의 목표를 숨기지 않고 당당히 밝혔으며, 그 기준에 도달하기 위해 독보적인 재능을 발휘해야 했다. 수억 명이 시청하는 동영상을 제작하기 위해서는 탁월한 능력과 함께 헌신적인 팀원들의 도움이 필수적이었을 것이다.

지미는 80%에 머무르지 않았다.

그는 20% 일에 집중하고, 그 일을 더 잘하고 있다.

그는 끊임없이 자신의 수준을 끌어올리며, 자기 기준을 높이고 있다.

지미가 만드는 동영상의 품질 덕분에 우리가 그를 알게 된 것이다. 지미는 불가능할 정도로 높은 목표를 세우고, 그와 일치하는 높은 기준을 자신과 자신이 하는 일에 적용함으로써, 현재와 같은 고품질의 동영상을 제작할 수 있는 능력을 갖추게 되었다.

그의 변화와 발전은 우연이 아니었고, 의도적인 것이었다.

아리스토텔레스의 말처럼 "숙고하는 행위자를 볼 수 없다는 이유로 목적이 없다고 여기는 것은 어불성설이다."[28] '텔로스'télos 는 '목적'을 의미하는 철학 용어로,[29][30] 인간의 모든 행동은 특정 목적을 향하거나 특정 목적에 의해 유발된다는 의미가 있다.

인간으로서 우리가 하는 모든 행동은 목표나 기준의 영향을 받는다.[31][32][33] 우리는 노력하는 대로 무엇이든 될 수 있다. 목표가 프로세스를 형성하며, 또한 개인의 발전과 진화를 이끈다.

10배가 2배보다 쉬운 이유

지미의 설명과 이 책의 핵심 메시지를 분석해보면, 우리 모두가 목표에 의해 움직이며, 집중하는 것에 따라 어느 정도 숙련도를 형성하긴 하지만, 거대한 야망이 일반적인 목표보다 쉽다는 반직관적인 진실을 보여주기도 한다.

즉, 10배가 2배보다 쉽다.

지미의 설명처럼, 기하급수적으로 생각하려면 노력의 양보다는 방향과 목표가 어디로 향하는지가 중요해진다. 2배 성장하려는 사람은 10배 성장하려는 사람보다 훨씬 더 많은 에너지와 노력을 소모하는 법이다. 10배 성장하려는 사람은 2배 성장하려는 사람이 고려하지 못하는 근본적으로 혁신적인 방향으로 나아간다.

댄 설리반은 "10배의 목표를 세우면, 기존 방식을 넘어서 새로운 해결책을 즉시 발견할 수 있다"라고 설명한다. 그들은 100가지 일을 완벽하게 하려고 하지 않는다. 그들은 이전에는 볼 수 없었던 수준에서 한 가지 일에 집중하려고 한다.

기하급수적 목표에 집중하는 것이 선형적 목표보다 쉽다는 생각은, 기하급수적 목표가 훨씬 더 구체적이고 다양한 형태의 품질을 만들어내기 때문이다. 1장에서 언급한 제약 이론의 전문가인 앨런 버나드 박사에 따르면, 천만 달러를 벌려기 위해서는 각각 10만 달러씩 100개의 문제를 해결하는 것보다, 한 번에 3천만 달러를 벌 수 있는 문제 하나를 해결하는 것이 훨씬 쉽다.

여러 가지 이유가 있다.

첫째, 3천만 달러짜리 문제에 집중하면, 그 수준의 학습과 전문성을 끌어올릴 수 있다. 한 가지 문제를 해결하는 깊이와 수준은, 저렴하고 광범위한 100개의 문제를 해결하는 것과는 근본적으로 다를 것이다.

둘째, 3천만 달러짜리 문제를 해결하려 할 때 완벽할 수가 없으므로, 질에 집중하는 것이 더 쉽다. 버나드 박사는, 목표의 3분의 1만 달성해도 기존 목표의 기준치에 도달할 수 있다는 여유를 갖고 시작하기 때문이다.

셋째, 10만 달러를 지불할 10명을 찾는 것보다 100만 달러를 지불할 한 사람을 찾는 것이 더 쉽다. 마찬가지로, 1만 달러를 지불할 100명을 찾는 것보다 1백만 달러를 지불할 한 사람을 찾는 것이 훨씬 쉽다.

넷째, 부동산의 경우, 각각 50만 달러짜리 부동산 20채를 얻는 것보다, 1,000만 달러짜리 부동산 1채를 얻는 것이 더 쉽다. 일단 부동산을 취득하면, 20채를 관리하는 것보다 한 채를 관리하는 것이 훨씬 쉽고 시간도 적게 들기 때문이다.

1959년, 데이비드 슈워츠 박사는 『크게 생각하는 마술』*The Magic of Thinking Big*이라는 고전에서 다음과 같이 썼다.

> 한 인사 담당 임원은 연봉 1만 달러 일에 지원하는 사람이 연봉 5만 달러 일의 지원자 수의 50~250배에 이른다고 말했다. 즉, 2등석 일자리는 1등석보다 최소 50배 이상 경쟁이 치열하다는 것이다.[34]

슈워츠 박사의 분석에서 언급된 소득 수준은 당연히 시대와 함께 변했지만, 그가 주장하는 개념은 여전히 유효하다. 삶의 모든 영역에서 낮고 평범한 목표를 두고 경쟁하는 것이 가장 치열한 법이다. 게다가 경쟁이 가장 심한 분야는 흥미도 가장 낮으며, 작고 선형적인 목표는 앞으로 나아가는 길을 복잡하고 혼란스럽게 만든다.

그러나 비현실적이거나 불가능하다고 느껴질 수 있는 10배 수준의 목표를 세우면, 경쟁은 줄어들고 흥미는 증가하며, 앞으로 나아가는 길이 단순하고 비선형적으로 변한다. 이렇게 되면 군중을 따라가는 대신, 양보다는 질에 집중하고 다른 사람과의 경쟁을 멈추게 된다. 당신은 어떤가?

- 기하급수적으로 살고 있는가, 아니면 선형적으로 살고 있는가?
- 노력이나 양에 집중하고 있는가, 아니면 질적으로 다른 무언가를 만들어내고 있는가?
- 5개 이상의 서로 다른 업무를 분산하여 처리하는가, 아니면 특정 업무에 집중하는 팀원이 늘어나고 있는가?

천만 부 베스트셀러 작가의
10배 마인드셋

◆ 무한 경쟁의 세계에서 바닥을 향한 승부에 뛰어들면 패배가 기다릴 뿐이다. 승리를 쟁취하려면 끊임없이 정상을 향해 나아가야 한다. 남과 차별화되고 독보적인 존재가 됨으로써, 당신만의 유일무이한 길을 걸을 수 있다. 전문성은 당신에게 기존의 진실을 새롭게 해석하고 재구성하는 힘을 준다. 당신의 가치는 문서에 적힌 사실들이 아닌 당신 자신에게서 나온다. 당신의 이력서가 당신이 아니다. 당신은 행위를 통해 창조된 작품 자체다.

— 세스 고딘[35]

작가 제임스 클리어는 미래의 10배 성장을 위해 중요한 20%에 집중하고, 그를 여기까지 이끈 80%를 버리는 능력을 탁월하게 발휘한다. 그는 몇 년 동안 블로깅이라는 핵심 20%에 초점을 맞춤으로써 방대한 이메일 목록을 만들고 전문 작가가 되는 등 큰 도약을 이루면서 10배 성장했다. 그 후에도 그는 새로운 20%를 찾아냈는데, 그것이 바로 3년간 집필한 『아주 작은 습관의 힘』 *Atomic Habits*이라는 책이었다. 책이 완성되어 출판이 임박하자, 그는 다시 20%의 시간을 책 홍보와 마케팅에 쏟아부었다.

채드와 지미처럼, 클리어는 자신의 진화하는 목표에 따라 20% 집중력을 유연하게 조정하며, 더 이상 도움이 되지 않는 순간에는 자신의 이전 정체성을 과감히 버리는 드문 선택을 했다. 그는 한 단계나 프로세스에 필요 이상으로 머물러 있거나 정체되지 않았다. 그는 책에서 이렇게 말했다.

당신의 행동은 대개 당신의 정체성을 반영한다. 당신이 무엇을 하느냐는, 의식적이든 무의식적이든, 당신이 어떤 사람이라고 생각하는지를 보여준다.[36]

제임스 클리어의 저서 『아주 작은 습관의 힘』은 2018년 11월 출간 이후 현재까지 약 천만 부 가까이 판매되었으며, 최근 2년간 전 세계에서 가장 많이 팔린 논픽션 도서로 기록되었다. 매년 출판되는 수백만 권의 책 중에서 백만 부 이상 판매되는 책은 20권

미만이다.[37] 미국에서 평균 판매 부수는 연간 200부 미만, 도서 출간 후 저자의 평생 판매 부수는 평균 1,000부 미만이다.[38]

클리어는 독자들이 최적화할 수 있도록 체중 감량과 같은 특정 목표의 '시작'을 가장 기본적이고 마찰이 없는 작업에서 출발한다. 예를 들어, 팔굽혀펴기 500개를 하지 말고 5개를 하거나, 책한 장을 쓰지 말고 한 문장을 쓰는 일과 같다. 그의 글과 가르침은 평범한 사람들이 작은 변화를 통해 시간이 지남에 따라 큰 결과를 얻을 수 있도록 돕는 것을 목표로 한다.

물론 팔굽혀펴기를 다섯 번 하거나 한 문장을 쓰는 것 자체로는 10배 결과를 얻을 수 없다. 그렇지만 10배 목표를 달성하려면 그러한 작은 시작에서 집중력, 품질, 숙련도를 높이는 노력이 필요하다. 자신을 아마추어로 여기거나 아마추어적인 노력과 결과에 머물러서는 안 된다. 클리어가 말했듯이, 자신의 정체성과 기준을 더 높은 수준으로 발전시키지 않으면 평범함에 그치고 만다.

실제로 제임스 클리어가 뛰어난 성과를 이루기 위해 어떤 방식으로 노력했는지 분석해보면, 그는 특정 목표의 '시작'보다 '끝'을 최적화하는 데 능하다는 것을 알 수 있다. 그는 최종 목표를 명확히 설정하고, 그에 100% 집중하며, 80%는 제거하고 중요한 20% 업무 품질을 높이는 방식으로 목표 달성의 마지막 단계를 최적화한다.

그의 노력은 습관이라기보다는, 자신과 자기 업무에 대해 믿을 수 없을 정도로 높은 기준을 설정하고, 95% 완료된 작업을

100% 완벽하게 다듬어 대단한 수준에 이르게 하는 데 있다. 2021년 게시글에서 클리어는 이렇게 말했다.

그저 좋은 작품과 훌륭한 작품의 차이는 종종 한 번의 추가 수정에 있다. 한 번 더 살펴보는 사람은 더 똑똑하거나 재능 있는 것처럼 보이지만, 실제로는 그저 작업을 조금 더 다듬는 것일 뿐이다. 시간을 들여서 제대로 하라. 한 번 더 수정하라.[39]

그는 중요한 이정표를 달성할 때마다 스스로 기준을 더 높이는 데 집중했다. 작업의 질을 끊임없이 향상시키는 그의 노력이 성과를 만들어냈다. 먼저, 그는 블로그 게시물의 품질을 향상시키는 데 집중했고, 그다음으로는 책을 쓰는 데에 집중했다. 마지막으로, 책을 위한 스토리텔링과 마케팅 전략의 완성도를 높였다.

10배 결과를 이해하려면 클리어의 프로세스를 자세히 파악해 보아야 한다. 그는 수년 동안 매년 연말에 그 해에 효과가 있었던 부분과 그렇지 않았던 부분을 분석하는 연말 리뷰를 발표했다. 이 리뷰를 통해 노력의 20%에 대한 집중, 80%에 대한 포기, 그리고 양보다 질에 대한 일관된 관심을 확인할 수 있다.

2014년 연말 리뷰에서, 습관에 대한 블로그를 운영하며 상당한 규모로 이메일 목록을 늘린 클리어는 자신의 다음 목표인 책쓰기에 대해 언급한다.

나는 작가로서의 전문성에 집중하고 있습니다. 지난 4년 동안 사업가로 활동했으며, 네 개의 다른 사업을 시작했고(그중 두 개는 성공), 여러 소규모 프로젝트를 진행했습니다. 그러나 글을 쓰고 사람들이 습관을 형성하도록 돕는 일을 가장 좋아합니다. 이제는 다른 프로젝트를 단계적으로 줄이고, 작가로서의 전문성에 집중할 시기인 듯합니다. 이 말은 첫 번째 책을 제대로 마무리하고 싶다는 뜻이며, 2015년이 바로 그 해입니다.[40]

2015년 연말 리뷰에서 클리어는 『아주 작은 습관의 힘』에 대한 출판 계약을 체결했다고 밝혔다.[41] 책 쓰기는 그의 가장 큰 초점이 되었다(새로운 20%). 클리어는 여전히 블로그와 기타 활동을 유지했지만, 다음 10배 도약에 집중하기 위해 단계적으로 줄어나갔다. 또한 책을 집필하는 동안 온라인 비즈니스의 대부분을 관리하기 위해 처음으로 정규직 직원을 고용했다고 언급했다.

2016년 연말 리뷰에서는, 세계적인 블로거에서 세계적인 저자가 되기까지의 과정에서 겪은 어려움을 공유했다.

2016년은 나의 글쓰기 경력 중 가장 어려운 해였습니다. 이 일을 시작한 지 얼마 되지 않았지만, 그 해가 완전히 실패한 해였다는 것을 직감할 정도였습니다. 모든 것은 2015년 말, 펭귄 랜덤하우스와 책 출판 계약을 체결하면서 시작되었습니다. 책 출간이 현실이 되자, 내 완벽주의가 최고조에 달했습니다. 지금 돌아보면 2016년 대부분을 새로운 스타일로 글쓰기를 배우는 데에 보낸 것 같습니다. 그 전에는 3년 동안 매주 월요일과 목요일마다 새로운 기사를 썼고, 그 기사들은 대체로 1,500단어 이하였고, 질 좋은 기사를 만드는 데에 초점을 맞추면 되었습니다. 하지만 이제는 50,000단어 이상으로 된 괜찮은 책을 만들기 위해 노력하고 있습니다. 짧은 글에서 긴 글로의 전환은 예상보다 훨씬 더 어려웠습니다. 저는 이제 막 그런 분량의 책을 만드는 데 필요한 기술을 배우고 있습니다.[42]

10배 성장할 때마다 작업의 질과 규모는 증가한다. 패스트푸드를 만드는 것에서 더 높은 수준의 기술과 집중력을 요구하는 정찬으로 질적 전환을 하는 것과 같다. 아슬아슬한 저글링을 언제까지 계속할 수는 없다. 더 큰 성과를 내려면 목적하는 바에 더 많은 시간을 쏟아야 한다.

10배 성장하려면 리더가 되어야 하며, 나머지 80%를 지원할 팀원을 구성해야 한다. 10배의 성과를 내기 위해서는, 20% 영역에서 혁신적이고 가치 있는, 독특하고 희귀한 품질의 결과물을 만들어내는 독보적인 전문가가 되어야 한다.

사람들은 채용을 너무 늦게 시작한다. 클리어처럼 개인 비서나 디지털 비서를 고용하면, 80%의 일상적인 업무보다 더 가치 있고 중요한 20% 업무에 집중할 수 있는 공간을 즉시 확보할 수 있다. 누구를 구하기 위해 기다리는 시간이 길어질수록, 80%의 일상 업무에 묶여 작업 속도가 느려지고, 20%의 주요 업무에 집중하는 능력이 떨어진다.

2017년 연말 리뷰에서 클리어는, 거의 모든 에너지와 노력을 새 책 집필에 쏟아부었고 비즈니스는 자기 없이도 돌아간다고 설명했다.

올해 잘된 점은 무엇인가라는 질문에 '책 쓰기'라고 답했습니다. 책을 썼습니다! (거의 완성했습니다.) 원고를 완성하는 것이 2017년의 주요 목표였고, 11월에 초고를 완성했습니다. 현재는 편집 작업 중입니다. 아직 많은 부분을 개선해야 하고, 실제로는 몇 달 동안 작업해야 하지만, 수년간의 노력이 이렇게 한데 모이는 것을 보니 기분이 좋습니다. 책 쓰는 데 거의 모든 시간을 쏟아부었기 때문에 비즈니스의 다른 부분에는 거의 시간을 할애하지 못했습니다. 하지만 조수 린지의 도움으로 비즈니스 운영에 필요한 다양한 시스템을 구축할 수 있었습니다.[43]

10배 성장을 위해서는 점차 증가하는 방해 요소를 제거해야 한다. 10배 성장할 때마다, 집중력은 향상되고, 시야는 확대된다. 더 크고 깊은 범위에서 더 높은 목표를 세우게 되므로, 더 많은 주의를 기울여야 한다. 어떤 것을 10배 향상시키려면 깊이 있는 작업이 필요하다. 혁신은 모든 것을 분해하여, 더 간단하고, 더 쉽고, 더 나은 형태로 재조합할 때 발생한다.

제임스 클리어는 이런 작업을 3년간 수행했다. 그는 설득력 있고 유용하며 정확한 습관 모델을 제공하겠다는 심오하고 복잡한 과제에 도전했다. 그는 인류의 공통적 문제인 습관 형성에 대한 혁신적 해법을 제시하려 노력했고, 성공했다. 혁신은 해결하려는 문제와 가장 관련성 높은 20%에 집중할 때 일어난다. 이전에 수행하던 많은 작업이나 의사결정에는 더는 관여할 수 없다. 양을 줄이고 질을 높이는 데 주력해야 한다.

이 책의 6장에서는 모든 기업가가 자신의 삶과 비즈니스에서 10배의 지속적인 도약을 원한다면 반드시 거쳐야 하는 4단계 모델을 소개한다. 이 중 세 번째이자 마지막 단계는 댄 설리번이 말하는 '셀프 매니지먼트 회사'를 만드는 것으로, 일상적인 운영과 비즈니스 관리까지 기업가가 아닌 다른 사람이 맡는 것이다.

클리어는 책을 집필하는 동안 정규직 직원은 한 명뿐이었지만, 이 '셀프 매니지먼트 회사'의 원칙을 적용했다. 즉, 책을 쓰는 동안, 그의 비서가 비즈니스의 대부분 업무를 관리한 것이다.

이런 방식을 선택한 것은 두 가지 중요한 이유가 있다. 첫째, 팀이 최상의 성과를 내고 각 구성원이 성공하려면, 자율성과 주인의식이 필수이기 때문이다. 이와 관련된 연구 결과도 많다.[44][45] 즉, 팀원이 자신의 일에 대해 자율성과 주인의식을 느끼지 못하면, 그들의 성장과 동기부여에 필연적으로 장애가 생긴다.

두 번째로, 대부분 시간을 핵심 20%의 영역에 할애할 수 있어야 하기 때문이다. 비즈니스와 팀이 지속적으로 성장하려면 현재 수행하는 일을 지속해서 개선하고, 제공하는 서비스 가치를 극대화하는 혁신이 매우 중요하다. 과도한 80%의 일상 업무에 몰두하거나, 과잉관리에 시간을 소모하거나, 모든 것을 혼자 처리하려 하면 진정한 혁신은 일어나기 어렵다. 80%에 머물러 있다면, 평범함에 익숙해져 품질과 창의성을 잃는다. 그저 기존 성장률을 유지하는 데만 급급해진다.

2018년 연말 리뷰에서 클리어는 자신의 책 출판과 초기 성공에 대해 이야기했다.

> 올해는 "아주 작은 습관의 힘"이 잘되었습니다. 모든 분이 이미 알고 계실 것 같지만 혹시 못 들으셨다면 다시 말씀드리겠습니다. 올해 저는 책을 출간했습니다! 1월과 2월에도 계속해서 원고를 썼습니다. 마지막 편집을 바쁘게 진행하던 나에게 누군가가 어깨를 두드리며 올해 안에 책이 베스트셀러가 될 것이라고 말해주었다면, 아마도 저는 안도의 눈물을 흘렸을 것입니다. 2018년 막바지에 접어드는 이때, 책은 출간된 지 11주가 되었습니다(2018년 10월 16일 출간). 3년 동안 최고의 책을 쓰기 위해 노력했고, 이 책의 성공을 위해 가능한 한 모든 것을 다했습니다. 반응은 제 기대를 웃돌았습니다.[46]

출판 후에 클리어는 메시지를 가능한 한 널리 전파하기 위해 20% 시간을 쏟아부었다. 그는 자기 기준과 정체성을 10배로 높였다. 그는 2019년 연례 리뷰에서 다음과 같이 말했다.

올해 잘된 일은 무엇일까? 책 판매입니다. 2018년 10월에 출간되었으므로 2019년은 본격적인 첫해였습니다. 큰 기대로 시작했는데, 판매량은 제 예상을 뛰어넘었습니다. 2019년 12월 기준으로 전 세계에서 130만 부 이상 팔렸고, 12개월 연속 뉴욕타임즈 베스트셀러 목록에 올랐습니다. 2019년에만 해도 31회의 기조연설을 했는데, 지금껏 한 해에 했던 연설 중에 가장 많은 횟수였습니다. 이는 분명히 책의 성공과 직결되어 있습니다.[47]

10배 도약을 위해
10배 더 뛰어나야 하는 건 아니다

10배는 양보다는 질에 대한 것이다. 제임스 클리어는 이를 잘 이해하고 세계에서 가장 성공적인 논픽션 책을 출간했다. 10배 성공은 야심찬 비전에 몰입하고 그 비전을 표준으로 삼는 것이다. 이를 위해선 전체 목표 중 핵심이 되는 20%에 집중하고, 나머지 80%는 버려야 한다.

10배 성공을 위해서는 전체적인 변화가 필요하다. 즉, 자신과 전체 생활 방식을 변화시켜야 한다. 10배 성공을 이루면, 자신에 대한 전체적인 시스템과 모델, 심지어 비즈니스까지도 알아볼 수 없을 정도로 달라진다. 초기 80%는 사라지고, 초기 20%는 새로운 100%가 되어 일상적인 삶, 정체성, 실현 가능한 현실이 된다.

유튜브 크리에이터 지미 도널드슨이 설명한 것처럼, 10배 또는 100배의 결과를 얻으려면, 동영상이나 제작물이 다른 것보다 10배 더 우수해야 하는 게 아니다. 지미에 따르면, 동영상이나 제품이 10~20%만 더 좋으면 되고, 더 중요한 것은 다른 동영상이나 제품과 '차별화'되어야 한다는 것이다.

더 좋은 것과 다른 것, 두 가지 모두 필요하며, 10배 성공은 양적인 면보다는 질적인 면이 더 중요하다는 것을 강조한다. 10배 성공은 진화를 의미하며, 지금 하는 일은 다른 사람들이 하는 일이나 이전에 하던 일과는 비교할 수 없는 수준이다.

10배 성공은 질적이고 변혁적인 것이므로 비경쟁적이기도 하다. 이는 다른 사람보다 더 우수하거나 더 나은 사람이어서가 아니라, 다른 사람과는 더 독특하고 차별화된다는 것이다. 당신의 작업은 혁신적이며, 일반적인 2배 성과와는 차별화된다.

10배 품질과 혁신은 정상에 이르는 방법이다. 반면, 2배의 양과 경쟁은 바닥을 향해 내려가는 방법이다. 『아주 작은 습관의 힘』이 다른 자기계발서들보다 10배 우수한 것은 아니지만, 최고의 자기계발서보다 10~20% 더 우수하고 독특하다. 이는 분명한 질적인 향상이며, 결과적으로 10배 또는 100배의 결과를 얻을 수 있게 한다.

채드 윌라드슨, 지미 도널드슨, 제임스 클리어는 경쟁자보다 10배 더 우수하지는 않지만, 자신의 과거 성과에 비해 10배 성과로 점프할 수 있음을 보여줬다. 그들은 이전에 해왔던 것을 계속하는 '2배 게임'을 하지 않는다. 그들은 다른 누구와도 경쟁하지 않는다. 대신 스스로 기준을 정하고, 20%에 집중하고, 나머지를 관리할 수 있는 팀을 구성한다.

채드, 지미, 클리어와 같이 양보다는 질에 집중하면 자신이 하는 일에서 세계 최고가 될 수 있다. 그리고 이는 시간과 에너지를 투자한 것보다 훨씬 큰 수익을 가져다준다. 세스 고딘은 저서『더 딥』에서 자신이 하는 일에서 세계 최고가 되는 것의 중요성과 이점에 대해 다음과 같이 설명한다.

> 1등은 10등보다 10배의 혜택을, 100등보다 100배의 혜택을 받는 것이 일반적일 정도로 보상은 심하게 왜곡되어 있다.[48]

최고가 되기 위해서는 그만두는 기술을 받아들여야 한다. 최고가 되는 사람들은 80% 활동이나 정체성을 오래 붙잡고 있지 않는다. 세스 고딘은 잘못된 일을 그만두기 위해서는 엄청난 용기가 필요하다고 설명한다. 80%는 자신의 안전지대이므로, 이를 놓아주는 것은 두렵게 느껴진다. 그것은 안전망이며, 익숙하고 능숙하게 수행할 수 있는 일이다. 그것은 월급처럼 안전감을 주고, 자신의 정체성이며, 스토리와 습관과도 같다.

두려움 때문에 80%를 더 오래 붙잡고 있으면 10배 변화는 더 느리게 일어난다. 반면, 헌신과 용기로 80%를 더 빨리 놓아주면 10배 변화는 더 빨리 일어난다.

모든 위대한 리더는 자신이 하는 일에서 최고가 됐음에도, 10배 성과를 실현하기 위해, 수년 또는 수십 년 동안 생계를 유지하게 해준 일을 그만두어야 하는 딜레마에 직면한다.

예를 들어, 짐 콜린스는 저서 『좋은 기업에서 위대한 기업으로』에서 레벨 5 리더에 대해 설명한다. 이들은 자신이 중요하게 여기는 대의를 위해 헌신하는 사람들로, 훌륭하되 위대하지는 않은 비즈니스를 용기 있게 포기한다.[49] 콜린스는 킴벌리-클라크 코퍼레이션의 CEO였던 다윈 스미스를 예로 들었다.

스미스는 CEO가 되었을 때 킴벌리클라크의 궁극적인 성공을 위해 해결해야 할 중대한 과제를 발견했다. 매출 대부분은 전통적인 코팅지 공장에서 발생했다. 이 공장은 잡지와 필기 패드용 종이를 생산했고, 100년 이상 회사의 핵심 사업이었다. 하지만 스미스와 경영진은 크리넥스 브랜드를 성공적으로 구축하며 세계 최고 수준의 역량을 입증한 소비재 사업을 확장하고, 코팅지 공장 매출을 축소하는 것이 킴벌리클라크의 미래를 위한 최선의 선택이라 확신했다.

그들은 이것이 중요한 20%이고, 100년 넘게 킴벌리클라크의 주 수입원이었던 제지 공장은 이제 80%라고 믿었다. 잘하는 것에 만족하면 위대해질 수 없다. 80%를 유지하면서 잘할 수는 있지만, 위대해지려면 20%에 올인하고 위대함을 위해 헌신해야 한다. 콜린스는 이렇게 썼다.

킴벌리클라크가 제지업에 머물렀다면, 좋은 회사로서 안정적인 위치를 유지할 수는 있었을 것이다. 하지만 위대한 기업이 되려면, 최고의 제지 기반 소비재 기업이 되어 프록터 앤 갬블이나 스콧 페이퍼와 같은 회사들을 이기는 것이 유일한 기회였다. 이를 위해서는 제지 공장을 '그만두어야' 했다. 그래서 다윈 스미스는 한 이사가 "가장 용기 있는 CEO의 결정"이라 평한 대로 공장을 매각했다. 심지어 고향인 위스콘신주 킴벌리의 공장마저 팔아 그 자금을 모두 투자에 쏟아부었다.

이 결정은 월스트리트 애널리스트들과 비즈니스 언론에게 곧바로 조롱과 비난의 대상이 되었다. 하지만 스미스는 흔들리지 않았다. 25년 후, 킴벌리클라크는 8개 부문 중 6개 부문에서 P&G를 제치고 세계 1위의 종이 기반 소비재 회사로 부상했고, 과거 경쟁자였던 스콧 페이퍼를 인수하게 되었다. 주주 이익 측면에서도 다윈 스미스의 킴벌리클라크가 코카콜라, 제너럴 일렉트릭, 휴렛팩커드, 3M 등의 거대 기업들을 가볍게 제치고 시장 평균의 4배나 되는 성과를 냈다.

더 높고 독특한 품질에 대한 보상은 선형적이지 않고, 기하급수적으로 증가한다. 10배 성공은 2배 성공보다 더 쉽다. 10배 성공은 질적인 변화를 가져오며, 완전히 비선형적인 숙달과 자유를 제공한다.

- 10배 성장을 하려면 모든 일에서 질을 높이고 양을 줄이는 지속적인 프로세스가 필요하다.
- 하나의 일을 어떻게 처리하는지가 모든 일을 처리하는 방식을 보여준다.
- 사람은 손실을 피하려 하고, 가진 것을 과대평가하며, 일관성을 유지하려는 경향이 있기 때문에 '2배 정체성'을 버리는 것은 무척 어렵다.
- 불가능해 보일지라도 개인적인 최소 기준을 설정하고 선택하는 것이 10배 변화를 위한 핵심이다.
- 더 높은 최소 기준의 수준으로 자신을 발전시키려면 헌신과 용기가 필요하며, 이는 결국 새로운 역량과 자신감을 개발하는 것으로 이어진다(댄의 4C 공식을 참고하라).
- 지미 도널드슨의 10배 프로세스에는 다음과 같은 세 가지 요소가 있다. 1) 비선형적으로 크게 생각하기. 2) 양보다 질에 집중하기. 3) 80%에 집중하고 개선할 수 있도록 팀 구성하기.
- 10배 목표는 2배 목표보다 쉽다. 10배 목표는 경쟁이 덜하며, 극소수의 일에 집중해야 하므로 뇌의 집중력이 향상된다.[50][51] 10배 목표는 비선형적 접근 방식을 촉진하여 새롭고 혁신적이며 경쟁이 없는 솔루션을 만들어낸다. 또한, 10배 목표는 모든

일을 혼자서 하거나 다른 사람을 관리하거나 옳아야 한다는 강박관념을 버리고, 리더십과 팀워크를 강화한다.

• 10배 성과를 창출한다고 해서 다른 사람보다 10배 더 나은 사람이 될 필요는 없다. 특정 틈새시장이나 분야에서 10~20% 더 좋아도, 그 분야의 아웃라이어보다 10배 더 큰 결과를 만들어 낼 수 있다.

10X IS EASIER THAN 2X

10X
IS EASIER
THAN
2X

03
나만의 독특함을 깨워라

고유 능력으로 경쟁 없는 인생 설계하기

◆ 세상은 두 가지 유형의 사람들, 즉 '니더'Needer와 '원터'Wanter로
나뉜다. 니더는 희소 자원과 기회를 서로 얻기 위해 경쟁하고,
원더는 풍요를 추구하며 사람들 간의 협력을 확장하는 데 참여
한다.

— 댄 설리반[1]

1978년 8월 15일, 34세의 댄 설리반은 이혼과 파산을 한 날,
동시에 겪었다. 이 순간은 그에게 극도로 우울하고 충격적이었
다. 이혼과 파산의 극심한 고통을 겪으면서 그는 자신이 삶에 대
해 완전한 책임을 지고 있지 않다는 것을 깨달았다.

진정 원하는 것을 요구하고 실천하기보다는 두려움과 손실에 대한 거부감 때문에, 불행한 결혼, 빡빡한 일정, 저임금, 무보수 노동 등 일상의 80%를 차지하는 것들을 선택해왔던 것이다. 결국 댄은 심사숙고 끝에 앞으로 나아갈 길을 결정했다.

1978년 말, 그는 앞으로 매일 자신이 '원하는 것'을 일기에 정확히 쓰기로 결심했다. 그는 필요보다 욕구, 안전보다 자유, 결핍보다 풍요에 기반한 삶을 살고자 했다.

25년 후인 2003년 새해 전야, 댄은 친한 친구 두 명과 새 아내인 밥스와 함께 저녁 식사를 했다. 밥스는 댄이 일기장에 자신이 정말로 원하는 것 중 하나로 적어놓았던 사람이었다. 그는 저녁 식사 자리에서 친구들에게 이렇게 말했다.

오늘 나는 중요한 이정표에 도달했어. 프로젝트 완료! 지난 25년 동안 총 9,131일 중 12일만 제외하고 매일 내가 원하는 것을 적는 연습을 해왔거든. 25년이 지난 지금, 나는 진정으로 강력한 '원더'라고 말할 수 있다네.[2]

댄은 자신이 원하는 것에 대해 변명하지 않는 법을 배웠다. 더는 필요나 합리화에 얽매이지 않았고, 목표에 대한 타인의 시선도 개의치 않게 되었다. 자신이나 남들이 필요하다고 여기는 것 대신 진심으로 바라는 것만을 좇아, 기업가 1대1 코칭 사업을 시작한 것이다. 그 결과, 이제는 수만 명의 기업가를 교육하는 글로

벌 기업을 운영하며 10배 성장을 거듭하게 되었다.

원하는 것과 필요한 것은 전혀 다른 것이다. 필요에 의해서만 사업을 해나가는 기업가라면 10배의 목표는 달성하기 어려울 것이다. 2배 수준의 삶으로도 충분히 잘살 수 있기 때문이다. 10배 성과는 본질적으로 이루고 싶은, 궁극적으로 개인적인 것이다.

이번 장에서는 경쟁과 희소성에 기반한 욕구를 버리고, 풍요로움과 창의성에 기반한 욕구로 대체하는 방법을 배울 것이다. 원하는 것에 대해 편안함을 느끼고 부끄러워하지 않도록, 즉 지속해서 향상시키는 기술을 통해 댄이 '고유 능력'Unique Ability이라고 부른 것을 찾아내고 발전시키는 법도 배운다. 자신의 고유한 능력을 받아들이면, 다른 사람들이 무엇을 하는지 신경 쓰지 않게 된다. 경쟁을 완전히 멈출 수 있다. 또한 진정한 의미에서 자신이 누구인지를 깨닫게 된다. 내가 아닌 모든 것을 걷어내고, 가장 강력하고 가치 있는 진짜 자신을 드러낼 수 있게 되는 것이다.

이제 시작해보자.

필요에 따라 살지 말고, 원하는 것을 원하라

'원하는 것을 원한다'라는 말은 자기 욕구를 누군가에게 변명하지 않아도 된다는 것이다. 당신이 원하는 것을 정당화시키려고 애쓰지 않아도 된다. 누군가가 왜 그것을 원하는지 물어보더라도 굳이 설명할 필요가 없다. 그저 원하기 때문에 원하는 것으로 충분하다. 그게 바로 이유다.

문화와 사회는 학교와 직장에서 사람들이 특정 욕구, 특히 돈을 그 자체의 목적으로 추구하도록 가르치기 때문에, 대부분은 순수하게 원하는 삶을 사는 것은 상상할 수 없고 심지어 이해하기도 어려워한다. 우리는 대부분 제한적이고 희소한 자원을 원할 것이므로, 우리가 '가져야 하는' 것보다 더 많이 가지면 다른 누군가가 부족함을 경험하므로 풍요로움을 추구해선 안 된다는 것이다.

댄은 『원하는 것을 원하라』*Wanting What You Want*에서 이렇게 말했다.

> 필요에 기반한 세계에서는 항상 필요를 설명하고 그 이유를 찾아야 한다. 필요의 세계는 결핍의 세계이기에, 부족한 것이 무엇인지 왜 다른 사람이 아닌 자신에게 그것이 필요한지를 모두에게 설명해야 한다. 필요에 의존하여 살아가는 사람은 끊임없이 설명하느라 매일 많은 생각과 소통을 하게 된다.
>
> 그러나 한계를 넘어 욕망의 세계로 진입하면, 더 이상 어떤 것도 설명할 필요가 없어진다. 이들은 원하는 것과 원하지 않는 것을 분명히 구분하고, 자신의 욕망을 다시 필요로 대체하지 않기로 다짐해야 한다. 누군가 "그것이 왜 필요한가?"라고 묻는다면, 필요에 기반하여 대답해야 한다는 유혹을 받겠지만 이 압력에 굴복해서는 안 된다. 대

신 "나는 그것이 필요해서가 아니라 원해서 갖고 싶다"라고 말하고, "내가 그것을 원하는 이유는 오직 내가 원하기 때문"이라고 답해야 한다.

원함의 세계에는 부족한 자원이란 게 없다. 이 세계는 빼앗는 것이 아닌 창조의 세계이기 때문이다. 원하는 것을 추구하는 사람들은 전에 없던 새로운 것을 창조해낸다. 다른 사람의 것을 빼앗을 필요 없이, 새로운 가치를 만들어내는 것이다.[3]

대부분은 위의 설명을 제대로 이해조차 못할 것이다. 그래서 사람들은 부족한 자원을 얻기 위해 경쟁하고, 그 과정을 합리화하려는 삶을 선택한다. 댄의 두 가지 핵심은 이렇다.

1. 욕구는 풍요와 창조에 관한 것이다. 창의성은 부족한 자원이 아니다. 오히려, 창의성은 이전에 존재하지 않았던 새로운 자원과 기회를 창출한다. 이는 다른 이의 것을 빼앗는 게 아니라 새로운 것을 창조하는 것이다.
2. 원하는 것은 합리화할 필요가 없다. 즉, 무언가를 원할 때, 다른 사람에게 그 원함을 설명할 필요가 없는 것이다. 특히, 자기 행동을 합리화하려는 사람들이나, 자신의 이익을 위해 희소성을 이용하려는 사람들은 이 점이 특히 걸리적거릴 것이다. 자신이 원하는 삶을 살고, 빠른 성장을 이루기 위해서는 이런 사람들의 말에 귀 기울이지 말아야 한다.

이 두 가지 요소를 차례로 분석해보겠다. 먼저, 한정된 자원을 빼앗지 않고 진정 새로운 자원의 창출을 한다는 것에 대해 살펴보자. 기업가 폴 그레이엄은 2004년에 쓴 "부를 만드는 방법"How to Make Wealth이라는 글에서 돈과 부의 차이를 설명했다. 돈과 부는 같은 것이 아니지만, 돈은 부를 이동시키는 흔한 방법이기 때문에 종종 혼동된다. 그레이엄은 이렇게 설명한다.

부(富)는 근본적인 것이다. 부는 음식, 옷, 집, 자동차, 기기, 흥미로운 장소로의 여행 등 우리가 원하는 모든 것을 의미한다. 돈이 없어도 부를 가질 수 있다. 마치 마법 같은 기계가 있어서, 그저 명령만 내리면 자동차를 만들어주거나 저녁을 요리해주거나 빨래를 해주거나 원하는 모든 것을 해주는 상황이라면 돈은 필요 없을 것이다. 반면, 살림살이에 필요한 것이 전혀 없는 남극 한가운데에 있다면, 돈이 얼마나 있든 상관없을 것이다. 여기서 중요한 것은 돈이 아니라 부다.
그런데 부가 중요하다면서 왜 모두가 돈을 벌어야 한다고 말할까? 돈은 부를 이동시키는 수단이고, 대체로 서로 바꿔 쓸 수 있지만 둘은 같은 게 아니다. 돈을 부 그 자체로 오해하면 돈을 얻는 방법을 이해하기 어려워질 수 있다.[4]

돈만 쫓는 것은 무의미하다. 돈만 추구하면, 실제로 가치 있는 자산이나 기술, 창조물인 '부'를 쌓는 데 어려움을 겪을 것이다. 만약 '돈=부'라고 생각한다면, 사용 가능한 부의 양은 한정되어 있고, 한 사람이 많은 부를 가지면 다른 사람의 부를 빼앗는다고 여길 수 있다. 그레이엄은 이를 '파이의 오류'라고 불렀다. 그러나 부와 돈을 구분하고, 부는 실제로 만들어질 수 있음을 깨닫는다면 파이가 제한적이지 않다는 것을 알게 된다.

부(富)는 혁신적인 가치가
창출되는 곳에서 튀어나온다

돈은 추상적인 개념이며 제한된 게임이다. 반면, 부는 현실적이며 무한한 게임이다. 부에는 희소성이 없다. 부는 자유롭게 선택하여 얻는 결과물이며, 원하는 만큼 부를 창출할 수 있다.

이에 대해 그레이엄은 더 설명한다.

당신이 낡고 오래된 자동차를 소유하고 있다고 해보자. 여름에 그저 놀고 먹는 것보다는 자동차를 깨끗하게 유지하는 데 시간을 투자할 수 있다. 이렇게 함으로써, 당신은 부를 창출하게 된다. 비록 낡았지만 깨끗한 자동차를 소유하고 있다는 것 자체가 당신의 부유함을 나타낸다. 이는 단순한 은유가 아니다. 차를 판매하면 실제로 돈을 받게 되고, 이 과정에서 다른 사람을 가난하게 만들지 않는다. 이는 파이가 고정되어 있지 않다는 것을 보여준다. 이런 방식으로 생각하면, 왜 '파이'라는 개념이 있는지 의문이 든다.

간단히 말해서, 부는 가치다. 부는 물리적 상품이든, 정보나 지식이든, 서비스 형태이든, 누군가가 '원하는 것'이다. 가치는 돈처럼 정량적이고 객관적인 것이 아니라, 정성적이고 주관적인 것이다. 당신이 직접 10배 더 많은 돈을 벌지 않더라도, 10배 더 가치 있는 사람이 될 수 있다. 그렇게 가치 있는 사람이 되면 당신은 부자가 된다.

실제로, 돈은 부를 따라간다. 양적인 것은 항상 질적인 것을 따른다. 10배 성장은 질적인 것이다. 그것은 10배 더 많은 부, 즉 가치를 창출할 때 발생한다. 이를 위해서는, 현재 시장에 존재하는 것과 질적으로 다르고 더 나은, 즉 '혁신적인 가치'를 창출해야 한다. 더 구체적이고 전문화된 가치를 창출할수록, 당신은 더 큰 부를 얻을 수 있다. 당신이 창조하는 것은 다른 누구도 할 수 없거나 만들 수 없는 것이다. 누군가가 원하며, 그 원하는 사람에게 변화를 가져올 수 있는 매우 유용한 서비스를 제공하는 것이다.

그리고 부와 자유는 완전히 같은 것이다. 부는 질적인 것이며, 자유도 마찬가지다. 부와 자유는 모두 가치에 관한 것이다.

댄은 고위급 기업가를 대상으로 한 프로그램에서 가치에 관한 4가지 자유를 가르친다.

1. 시간의 가치와 질
2. 돈의 가치와 질
3. 관계의 가치와 질

4. 전반적인 목적의 가치와 질

시간, 돈, 관계 그리고 목적의 가치와 질을 10배 끌어올리는 것이 바로 '10배 마인드셋'의 진정한 의미다. 여기서 10배는 수단이고, 자유는 목표다. 대부분은 10배 개념을 오해하는데, 바로 이 부분에서 그렇다. 그들은 10배를 그저 돈과 동일시하고, 시작과 끝이 있는, 승자와 패자가 있는 유한한 게임으로 생각한다.

하지만 10배는 본질적으로 원하는 부(기술, 지식, 제품 등)를 창출하고, 그 부를 점점 더 소중히 여기며, 그 가치를 인정하는 특정 사람들과 공유함으로써 자유의 가치를 높이는 질적인 게임이다. 10배 프로세스라는 질적인 접근법을 채택함으로써, 당신의 초점은 단지 상품과 서비스 교환에만 맞춰진 거래 관계에서 벗어나, 사람들과 깊은 변화를 일으키는 관계로 이동하게 된다. 당신의 모든 활동은 당신이 제공할 수 있는 독창적인 가치에 영향을 받으며, 변화를 원하는 이들과의 관계에서 단순히 제품이나 서비스를 제공하는 사람을 넘어, 시장 변화를 선도하는 혁신가와 협력자로 자리매김하게 된다.

가치를 높이려면, 특정 유형의 사람들을 위해 더욱 구체적이고 전문화된 가치를 만들어내야 한다. 당신의 가치가 높아질수록, 사람들은 그 가치에 대한 대가로 더 많은 돈을 지불할 것이다. 그레이엄의 말을 또 인용해보자.

부를 창출할 수 있다는 사실을 가장 잘 이해하는 사람들은 물건을 잘 만드는 사람들, 즉 장인들이다. 그들이 손으로 만든 물건은 상점에서 팔리는 제품이 된다. 그러나 산업화가 진행되며 장인의 수는 점차 줄어들고 있다. 그중 가장 많이 남은 그룹 중 하나가 컴퓨터 프로그래머들이다. 그들은 컴퓨터 한 대만 있으면 직접 부를 창출할 수 있다. 좋은 소프트웨어 자체가 가치를 내기 때문이다. 프로그래밍의 경우, 제품을 만드는 과정에서 혼동이 생길 여지가 없다. 프로그래머가 입력하는 코드 자체가 소프트웨어, 즉 완성된 제품이 되기 때문이다. 누군가가 꽤 괜찮은 웹 브라우저를 만들어낸다면, 세상은 훨씬 더 풍요로워진다.

만약 당신이 필요보다는 욕구에 따라 살아간다면, 무한한 게임을 하는 것이다. 현실은 창조되고 선택되며, 그것은 부, 자유, 가치에 기반한다. 이것이 각각 자신만의 품질, 개별성 그리고 개인적인 특성을 가지고 있음을 잘 알고 있다. 당신은 다른 사람과 경쟁하는 것이 아니라, 풍요를 추구하는 다른 창조자들과 협력하는 것이다.

하지만 필요에 따른 삶을 살면, 유한한 게임에 갇히게 된다. 그렇게 유한한 게임을 할 때는 외부의 힘에 주도되고 통제당한다. 희소한 자원을 두고 경쟁하게 된다. 남의 일에 신경 쓰고 걱정하게 된다. 점점 자신을 잃어가고, 진짜 모습을 드러내지 못한다.

당신은 필요에 의해 움직이는 사람인가, 아니면 원하는 것을 추구하는 사람인가? 당신은 무한한 자유의 게임을 하고 있는가, 아니면 유한한 게임에 갇혀 있는가? 당신은 질적인 부와 가치를 쌓고 있는가, 아니면 희소한 자원인 돈을 놓고 경쟁하고 있는가?

댄에 따르면, 필요에 의해 움직이는 사람과 원하는 것을 추구하는 사람 사이에는 네 가지 주요한 차이점이 있다.

1. 필요는 외부적 동기에 의해 움직이지만, 원함은 내부적 동기로 움직인다.
2. 필요는 안전에 기반하지만, 원함은 자유에 기반한다.
3. 필요는 희소성을 추구하나, 원함은 풍요로움을 추구한다.
4. 필요는 반응적으로, 원함은 창의적으로 움직이게 한다.

가장 원하는 것에 헌신하는 것이 진정한 자유를 얻는 유일한 방법이다. 만약 당신이 필요성이나 강박에 따라 행동한다면, 그것은 자기 선택이 아니라 외부 요인에 의해 선택이 이루어지고 있다고 느낄 것이다. 즉, 외부 요인에 휘둘리는 희생자가 된다.

하지만 원하는 것에 따라 살면, 당신은 본질적으로, 그리고 진심으로 살게 된다. 목적에 따라 살아가기 때문이다. 더 이상 자신의 행동을 남에게 설명하거나 변명할 필요 없이, 외부 의견이나 기대에 상관없이 단순히 원하는 것을 추구하고, 존재하며, 소유하게 된다. 당신이 원하는 가치를 창출함으로써, 원하는 삶을 만들어가는 것이다.

변명이 필요 없는
자유로운 삶을 추구하다

댄의 설명에서 두 번째로 중요한 점은, 원하는 것을 추구하면서 누구에게도 그 이유를 남에게 설명하거나 변명할 필요가 없다는 부분이다.

그저 당신이 원하기 때문에 원하는 것을 하면 된다.

그것으로 충분하다. 원하는 것은 본질적인 것이다. 누군가가 당신이 원하는 것을 설명해달라고 요구하더라도, 그렇게 할 필요가 없다.

다시 한번 강조하지만, 당신은 그렇게 하지 않아도 된다. 당신은 그것을 원할 뿐이다. 그리고 당신이 원하는 것을 추구한다고 해서 다른 사람의 것을 뺏는 것이 아니다. 오히려 부와 자유를 창출하고, 세상을 더 좋게 만드는 것이다.

새 집을 사고 싶다거나, 6주간 휴가를 가고 싶다거나, 어떤 꿈을 따라 무작정 일을 시작할 수도 있다.

하지만 필요에 의해 행동한다면 이러한 일을 하지 않게 될 가능성이 크다. 필요에 따라 살면 항상 자신이 하는 일을 설명하고 변명해야 한다. 필요에 따라 살면 남에게 쉽게 휘둘린다. 다른 사람들은 당신이 '해야만 한다'라고 생각하는 일을 하지 않는 것에 죄책감을 느끼게 만들려고 한다.

최근의 한 사례가 이를 잘 보여준다. 최근 인터뷰에서 팀 페리스는 코인베이스의 공동 창립자이자 CEO인 브라이언 암스트롱에게 공중 논란과 비판에 어떻게 대처하는지 물었다. 특히, 팀은 브라이언에게 코인베이스가 미션 중심의 회사로서, 문화적·정치적 이슈에 지나치게 관여하지 않겠다는 결정에 대해, 그리고 그 결정에 동의하지 않는 직원들에게 퇴직금을 제공한 사안에 대해 질문했다.

브라이언은 2020년 코로나19 팬데믹이 시작되고, 조지 플로이드의 비극적인 사건과 "흑인의 생명도 소중하다"Black Lives Matter, BLM 운동이 화제가 되는 사이, 그의 팀이 연결성과 응집력을 잃어가기 시작했다고 설명했다.

코인베이스 팀 내에서는 분열이 발생하고, 직원들 사이의 분위기는 긴장감이 감돌았다. 격주로 열리는 회사 내 회의에서 코인베이스 직원들은 정치적이고 사회적인 질문들을 제기하기 시작했다. 그들은 회사의 사명과는 별개인 경찰의 과도한 행동과 같은 이슈에 대해 회사가 입장을 취하라고 요구했다. 여러 기업이 사회적 이슈에 대해 대담하게 입장을 표명하는 가운데, 브라이언은 이에 대응해야 함을 깨달았다.

경영진과의 비공개 회의에서 브라이언은 회사의 가치를 더욱 강화하기로 결정했다. 처음에는 코인베이스의 사명은 정치적인 배경이 없음을 강조하면서도, 기술 트렌드를 따르고 BLM 운동을 지지한다는 공개 성명을 발표해야 한다고 결정했다.

그러나 더 깊이 조직을 분석한 후, 브라이언은 BLM 운동이 인종 평등 외에도 미국 경찰에 대한 자금 지원 중단과 같은 다른 목표도 있음을 알게 되었다("Defund the Police", 경찰 기관에 대한 공적 자금 지원을 줄이고, 그 자금을 다른 사회 서비스, 예를 들면 교육, 의료, 주거와 같은 분야로 재분배하자는 의도도 함께 포함된 운동이었다—옮긴이). 이는 코인베이스가 지원할 수 없는 목표라고 생각했다.

브라이언은 자신이 실수를 저지른 것을 알았고, 자신이 순간의 사회적 화두에 휩쓸려 코인베이스의 사명인 "암호화폐를 통한 전 세계적인 경제적 자유 증진"을 희생하게 될 수도 있음을 깨달았다. 바로 두려움, 부족함에 기반해 사업을 운영한 실수였다는 것을 인정했다. 그는 회사의 에너지와 문화를 원래의 사명에 집중하게 해야 한다고 여겼다.

첫 번째 성명 발표 몇 달 후, 브라이언은 팀원들뿐만 아니라 외부에도 코인베이스가 사명 중심의 기업임을 알리는 새로운 공개 성명을 발표했다. 스티븐 코비의 말을 인용해, "중요한 것은, 중요한 것을 중요하게 다루는 것"[5]이라고 강조했다.

팀 페리스 인터뷰에서 브라이언은 이러한 결정을 어떻게 전하고, 코인베이스에 대한 그의 헌신을 어떻게 표현했는지를 상세히 설명했다.

이것이 우리가 가야 할 방향입니다. 이에 동의하지 않는다면, 그것도 이해합니다. 미리 명확히 말하지 못한 것은 제 잘못이었습니다. 대단히 풍성한 퇴직 보상 패키지를 제공할 예정입니다. 회사의 5% 직원들이 떠나갔고, 몇 달 동안은 언론에서 우리에 대한 비판이 이어졌지만, 결국에는 상황이 개선되었습니다. 솔직히 말해서, 이는 제가 회사를 위해 한 일 중 가장 잘한 결정 중 하나였습니다. 이제 우리는 완전히 한 팀이 되었고, 더욱 빠르게 성장하고 있습니다. 회사에 입사하는 모든 사람이 그들이 어떤 목표를 위해 여기에 있는지 명확하게 알고 있습니다. 이 일에 대해 저는 매우 걱정했고, 논란을 불러일으키고 싶지 않았으며, 사람들이 반대할 것도 알고 있었습니다. 제가 리더십을 확실하게 발휘해야 하는 매우 중요한 순간이었습니다.[6]

브라이언 암스트롱은 용기 있는 결정을 내렸다. 그는 다른 사람들이 그에게 하라고 강요하는 것이 아니라, 자신이 원하는 것을 추구했다.

이처럼 원하는 대로 살려면 용기가 필요하다. 욕구에 따라 산다는 것은 다른 사람이 원하는 방식이 아니라 자신이 원하는 방식으로 삶을 사는 것이다.

원하는 것을 원하는 것은 그 자체로 우리에게 동기부여가 된다. 우리가 뭔가를 위해 노력하는 이유는 합리적으로 설명할 수 있는 부분이 아니라, 단지 그것을 원하기 때문이다. 브라이언은 단순히 암호화폐를 통해 경제적 자유를 가져다주는 회사를 만들고 싶었을 뿐이다. 그는 그 욕구를 합리화할 필요가 없었다. 브라이언에게는 어떤 불순한 동기나 이유도 필요하지 않았다.

원하는 것을 원하려면 자기 정직성이 필요하다. 어떤 반향이 있더라도 자신이 누구이고 어떤 사람인지에 대해 확고한 입장을 취해야 한다. 팀 페리스는 좋은 리더십의 특징이 "인기 없는 결정"을 내리는 것이라고 말하며 브라이언의 이야기에 동의했다.

10배 도약을 위한 가장 강력한 동력

80%를 없애는 일은—그것이 당신에게 어떻게 보이든— 세상의 많은 사람에게 인기가 없다. 무한한 자유와 부의 창출 게임을 이해하지 못하는 세상의 궁핍한 사람들에게는 분명 인기 없는 결정이 될 것이다.

사실, 사람들이 10배 업그레이드를 하지 않는 주된 이유는, 이것이 주변 사람들에게 불편함을 줄까 봐 두렵기 때문이다. 그들은 주변 사람들이 말하는 '문화'의 소음과 '과도한 것을 원하지 말라'는 말에 귀를 기울인다. 그들은 2배 성장에 만족하고, 그로 인해 생기는 내부적인 좌절감과 억압을 극복하지 못한다. 더욱이, 그들은 자신이 진정으로 변화할 수 있다는 진실, 즉 10배 변화로 업그레이드 할 수 있는 자신의 가능성을 깨닫지 못한다.

80%는 자유보다는 보장된 생활을 의미한다. 그래서 외부에서는 80%의 생활을 유지하라는 엄청난 압박이 존재한다. 하지만 진

정으로 맞서야 할 가장 큰 압박은 내부에서 온다.

자유는 결국 내적인 과정이다. 당신에게는 80%를 포기하고, 진정으로 원하는 것에 전력을 쏟을 용기가 있는가? 자유로워진다는 것은 굳이 필요하지 않은 것을 내려놓고, 오직 원하는 것만 선택한다는 뜻이다.

필요는 불안, 두려움, 타인의 판단에 대한 걱정에 기반을 둔다면 원함은 자유를 기반으로 한다. 사람들은 자신이 필요하다고 생각하는 것을 찾느라 너무 바빠 원하는 것을 얻지 못한다. 그들은 목표를 직접 선택하고 실천하기보다는, 그 수단을 쫓느라 바쁘다.

자유에는 크게 두 가지 유형이 있다.

1. 원하지 않는 것에 대한 자유: 회피 동기에 따르며, 외부 제약에서 벗어나려는 욕구
2. 원하는 것에 대한 자유: 접근 동기에 따르며, 내적으로 가장 원하는 것에 용기 있게 헌신하고 선택하는 욕구[7][8]

세상의 모든 외적 자유를 누릴 수 있지만 자유롭지 않을 수도 있다. 반대로, 모든 외부적인 제약이 있어도, 그것이 반드시 자유를 제한하지는 않는다. 빅토르 프랭클은 『죽음의 수용소에서』에서 "자극과 반응 사이에는 공간이 있다. 그 공간에는 반응을 선택할 수 있는 우리의 힘이 있다. 우리의 반응에 우리의 성장과 자유가 있다"[9]라고 말했다.

진정한 자유는 외부 상황이나 제약과는 무관하게, 내면에서의 선택과 헌신에서 비롯된다. 자유와 욕망은 구체적인 상황을 넘어서 활동하며, 주어진 현실 규칙에 얽매이지 않는다. 그 대신, 보다 고차원 원리로 현실 그 자체를 변화시킨다.

자유롭다는 것은 내면의 인식이다. 필요하다고 생각하는 것을 받아들이는 것이 아니라, 원하는 것을 선택하고 그것을 향해 나아갈 때 우리는 진정한 자유를 느낀다. 헌신하기 전까지는 아무런 변화도 일어나지 않는다. 헌신한 후에야 우리는 자유가 어떤 느낌인지를 알 수 있다. "원하는 모든 것은 두려움의 반대편에 있다"[10]라는 속담도 있다.

많은 사람이 직면하는 큰 어려움 중 하나는 자신이 진정으로 원하는 것이 무엇인지 모르는 것이다. 사람들은 자신이 필요하다고 생각하는 것에 너무 많은 시간을 보내며, 자신과 타인에게 충분히 솔직해지는 법을 배우지 못했다. 그들은 여전히 두려움에 갇혀 살고 있다.

10배 성과는 필요성이 아니라 욕구에 기반하므로, 자신이 원하는 것을 명확히 표현하는 법을 배우는 것이 10배 성과 달성의 핵심이다. 사실, 10배를 달성해야 할 필요는 없다.

일론 머스크는 화성에 가야 한다는 필요성이 아니라, 가고 싶기 때문에 그렇게 한다. 마틴 루터 킹 주니어는 인종 평등과 자유를 위해 집회를 가질 필요는 없었지만, 그것을 원했기 때문에 그렇게 했다.

원하는 것은 자유와 풍요에 기반한다. 원하는 것은 자신과 세상에 대한 진실성에 기반한다. 더 이상 남의 생각에 따라 자기 모습을 변화시키려 하지 않는다. 대신, 자신이 원하는 방식으로 살아가며 자신을 솔직하게 드러낸다.

익명의 알코올 중독자 모임의 창립자 빌 W.는 "모든 발전은 진실을 말하는 것에서 시작된다"라고 말했다. 진정으로 자유로워지려면, 스스로에게 더 이상 거짓말을 하지 말아야 한다.

합리화의 세계에 사는 것은 감옥과도 같다. 원하지 않지만 두려움, 안전 또는 의무감 때문에 유지해야 하는 관계와 상황이 우리를 가둔다. 자유로워지려면 먼저 자기 자신에게 완전히 솔직해져야 한다. 자신이 가장 원하는 것이 무엇인지 스스로 인정하는 것에서 시작된다.

마음속 깊이 진정으로 원하는 것을 원하라. 자신이 원하는 것을 인정하고 실천할 수 있을 때까지는 자유롭지 못하다. 자유와 욕망을 기반으로 살게 되면, 삶은 질적으로 그리고 비선형적으로 변화하기 시작한다. 이것은 다른 사람의 목표와 규칙에 묶이지 않는 삶이다.

다른 사람과 같아져야 한다는 압박에서 벗어나 자신이라는 독특함을 온전히 받아들이기 시작한다. 당신은 독특하다. 다른 누구도 당신과 같을 수 없으며, 당신처럼 될 수 있는 사람도, 실제로 그렇게 되려는 사람도 없다. 당신의 최선은 자기 고유성을 포용하고 소중히 여기는 것이다. 그다음으로는, 당신만이 할 수 있는 방식으로 다른 사람들을 도우면서 세상에서 가장 순수하고 최고의 모습으로 살아가는 것이다.

10배를 거듭하고, 안전보다 자유를 선택하고, 설렘과 두려움을 동시에 주는 20%에 올인함으로써 자신만의 고유한 숙련도를 발전시킬 수 있다. 80%의 보호막을 벗어냄으로써, 누구와도 비교할 수 없는 나만의 독특함을 찾게 된다.

모든 것은 원하는 것을 원하는 것으로 귀결된다.

다른 무엇보다 진정으로 원하는 것은 무엇인가?

무엇이 되고 싶고, 하고 싶고, 또한 얻을 때 가장 흥분되는 것은 무엇인가? 다른 사람의 생각이나 반응이 두렵지 않다면, 어떤 사람이 되고 싶고 무엇을 하고 싶은지 생각해보라. 자신과 세상을 더 솔직하고 진솔하게 대한다면 어떤 기분이 들까?

자유의 4가지 단계 중 가장 높은 단계, 즉 네 번째 자유는 '목적의 자유'이다. 가장 하고 싶은 일을 하는 것, 즉 자신을 가장 순수한 방식으로 표현하는 것, 즉 존재의 목적을 이루는 것을 의미한다.

이렇게 할 때 인간으로서 계속 성장하면서, 자신과 삶에 대한 비전과 목적이 믿을 수 없을 정도로 확장될 것이다. 당신은 자신의 능력과 자원을 활용하여, 독창적인 방식으로, 더 나은 세상을 만드는 데 기여하고 싶을 것이다.

고유 능력에 집중하라:
슈퍼스타 폴 로드리게스의 10배 도약의 비결

◆ 고유 능력을 발휘하려면, 자신이 개인적으로 좋아하는 일과 싫어
하는 일을 정하고, 이에 대한 타인의 의견은 무시해야 한다. 핵심
은 자신이 좋아하고, 에너지를 받는 활동이 무엇인지, 그리고 어떤
활동이 그렇지 않은지를 지속적으로 인지하는 것이다. 자신의 경
험에 대한 판단이 100% 타당하다는 것을 이해하는 데서 진정한 자
유가 시작된다.

고유 능력은 정말로 놀랍다. 그것은 다양한 활동을 포괄하지 않는
다. 실제로 몇 가지 활동에 불과하다.

가령 이런 의미다. 사람들이 "나는 10가지 분야에서 고유 능력을
가지고 있어요"라고 말할 때, 나는 "그렇다면 앞으로 90일 동안은
괜찮겠군요"라고 말한다. 90일이 지나면 그중 7개는 다른 사람도
할 수 있다는 것을 알게 된다. 그중 2~3개만 진짜 내 것으로 만들
수 있다. 나는 25~30년 동안 이 일을 해왔는데, 여전히 많은 것을
배우고 있다. 더 큰 도전을 시작하고 더 큰 결과를 만들어내려고
애쓰다 보면, 이전에 나만의 고유 능력이라고 생각했던 것이 더 세
밀하게 조정될 수 있다는 것을 알게 되었다. 이는 자신의 고유 능
력을 발견하고 발전시키는 것이 평생에 걸친 여정임을 시사한다.

— 댄 설리반[11]

2014년 5월, 나이키는 미국의 스케이트보더 폴 로드리게스 P-Rod의 여덟 번째 시그니처 신발 'P-ROD 8'을 선보였다. 이 신발이 출시될 때 나이키는 폴 로드리게스가 8개의 독특한 시그니처 신발을 가진 단 네 명의 선수 중 하나라고 밝혔다. 나머지 세 명은 마이클 조던, 르브론 제임스, 코비 브라이언트였다.

나이키의 시그니처 신발을 갖게 되는 것은 매우 드문 일이다. 40년 넘게 이어온 나이키 역사 중에 이런 영예를 얻은 선수는 1%도 안 된다. 그중에서도 자기 이름이나 별명이 새겨진 나이키 신발을 가지는 것은 더욱 드물다.

2005년에 나이키는 스케이트보드 시장과 하위 문화에 성공적으로 진입하기 위해 두 번째 도전을 하는 중이었다. 당시 나이키의 눈길을 끈 것은 21세의 천재 스케이트보더 폴 로드리게스였다. 세계 최정상급 스케이터로 인정받던 폴에게 나이키는 팀 합류를 제안했다. 오랜 기간 자신만의 시그니처 스케이트화를 꿈꿔 온 폴이었지만, 나이키는 처음에는 그런 제안을 하지 않았다.

2022년 인터뷰, "스무살, 그리고 영원히"에서 폴은 20년 동안의 스케이트보딩 경력을 되돌아보며 이렇게 말했다.

스케이트보드를 시작할 때, 제 꿈은 시그니처 보드와 시그니처 신발을 갖는 것이었습니다. 그것이 바로 프로 스케이터의 꿈을 완성하는 것이었어요. 시그니처 신발을 얻지 못하면, 제 꿈이 여전히 불완전할 것 같았습니다. 제 매니저가 나이키와 협상을 진행하면서 나이키가 제안하는 조건에 대해 알려왔습니다. 저는 "다 좋은데, 프로용 신발은 어떤가요? 시그니처 신발은요?"라고 물었습니다.

그녀는 시그니처 신발에 대한 언급은 없었다고 말했습니다. 그래서 나도 알았다고 했고, 매니저는 다시 나이키에 다시 연락을 취하고 "신발을 만들 계획이 없다"라고 했지요. 그땐 이 순간이 정말 행복하고, 이전 신발 스폰서 에스를 떠나려는 생각이 없었던 거지요. 그저 젊었고 어쩌면 좀 고집이 센 편이라, 내 꿈을 위해 조금은 우기고 싶었을 뿐이었습니다.[12]

2022년에 그는 나이키와 함께 10번째 시그니처 신발을 출시했고, 그의 신발은 2005년 이후 모든 스케이트보드 신발 중 가장 많이 팔린 신발 중 하나로, 수백만 켤레가 판매되었다. 그는 이렇게 말한다.

만약 그들이 그냥 돌아와서 '알았어, 그렇게 할게'라고 했다면 어땠을까요? 무슨 일이 일어났을까요? 그들이 다시 와서 나를 그렇게 믿어준 것에 감사할 뿐입니다. 그렇게 해서 10개의 시그니처 신발이 탄생했습니다.

폴의 보드 스타일은 독특하고 기술이 탁월하며, 힘 조절이 강력하고 정확하다. 그는 수십만 명의 보더에게 '스케이트보드'라는 단어의 의미를 혁신적으로 바꿔놓은 인물이었다.

폴 로드리게스는 스케이트보더로서는 경력이 길고, 이 분야 10배 프로세스의 대표격이다. 그는 정체되지 않고 자신과 집중력, 기술을 끊임없이 발전시키고 혁신해왔다.

스케이트보드를 타기 시작한 지 몇 년이 지나지 않아 14살 때, 폴은 로스앤젤레스에 위치한 원에잇틴이라는 스케이트보드 숍의 매니저 앤디 넷킨에게 첫 '스폰서 미' 영상을 제출했다. 넷킨은 즉시 폴을 미래의 슈퍼스타로 주목했다.[13]

16세에 폴은 스케이트보드 회사 '시티 스타즈'의 아마추어 후원을 받게 되었고, 2년 후에는 오랫동안 기다려온 스케이트 비디오 '스트리트 시네마'에 출연하게 되었다.[14] 그는 일반적으로 팀에서 가장 존경받는 프로에게만 주어지는 비디오의 클로징 부분까지 맡았다.[15]

19세에 이르러 폴은 저명한 '트랜스월드 스케이트보딩'이 제작한 2002년 영상 '인 블룸'In Bloom에 출연했다. 그의 비디오 시작 부분의 몽타주에는 스케이트보드의 전설인 에릭 코스톤Eric Koston의 해설이 나오는데, 그는 폴 로드리게스에 대해 이렇게 말했다.

오히려 넘어지는 것이 어려울 정도로 자연스럽게 타는군요. 마치 컨베이어 벨트처럼 트릭을 만들어내는 것 같습니다. 폴에게는 정말 쉬운 일이군요. 그에게는 정말로 뛰어난 뭔가가 있습니다. 이건 확실합니다. 정말 빠르게 배우네요. 그가 뭘 하든지, 운명처럼 느껴지네요. 그가 빛나는 것을 조심해야겠어요.[16]

폴이 계속해서 성장하고 성공할 수 있었던 결정적인 이유는 그가 자신의 고유 능력을 바탕으로 활동했기 때문이다. '고유 능력'이란 자신을 가장 순수하고 솔직하게 표현하는 것을 말한다. 이것은 당신이 누구인지, 즉 본질을 나타낸다. 10배 도약에 있어 순수한 20%를 나타낸다.

고유 능력은 독특하고 전문화된 가치를 창출하는 자신만의 방법이다. 당신이 하는 일에 대한 고유하고 독특한 접근 방식으로, 남들이 당신과 경쟁하려 해도 할 수 없는 능력이다. 또한 고유 능력은 우리만의 유일한 비전과 목적, 즉 우리가 하는 일에 대한 근본적인 '이유'를 나타낸다.

50년 넘게 수많은 기업가를 지도해온 댄 설리번은 자신의 고유 능력에 집중하는 사람들이 10배의 도약을 이루는 것을 자주 확인했다. 이유는 단순하다. 고유 능력은 개별적이고 독특한 것으로, 오직 나만이 창출할 수 있는 가치를 내포하기 때문이다. 중요한 것은 무엇을 하는가가 아니라 어떻게 하는가이다. 자신만의 독특한 재능과 열정 그리고 노력을 통해 타인과 차별화된 가치를 만들어낼 때 진정한 성공을 이룰 수 있다.

폴의 경우, 그의 능력은 단순히 스케이트보드를 잘 타는 것 이상이다. 극도의 독창성은 그의 기술을 더욱 돋보이게 하고, 그를 숙련된 스케이터로 만든다. 고유 능력은 뛰어난 기술, 본질적인 동기 부여, 끊임없는 개선 가능성까지 포함한다.

나만의 고유 능력을 찾아
10배 성장을 이루는 법

많은 기업가들이 전략 코치와 협력을 시작할 때 깨닫는 사실이 있다. 그들이 자신의 고유 능력에 20% 미만의 시간만 할애하고 있다는 것이다. 대부분의 시간과 에너지, 그리고 집중력은 다방면에 흩어져 있다. 이들은 종종 자신의 고유 능력이 아니라, 단지 어느 정도 잘하거나 때로는 뛰어나다고 여기는 영역에 80%의 노력을 쏟아붓고 있다.

하지만 자신의 고유한 능력을 진정으로 인식하고 이를 업그레이드하는 데 주력하면, 10배의 비선형적인 도약이 뒤따른다. 고유 능력이 타고난 성향인지, 아니면 키워낸 것인지에 대해 사람들은 묻곤 한다. 대답은 둘 다라는 것이다. 우리 모두에게는 자기 자신과 목적을 가장 순수하고 자유롭게 표현할 수 있는 고유한 능력이 있다. 다만 모두가 이런 능력을 표현하고 발전시키는 것은 아니다.

고유 능력은 개인적이고 내면적인 것이다. 그래서 자신이 정말로 원하는 것이 무엇인지 스스로에게 솔직해져야 한다.

당신이 가장 원하는 것과 고유 능력은 서로 연결되어 있다. 자신의 독특함을 소중히 여긴다는 것은 모든 사람의 독특함을 소중히 여기고 인정한다는 의미이기도 하다.

자신이 가장 기뻐하고 흥분하는 일, 즉 고유 능력에 몰두하려면 극도의 헌신과 용기가 필요하다. 자신이 하는 일과 삶의 방식에 대해 남들이 어떻게 생각하는지 신경 쓰지 말고, 자신에게 완전히 투자해야 한다.

고유 능력은 '자연스럽게' 떠오르는 것이 아니라 어쩌면 당신이 지금까지 해온 일 중 가장 힘들고 강렬한 일이 될지도 모른다. 여기에는 순수한 헌신과 용기가 필요하기 때문이다. 그리고 이 과정은 끝이 없다.

고유 능력은 자유를 의미하며, 가장 독특한 가치를 창출하는 방법이다. 또한, 이를 인식하고 이해하는 사람들, 즉 자신의 능력을 존중하고 인정하는 사람들은 상상 이상의 결과를 인지하고 감사하게 될 것이다.

당신이 궁극적으로 하고 싶은 일을 피하지 않아야 한다. 고유 능력을 발휘하면 일이 더 쉽게 다가온다. 일이 '쉬워진다'는 의미가 아니라, 당신이 가장 하고 싶은 일에 전념함으로써 비선형적이고 기하급수적인 성장과 변화를 이루게 된다는 의미다. 이렇게 하면 일반 사람보다 10배 빠르게 배우고, 10배 빠르게 업그레이드된다. 이렇게 해서 진행 상황, 기술, 결과물에서 이전에 없던 도약을 이룰 수 있다.

고유 능력을 받아들이면 일은 놀이와 같아진다. 호기심과 흥미를 따라가다 보면 새로운 잠재력과 가능성에 마음이 열린다. 자신의 영역에서 끊임없이 기준을 높여가며 더 높은 수준의 미묘한 차이를 만들어 나간다. 다른 사람과의 경쟁이 아닌, 당신만의 창의성과 혁신의 세계에서 활동하는 것이다.

고유 능력을 활용할 때는 항상 새로운 도전을 하게 된다. 얼마나 멀리 갈 수 있는지를 항상 시험한다. 현재의 역량과 자신감을 넘어서는 흐름을 타고 있으므로, 이전보다 더 높은 곳으로 용기 있게 도전한다.

당신의 고유 능력은 선형적이거나 정적인 것이 아니다. 10배 도약을 할 때마다 20%가 달라지듯, 고유 능력의 초점도 10배 도약을 할 때마다 달라진다. 과거에 고유 능력으로 활용했던 것이 지금은 달라졌을 수 있다.

10배 도약을 할 때마다 당신은 비선형적으로, 질적으로 변화할 것이다. 그때마다 당신의 삶은 놀라운 방향으로 나아간다. 미켈란젤로가 인체를 그리는 것에서 시작해 17피트 높이의 '다비드상'을 조각하고, 시스티나 성당에 그림을 그리다가 성 베드로 대성당의 거대한 돔을 설계하는 수석 건축가로 성장한 것을 보라.

미켈란젤로는 10배의 도약을 할 때마다, 이전 10배 도약에서 구축한 기초를 종종 수평적이거나 비선형적인 방향으로 개편해서 새로운 방향이나 접근법을 시도했는데, 이는 '점들을 거꾸로 이어보면 말이 되는' 방식이었다(미켈란젤로가 새로운 도약을 할 때마다 이전의 작업이나 경험이 그의 새로운 작업에 어떻게 영향을 미쳤는지를 되돌아보며 이해했다는 의미로, 미래를 예측하는 것이 아니라 과거의 경험을 통해 현재의 작업을 이해하고 향후의 방향을 결정하는 과정을 뜻한다—옮긴이).

폴 로드리게즈는 "스무살, 그리고 영원히" 인터뷰에서 다음과 같이 말했다.

> 어릴 때 아버지께서 저에게 하신 말씀 중 하나가 '한 번 성공하면 계속 성공할 수 있다'는 것이었습니다. 아버지는 성공이란 끊임없이 노력하고 안주하지 않는 것이라는 메시지를 전하려고 했습니다.[17]

당신의 인생 목표는 고유 능력을 숙달하고 완전히 표현하는 것이다. 그것이 바로 당신 인생의 일이며, 당신이 하지 않으면 누구도 할 수 없는 일이다.

'플로우'Flow에 대한 연구를 하는 중, 미하이 칙센트미하이 박사는 경영학의 대가 피터 드러커에게 창의성에 대한 인터뷰를 요청하는 이메일을 보냈다. 드러커의 답장은 미하이 칙센트미하이 박사를 매료시켰고, 그는 이 내용을 자신의 책에 수록했다.

> 저는 오랫동안 교수님을 존경해왔고, 교수님의 업적에서 많은 것을 배웠습니다. 그래서 2월 14일에 받은 교수님의 친절한 편지에 대해 큰 영광과 감사함을 느낍니다. 하지만 친애하는 칙센트미하이 교수님, 저는 교수님을 실망시키게 될 것 같아 죄송합니다. 저는 교수님의 질문에 답할 수 없습니다. 제가 창의적인 사람이라고 하셨는데,

저는 그 정확한 의미를 잘 모르기 때문입니다. 저는 단지 꾸준히 앞으로 나아갈 뿐입니다.

생산성에 대해 이야기하자면, 저는 창의성을 믿지는 않지만, 저의 비결 중 하나는 모든 초대장을 처리하는 큰 휴지통을 가지고 있다는 것입니다. 이 말이 무례하게 들릴 수 있겠지만, 저의 경험에 따르면 생산성은 다른 사람에게 도움이 되는 일을 하는 것이 아니라, 자신이 잘하고 적합하다고 느끼는 일에 시간을 투자하는 것입니다.[18]

자신의 고유 능력을 더 깊게 탐구하고 다듬을수록, 다른 사람의 일이 아닌 자신만의 일에 더 많은 시간을 할애한다. 이를 통해, 당신은 자신과 주변에 점점 더 영향력 있는 숙달 수준에 도달하게 될 것이며, 자기 일이 마치 신성한 소명처럼 느껴지기 시작할 것이다. 고유 능력은 자신만이 할 수 있는 고유한 일을 구체화하며, 이를 명확히 표현한다.

연구에 따르면, 자신의 일을 소명이라고 느끼는 사람들, 즉 목적 의식이 있고 자신이 해야 할 일을 하고 있다고 느끼는 사람들은 자기 일을 단지 직업이나 경력으로 보는 사람들보다 행복감이 더 높으며, 경력 성공률 또한 더 높다.[19] 이러한 '소명'에 대한 느낌을 종교적 신념과 연결할 필요는 없다.

연구 결과 소명감과 경력 성숙도, 경력에 대한 헌신, 업무 의미, 업무 만족도, 삶의 의미, 삶의 만족도 사이에는 일관된 상관관계가 있었다. 이 상관관계는 사람들이 실제로 직장에서 자신의 소

명을 실천하고 있을 때 가장 강하게 나타났다.[20]

다른 연구에 따르면, 소명의식을 가진 사람들은 멘토나 조언자의 진로 조언, 특히 더 안전하거나 주류적인 선택을 제안하는 조언을 무시할 가능성이 높다.[21] 이것은 그들이 조언을 듣지 않거나 받아들이지 않는다는 의미가 아니라, 오히려 자신의 내면의 목소리를 더 믿고 스스로 결정을 내린다는 뜻이다.

결국, 당신은 스스로 결정 내려야 한다. 아무도 당신을 대신할 수 없다. 오직 당신에게만 있는 독특한 비전과 인생을 바라보는 관점, 그리고 특별한 능력이 있다. 그렇기에 타인의 조언은 어디까지나 당신의 여정을 돕는 역할을 할 뿐, 결국 걸어가야 할 길은 스스로 결정해야 한다.

고유 능력의 발견과 5단계 숙달 과정

이 책을 쓰는 과정에서 이 현실이 나를 힘겹게 했다. 나는 삶과 일의 다양한 영역에서 10배 도약을 원했다. 그러나 이를 위해서는 어렵고 불편한 대화를 해야 했고 큰 대가가 따랐다. 나의 훌륭한 멘토와 조언자들은 나에게 이런 어려운 대화를 피하고 '안전하게' 행동하라고 조언했다.

나는 여러 사람으로부터, 내심 원하는 일을 계속한다면 현재와 미래의 가장 큰 기회를 잃게 된다는 경고를 들었다. 결국 나는 자신의 목소리에 귀를 기울이고, 다양한 관계와 상황에서 필요한 조정을 했다. 그 결과, 내 솔직함이 관계를 해치기보다는 오히려 더 큰 신뢰와 헌신, 자유를 가져다주었다.

자신을 믿고 자신만의 길을 개척하는 것이야말로 로버트 그린이 말하는 숙달의 'X 요소'이다. 그는 이렇게 설명한다.

숙달은 단순히 천재성이나 재능에 의존하는 것이 아니라, 특정 지식 분야에 투자하는 시간과 집중력에 달려 있다. 그럼에도 불구하고 숙달 과정에는 모두가 갖고 있지만 약간은 신비로운 'X 요소'가 존재한다. 대부분의 분야에서 정상에 도달하는 경로는 보통 정해져 있지만, 진정한 마스터들은 강력한 내적 지침과 높은 수준의 자기 인식을 가지고 있다.

이런 마스터들은 커리어를 구축해 나가는 과정에서 결정적인 순간에 일반적인 경로를 벗어나 자신만의 독특한 길을 개척한다. 그들은 자신의 정신과 리듬에 맞는 선택을 함으로써 연구 주제의 숨겨진 진실을 발견하는 데 중요한 역할을 한다. 이러한 결정적인 순간에는 자신감과 자기 인식이 필수적이며, 바로 이것이 숙달에 이르는 데 필수적인 X 요소다.

단순히 어떤 것을 잘해낸다고 숙달했다고 할 수 없다. 그것은 독특하게, 혁신적으로 그리고 두려움 없이 무언가를 수행하는 능력이다. 독창성 없이는 진정한 숙달이라고 볼 수 없으며, 숙달과 독창성은 분리할 수 없는 관계다.

따라서 최고 수준의 숙달과 개인적인 소명에 이르려면, 자신만의 고유 능력을 진지하게 인식하고, 이를 완전히 업그레이드하고 표현해야 한다. 고유 능력을 개발하는 방법은 다음과 같다.

1. 자신이 진정 원하는 것이 무엇인지 솔직해져야 한다. 아무도 당신과 똑같은 욕구를 가진 사람은 없고, 당신만의 능력과 비전, 열망을 지닌 이도 없기 때문이다.

2. 비전을 넓히고, 자신이 무엇을 할 수 있고 이룰 수 있는지 깊이 생각해 보라. 자신에게 흥분과 활력을 주고 끊임없이 성장시킬 잠재력을 가진 고유 능력을 꾸준히 계발하고, 이를 바탕으로 10배의 비전을 실현하라. 자신이 누구이며 무엇이 당신을 남들과 구별 짓고 특별하게 만드는지 점점 더 선명하게 깨달아 가라.

3. 이상적인 미래의 자신future self과 그가 하는 일을 상세히 그려보라. 어떤 상황인가? 어떤 임무를 수행하나? 어떤 가치를 위해 일하는가? 미래의 자신은 어떤 고유 능력을 갖추고, 이를 활용해 자신에게 가장 중요한 일에 어떻게 큰 영향을 미치고 발전시킬 수 있을까? 미래의 내가 어떤 특별한 기준으로 살아갈지 숙고해보라.

4. 20%에 대한 숙련도를 높이면 시간, 돈, 관계, 전반적인 삶의 목적 등에서 자유가 10배 이상 향상되는 경험을 할 수 있다.

5. 자신의 호기심과 관심사를 마음껏 탐구할 수 있도록 80%에 대한 부담은 내려놓아라.

10배의 도약을 통해 자신과 삶을 변화시키면서, 자신의 고유 능력에 대해 점점 더 명확하게 이해하게 된다. 예를 들어, "나의 고유 능력은 복잡한 아이디어를 설득력 있고 단순한 방식으로 배우고, 이해하고, 전달하는 것"이라고 말할 수 있다. 그러나 더 구체적으로, 특정 대상에게 제공하는 세부적 가치를 포함해 정의할 수도 있다. "나의 고유 능력은 복잡한 생각을 명료하게 개념화하고 이야기 중심의 흡인력 있는 과학서 형태로 표현하는 것"이라고 할 수 있다.

당신이 구체적으로 어떤 일을 하는 것보다 고유 능력을 제대로 정의하는 것이 훨씬 더 중요하다. 좀 더 명확하게 말하자면, 고유 능력은 당신이 최상의 삶을 살아가는 동안, 일에 접근하는 독특한 방식을 뜻한다. 원한다면 전략적이고 사려 깊은 방식으로 정의할 수 있지만, 특정 활동과 연관된 것은 아니다.

글쓰기와 같은 '특정 기술'을 바탕으로 고유 능력을 정의하는 것은 위험할 수 있다. 10배 도약은 종종 고유 능력을 크게 발전시켜야 하는 경우가 많기에, 특정 상자 안에 가두지 않는 편이 좋다.

의사결정 전문가인 애니 듀크는 자신의 저서 『큇』QUIT에서 "자신이 하는 일을 정체성으로 받아들인다면, 자신이 하는 일을 포기하는 일은 자신이 누구인지를 포기하는 것과 같아서 포기하기가 더 어려워진다"[22]라고 말했다.

따라서 고유 능력을 정의할 때 유한 게임을 넘어, 상황이나 특정 활동을 초월하는 무한 게임으로 확장하는 것이 좋다. 이것이야말로 본질적인 나 자신이며, 특정 활동의 밑바탕에 자리한 내가 하는 일인 셈이다. 이런 맥락에서 나는 고유 능력을 "내가 개발한 레시피로 만든 인생의 비법 소스"와 같다고 비유한다. 즉, 자신이 깨달은 진실을 깊이 이해하고 내면화해 스스로를 변화시키고, 그다음 이 진실을 다른 이들에게 전파해 그들도 변할 수 있도록 돕는 힘이라고 할 수 있다.

고유 능력은 당신이라는 사람의 핵심이며, 지극히 개인적인 것이므로, 이를 연결하고 개발하고 활용하려면 엄청난 헌신과 용기가 필요하다.

자신을 과격하게 드러내는 것처럼 느껴지지 않는다면 그것은 고유 능력이 아니다. 자신을 급격하게 변화시키지 않는다면 고유 능력이 아니다. 놀이와 원초적인 창의력처럼 느껴지지 않는다면 고유 능력이 아니다. 깊이 파고들지 않는다면, 그것은 고유 능력이 아니다. 특정 분야나 기술에서 '현실'의 의미를 혁신하고, 규칙을 깨고, 경계를 바꾸지 않는다면 그것은 고유 능력이 아니다.

당신이 할 수 있는 가장 무섭고 흥미로운 일은 아무것도 주저하지 않고, 사과하지 않고, 가장 진실한 자신이 되는 것이다. 이것이 바로 고유 능력을 숙달하는 방법이다.

당신은 어떤가?

- 당신의 고유 능력은 무엇인가?
- 다른 사람들이 할 수 없고, 당신만이 제공할 수 있는 고유한

가치는 무엇인가?

- 당신을 가장 흥분시키는 10배 도약은 무엇이며, 이를 실현하기 위해 어떤 고유 능력에 올인해야 하는가?
- 고유한 능력을 발휘하지 못해, 바쁘지만 생산적이지 않은 삶의 80%는 무엇인가?

고유 능력으로
무한 게임의 플레이어가 되라

◆ 내가 아는 사람 중 유일하게 현명하게 행동하는 이는 나의 재단사뿐이다. 그는 날 만날 때마다 내 치수를 새로 잰다. 나머지는 예전 치수를 계속 쓰면서 내가 맞춰주길 기대한다.

— 조지 버나드 쇼

폴 로드리게즈는 나이키로부터 처음 스폰서십 제안을 받았을 때, 자신이 원하는 것을 확실히 알고 있었다. 그는 계약 조건으로 자신만의 시그니처 신발을 원했다.

나이키와의 계약은 인생을 바꿀 수 있는 큰 기회였지만, 시그니처 신발이 포함되지 않는다면 그는 기꺼이 기회를 포기할 준비가 있었다.

그는 필요해서가 아니라 원하는 대로 행동했다. 다른 사람의 생각이나 제안에 상관없이 자신이 스스로 정한 기준을 명확히 가지고 있었다.

스케이트보더이자 아티스트로서 폴의 고유한 능력이 매우 가치 있게 인식되었기 때문에 그는 자신의 인생에서 결정을 내리는 데 자신감을 가질 수 있었다. 자신에게 경쟁자가 없다는 것을 알고 있었다.

폴은 이전에 10배의 성공을 여러 차례 경험했다. 자신과 삶을 여러 번 변화시키며, 고유 능력이 심오하고 흥미진진해지는 것을 목격했다.

그는 자신만의 규칙으로 게임을 하고 있었다. 무한 게임을 하고 있었다. 그는 자유로웠다.

10배 프로세스를 지속해서 적용하여 자기 삶을 변화시키고, 고유 능력을 발전시키고, 자유를 확장했다. 그 결과, 그는 자신에게 효과가 있는 것과 그렇지 않은 것에 대해 점점 더 "선택의 폭이 넓어지고" 선택적으로 행동할 수 있게 되었다. 자신의 고유 능력의 가치를 이해하고, 필요가 아닌 욕구에 따라 활동했기 때문에 어떤 파트너십이나 관계에 절실하지 않았다.

댄 설리번은 이와 관련하여 "항상 구매자가 되라"Always Be the Buyer라고 한다. [23] 그의 조언은 '구매자'와 '판매자' 사이에 근본적이고 중요한 차이가 있다는 것을 깨닫게 한다.

구매자가 된다는 것은 자신에 대한 명확한 기준을 갖고, 자신이 원하는 것이 무엇인지 알고 있다는 뜻이다. 반면 판매자는 특정 상황이 필요하다고 생각해 그 상황에 필사적으로 맞추려고 한다. 판매자는 인정받기 위해 자신을 불편한 형태로 비틀어야 한다. '판매를 성사시키려고' 그들은 계속해서 기준을 낮추거나 변경한다.

모든 상황에서 당신은 구매자 아니면 판매자가 된다.

둘의 차이점은 구매자는 포기할 수 있다는 것이다. 구매자는 절박하지 않다. 구매자는 거절하는 사람이고, 판매자는 거절당하는 사람이다.

폴은 원하는 것을 정확히 얻지 못하면 나이키와의 관계를 완전히 끊을 의향이 있었다.

그는 구매자였다.

폴과 나이키는 17년 동안, 10개의 시그니처 신발을 만들고, 수백만 켤레를 판매하며 혁신적인 관계와 협업을 만들어냈다. 폴과 나이키는 처음 파트너십을 맺을 때 생각하거나 계획했던 것 이상으로 혁신과 진화를 거듭하며 그 관계를 확장해왔다.

이렇게 계속 진화하고 확장할 수 있었던 유일한 이유는 폴이 구매자였기 때문이다. 만약 그가 판매자였다면, 자신이 가장 원하는 것이 무엇인지에 대해 자신감과 확신을 잃었을 것이다. 이는 그의 모든 활동, 심지어 스케이트보딩에도 영향을 미쳤을 것이다.

자신을 '판매자'로 설정하는 순간, 자신을 팔려고 한다. 자신이 누구인지, 무엇을 할 수 있는지를 유한 게임에 맡기는 것이며, 내부가 아닌 외부 요인에 의해 움직이게 된다. 욕구가 아닌 필요에 따라 행동하는 것이다.

따라서 10배 성장하려면 '구매자'가 되어야 한다. 그런 다음 구매자로서 다른 구매자와 협업하여 전체가 각 부분의 합보다 더 커지고, 더 좋아지는 혁신을 이룰 수 있다.

혁신적인 관계에서는 패자가 없다. 모두가 원하는 방식으로 승리하며, 각자가 원하는 것을 구구절절 설명할 필요도 없다. 이런 유형의 관계에서, 관계가 10배 도약에서 10배 도약으로 계속 변화한다면 모든 사람이 승리한다. 한쪽 또는 양쪽이 10배에서 2배로 변화하여 관계가 종료된다면, 모두가 손해를 보게 된다. 모멘텀이 현상 유지로 바뀌면, 10배의 변화는 멈춘다.

제임스 카스 박사는 『유한 게임과 무한 게임』*Finite and Infinite Games*에서 이렇게 말했다.

유한 게임은 이기기 위해, 무한 게임은 계속하기 위해 플레이된다. 유한한 플레이어는 한계 내에서 플레이하고, 무한한 플레이어는 경계를 가지고 플레이한다(play with boundaries, 무한한 플레이어는 주어진 상황과 환경을 유연하게 받아들이고, 그 안에서 새로운 가능성을 찾아내며 게임을 계속 이어 나간다는 의미—옮긴이). 변화할 수 있는 것만이 계속될 수 있다.[24]

유한 게임에서는 게임 자체를 플레이한다.

무한 게임에서는 게임을 계속 바꾸어 나간다.

무한 플레이어가 된다는 것은 게임을 계속 플레이하고 변화시키기 위해 노력한다는 의미다. 계속할 수 있는 것만이 복합적이고 기하급수적으로 성장할 수 있다. 변화할 수 있는 것만이 지속될 수 있다. 효과적으로 적응하는 것만이 성공적으로 진화할 수 있고, 도태되지 않는다.

진화와 복합성은 함께 진행된다.

무언가가 진화를 멈추면 결국 복리 효과도 멈춘다.

네이벌 라비칸트의 말처럼, "장기적인 게임을 장기적인 사람들과 함께하라. 부, 관계, 지식 등 인생의 모든 이익은 복리에서 비롯된다."[25]

이것이 바로 무한 게임이 중요한 이유다. 무한 플레이어는 필요가 아닌 원함에 따라 자신과 자신의 고유한 능력을 지속해서 변화시키고 업그레이드한다. 그런 다음 모든 당사자를 원하는 방식으로 변화시키고 향상시켜 그들과 10배 또는 100배의 시너지를 내고 복리적인 상승 관계를 형성한다.

3장의 요점

- 사회는 자유와 창의성을 마치 경쟁을 통해 얻어야 할 희소 자원이라고 믿도록 강요한다. 그러나 이는 사실이 아니다. 돈은

유한한 자원이지만 부는 무한한 자원이다.

- 안정감보다 자유를 선택하면, 필요하다고 생각하는 것을 얻기 위해 경쟁하는 대신, 원하는 삶을 적극적으로 선택하고 받아들일 수 있다.

- 내재적 욕구에 기반한 삶을 살면, 원하는 것을 원하는 이유를 타인에게 설명할 필요 없이, 원하는 부와 삶을 창조할 수 있는 풍부한 사고방식을 갖게 된다.

- 외부적 욕구에 기반한 삶을 살면, 한정된 자원을 놓고 경쟁하는 희소성 사고방식으로 살아가게 된다. 필요에 따라 사는 사람은 타인이 자기 행동을 받아들일 수 있도록 그 행동을 설명해야 한다고 느낀다.

- 부족한 자원을 얻기 위해 경쟁하고 모든 행동을 설명해야 하는 '필요'의 세상에서 계속 살 것인가, 아니면 원하는 것을 자유롭게 선택하고 창조하고 얻는 '원함'의 세상을 받아들일 것인가? 지금 여기에서 선택해야 한다.

- 10배 성장은 원함의 삶을 선택하고 받아들일 때만 가능하다. 10배는 본질적으로 누구에게나 필요한 것이 아니라, '원하고 창조하는' 자유를 선택할 때만 얻을 수 있기 때문이다.

- 고유 능력은 자신이 가장 원하는 것을 포용할 때만 발견하고 개발할 수 있는, 자신에게 가장 중심적이고 핵심적인 요소다.

- 고유 능력은 사람들에게 가장 큰 가치를 제공하는 방식으로 활용되며, 다른 사람이 모방하고 싶어도 모방할 수 없다.

- 고유 능력은 가장 흥미진진하고 최고의 성과를 내는 원동력이며, 특정 산업이나 기술보다 더 가치 있고 흥미롭고, 교육이나 지도, 전략 수립 등과 같은 특정 활동에도 효과적으로 활용될 수 있다. 하지만 고유 능력을 지나치게 특정 활동과 연관시키면, 자신과 고유 능력을 더 높은 수준으로 발전시키는 데 방해가 될 수 있다.

- 플로우 상태flow state에 들어가려면 외부의 승인이나 결과에 지나치게 얽매이지 않고 자신의 고유한 능력을 받아들여야 한다. 이 상태에서는 자신이 원하는 대로, 원하는 방식으로 자유롭게 존재하고 행동하며 창조할 수 있다. 그 결과 완전한 자유와 활력이 넘치고 창의력이 폭발한다. 이것이 바로 고유 능력을 한 차원 더 높은 수준으로 끌어올려 변화시키는 방법이며, 이를 통해 자신이 하는 일에서 타의 추종을 불허하는 숙련도와 숙달도를 갖출 수 있다.

- 진정한 달인true master이 되려면 단순히 어떤 일에 전문가가 되는 것만으로는 부족하다. 전문성은 특정 분야에서 잘하는 능력을 말한다면, 숙달은 그 분야를 '독특하게' 해내는uniquely well 능력이다. 마스터는 결코 복제할 수 없는, 오직 배워야만 하는 사람이다. 자신의 고유한 능력을 인정하고 받아들이는 것이, 한 사람으로서 숙달을 발전시키고 가장 높은 경지의 진정한 자신이 되는 길이다.

- 자신의 고유 능력을 진지하게 받아들이고 수용하면, 그 순간

부터 타인과의 경쟁은 필요 없어진다. 당신은 자신이 결코 복제되지 않는 독특한 개인임을 인지하고 이를 감사하게 된다. 다른 사람이 되려고 노력하는 대신, 가장 확장되고 진화한 자기 자신이 되려는 목표를 갖게 된다.

• 고유 능력은 항상 완성된 것이 아니며, 10배 점프를 할 때마다 극적으로 진화한다.

• 80%를 포기하고, 가장 흥분되고 가장 두려운 20%를 온전히 받아들이면, 고유 능력에 훨씬 더 가까워진다.

• 고유 능력을 깊이 계발하면 인생의 다양한 상황과 기회를 주도하는 힘이 커진다. 원치 않는 상황에 어쩔 수 없이 휩쓸리기보다는, 당신의 고유 능력이 진가를 발휘할 수 있는 상황과 기회, 그리고 고유 능력을 가장 효과적으로 변화시키고 확장할 수 있는 상황과 기회만을 선별해 받아들일 수 있게 된다.

PART **2**

10배 마인드셋,
실천편

10X
IS EASIER
THAN
2X

04

경험을 자산으로 전환하라

10배 성장을 위한 자기 발견

◆ 앞을 보면서 점들을 연결할 수는 없고, 오직 과거를 돌아볼 때만 연결할 수 있습니다. 그러니 미래에는 그 점들이 어떻게든 연결될 것이라는 믿음을 가져야 합니다. 직감, 운명, 삶, 업보 등 무언가를 믿어야 합니다. 점들이 언젠가는 연결될 것이라는 믿음이 있으면 잘 알려진 길에서 벗어나더라도 자기 마음을 따를 수 있는 자신감을 얻을 수 있기 때문입니다.

— 스티브 잡스[1]

이 책을 쓰는 동안, 친구, 가족, 고객 들에게 초고를 읽어달라고 부탁했다.

내 친구 중 한 명은 비교적 작은 기업을 경영하고 있고, 멘토 이기도 하다. 그는 이 책의 개념은 마음에 들었지만, 자신을 위한 책이라고는 생각되지 않는다고 말했다. "벤, 나는 이 책에서 설명하는 수준의 변화와 헌신을 원하지 않는 것 같아. 나는 그냥 10배 보다 2배로 살고 싶어."

나는 이 책이 모든 사람에게 적합한 것은 아니라는 데 동의한다. 그렇게 생각해도 괜찮다. '10배 마인드셋'이라는 삶의 방식은 당신에게 적합하지 않을 수도 있다. 여기까지 읽었다면 10배가 자신에게 맞는지 아닌지 분명하게 알 수 있을 것이다.

아니면, 아직 망설이고 있을지도 모르겠다.

현재 모델로는
10배 성장을 이룰 수 없다

10배 개념을 듣고 낙담이 되거나 당혹스러웠다면, 이번 장이 큰 도움이 될 것이다. 책의 초안을 100페이지 정도 읽은 내 친구 중 한 명은 인사이트도 받았지만, 동시에 좌절감도 느꼈다.

그 역시 10배의 삶을 살고 싶지만, 그러기 위해서는 몇 가지 심각한 변화가 필요하다는 것을 깨달았기 때문이다. 자신의 커리어 궤도를 완전히 바꿔야 했기 때문이다.

이 책에 대한 소감을 물었을 때 그는 이렇게 말했다.

나는 이 책을 개인적 삶과 커리어라는 두 가지 관점에서 봤어. 개인
적으로 10배 개념은 나에게 영감을 주었고, 내 삶과 관계 개선에 큰
도움이 될 것 같아. 특히 양적인 게 아닌 질적 접근 방식이 마음에 들
어. 숫자가 중요한 게 아니라, 근본적으로 어떻게 변화하는지가 중요
하지.

하지만 포춘 500대 기업에 다니는 중간 관리자로서는 이걸 현실화하
는 게 완전히 비현실적으로 느껴져서 좌절감을 느꼈어. 10배 개념 자
체 때문이 아니라, 내가 속한 곳에서 이를 실제로 구현하기가 어렵기
때문이야. 관료제가 만들어낸 장벽이 너무 높거든.

그래서 이 책의 앞부분 100페이지를 읽으며 든 생각은 커리어 전환
을 고려해야 하나 하는 거였어. 어떤 분야로 이직하고 싶은지는 아직
결정 못 했어. 내가 정말 원하는 게 뭔지를 잘 정의해봐야겠어.

10배 원칙은 근본적으로 자유에 관한 이야기다. 내가 원하는
것을 원하며, 그렇게 살아가고, 창조할 수 있는 자유 말이다.

하지만 자유는 분명 공짜가 아니다. 극도의 자기 정직과 헌
신, 용기가 필요하다. 두려움과 집착의 층을 벗겨내고, 필요가 아
닌 원함에 기반한 삶을 살아가야 한다. 승패에 따른 결과와 주변
사람들에게 이해받지 못했을 때의 결과도 받아들여야 한다.

따라서 내 친구는 이 책의 직접적인 대상은 아닐 수 있다. 하
지만 이런 그에게 내가 할 수 있는 말은 근본적으로 같다. "당신이
지금 어디에 있든, 여기서 10배로 성장하려면 당신 자신과 비즈니

스 모두를 완전히 리모델링해야 한다."

현재 모델로는 10배 성장을 이룰 수 없다. 여기에는 비즈니스와 전략뿐만 아니라 멘탈과 정체성도 포함된다. 당신이 10배 마인드셋을 완전히 받아들인다면, 인생의 모든 것이 달라질 것이다. 당신이 10배 성장을 원한다면, 삶의 80%를 근본적으로 바꿔야 한다. 그런 희생을 정신적으로 어떻게 견뎌낼 수 있을까?

댄 설리반과 나는 공저 『격차와 유익』The Gap and The Gain에서 80%를 포기하는 것이 가능하며, 심지어 그 과정을 재미있게 만드는 사고방식의 전환이 어떻게 이루어지는지 상세히 밝혔다.

댄이 말하는 '격차'the gap에 갇혀 있다면, 10배 성과를 위한 과정은 즐거운 경험이 될 수 없다. 10배는 실제로 정신적, 육체적 건강은 물론 모든 관계에 해를 끼칠 수도 있다. 갭에 갇혀 있는 동안, 한두 번은 10배를 달성할 수 있을지도 모른다. 하지만 그렇게 갭에 갇혀 있으면 그저 외적인 보상을 위해 살게 되므로, 원래 당신이 될 수도 있었던 존재가 아닌 껍데기만 남는다. 삶을 즐기는 것이 아니라 쫓기는 삶을 살게 된다. 자신감과 추진력을 잃고, 자신에 대해 끔찍한 느낌마저 갖게 된다.

'유익'the gain을 받아들이고 살아가는 법을 배워야만, 10배는 진정으로 즐겁고 지속 가능한 여정이 될 수 있다. 뿐만 아니라, 이득을 얻음으로써 인생의 모든 경험에서, 좋은 경험부터 나쁜 경험, 심지어는 추한 경험을 통해서도 훨씬 더 많은 것을 얻을 수 있다. 모든 경험을 유익으로 전환하는 방법을 배우면, 정체되지 않고 끊임없이 빠르게 발전하고 현명해질 수 있다.

이번 장에서는 격차와 유익의 차이와, 10배 인생을 살기 위해 '유익'을 얻는 것이 왜 중요한지를 이해해보자. 또한, 유익의 관점에서 과거를 재조명하는 데 도움이 될 것이다. 특히, 개인이자 기업가로서 자신이 현재 위치에 이르기까지 이미 이뤄낸 10배 도약을 인식하고 거기에 감사하는 기술을 배울 것이다.

과거에 당신이 이루었을 10배 도약에 관한 틀을 잡는 데 도움을 준 후에, 다음 10배 도약을 구체적이고 흥미진진하게 하는 데 도움이 될 만한 두 가지 강력한 모델을 살펴보겠다. 다음 10배 도약이 어떻게 이루어지는지 명확히 감을 잡으면, 자신만의 능력을 더 완벽하게 개발하고, 변화시키고 싶은 부분도 명확해질 것이다.

이제 시작해보자.

격차^{Gap} 사고에서 벗어나기:
10배 도약 전에 해결해야 할 내면의 문제

◆ 미래의 역량은 과거 성과에 대한 평가에 달려 있다. 자신이 얼마나 성장했는지 알고, 성과를 제대로 평가해야만 진전이 가능하다.

— 댄 설리반[2]

25년 전, 댄 설리번은 전략 코치 워크숍을 하다가 중요한 점을 깨달았다. 객관적으로 성과를 많이 낸 기업가들이 자신의 성과를 과소평가하더라는 것이다. 그들은 자신이 이룬 것에 만족하지 못하고 부정적이었다.

특히 한 고객은 너무 부정적이라 댄은 그에게서 영감을 얻어 "격차와 유익"The Gap and The Gain 모델을 고안해냈다.

댄은 기업가들에게 지난 90일간의 발전상을 물었고, 그 고객은 긍정적인 게 전혀 없었다고 했다.

"새 고객도 확보하고 팀도 중요한 프로젝트를 진행 중이라며요?" 댄이 물었다.

"네, 하지만 중요치 않아요. 기회도 놓쳤고 지금보다 훨씬 더 발전했어야 합니다."

이 사람은 격차 사고에 빠져 있었다. 격차는 현재와 가능성을 재는 잣대다. 격차에선 무엇이 있어야 한다고 믿는지, 무엇이 없는지 본다. 자신이나 상황을 이상과 견주어 평가한다.

우린 이런 일을 너무 자주 겪어 대수롭지 않게 여긴다. 가령 식탁에 모인 아이들이 특별한 게 없다고 실망하곤 한다. 엄마가 정성들여 차린 밥상과 좋은 환경에 감사하기보다, 마음속 이상적 식탁과 비교해 전체를 깎아내리는 것이다.

댄의 고객도 자신의 이상과 비교해 인생, 배우자, 사업을 재고 있었다. 자신의 이상에 도달하지 못했다는 사실에 불만과 좌절을 느꼈다. 과거의 자신마저 부정했다.

격차 사고에 젖으면 결국 소중한 것들을 무너뜨린다. 습관이 되면 이상 추구가 재미없어지고 늘 부족함만 느끼게 된다.

식탁의 아이들 역시 마음속 이상과 현실을 견주며 불평했다. 그 순간의 혜택을 대수롭지 않게 여기고 심드렁해졌다.

이것이 바로 '격차'를 느낄 때의 문제점이다. 기술적으로는 발전했지만, 그것을 자신이 설정한 기준과 비교해 평가하다 보니 결과적으로 기분이 나빠진다.

어떤 것이든 격차에 빠질 수 있다. 특히 격차에 빠지는 경향이 있는 사람들은 더욱 깊게 파고들어가곤 한다. 아마도 가장 파괴적인 형태는 다른 사람과 비교하면서 격차를 느낄 때일 것이다. 즉, 나와 함께 일하는 사람들, 예를 들면 직원들의 성과 중 부족한 부분에만 초점을 맞추게 된다.

'격차와 유익'을 쓰는 과정에서 특히 마음에 와닿았다. 6명의 아이를 둔 아버지로서, 특히 몇 년 전 입양한 아이들에 대해 얼마나 자주 격차를 느끼고 있는지 깨달았다. 아이들에 대한 생각이 있을 때마다, 내가 생각하는 이상적인 모습과 아이들을 비교하게 된다. 그러나 가장 슬픈 점은, 내가 아이들에 대한 격차를 느낄 때, 아이들이 실제로 성장하고 발전한 여러 다양한 모습을 인식하지 못한다는 것이다, 단기적이든 장기적이든 말이다.

자녀를 '격차'의 관점에서 바라본다면, 아이를 과소평가할 뿐 아니라 그들에게 자신을 과소평가하는 법을 가르치는 셈이다. 성공과 행복을 추구하라 해도, 사실은 도달 불가능한 이상이라는 걸 심어주는 것이다.

이상과 자신을 비교하면 아무리 긍정적인 사람이라도 결국 지는 싸움을 하는 것이다. 이상은 현재 위치에 따라 끊임없이 바뀌기 때문이다. 이상은 사막의 지평선과 같다. 지평선을 향해 아무리 많이 걸어도 지평선은 여전히 눈앞에 펼쳐져 있다. 이상을 잣대 삼아 자신을 재고, 도달하지 못했다며 질타하는 건 움직이는 지평선을 기준 삼는 거나 마찬가지다. 아무도 지평선에 닿을 순 없다. 이상 역시 아무리 멀리 가도 언제나 지금보다 훨씬 멀리 있어서 도달이 불가능하다.

이상을 가지지 말라는 건 아니다. 오히려 이상은 발전 가능성을 향한 방향타 역할을 하는 유용한 도구다. 하지만 아무리 많은 것을 성취하거나 소비하더라도 '격차' 속에 있다면 끝없는 '필요'는 사라지지 않는다. 오히려 더 악화된다. 신기루를 쫓아 평생을 보내더라도 그 격차는 결코 외적으로 채워지지 않는다.

드라마《프렌즈》에서 챈들러 빙 역으로 출연했던 배우 매튜 페리는 자신의 회고록『친구, 연인 그리고 끔찍한 일』*Friends, Lovers, and the Big Terrible Thing*에서 명성, 여자, 술, 마약을 쫓으며 내면의 공허함을 메우려 했던 삶을 이렇게 고백했다.

인기가 모든 걸 바꿔줄 거라 확신했고, 그게 날 치유할 유일한 길이라 생각했다. 하지만 마법은 오래가지 않았다. 메워도 결국 구멍이

다시 열렸다. 물질로 정신적 공허함을 채우려 했던 게 문제였다.[3]

다른 종류의 중독처럼, 공허함 또한 병이다. 기업가들이 평생을 걸쳐 성취를 이루더라도, 성공할 때마다 자신감이 떨어질 수 있다. 이러한 사고방식을 가진 많은 성공한 사람들은 고통을 피하려고 극단적인 조치를 취한다.

이런 상황에서 10배 성장을 목표로 삼는다면, 그것은 트라우마가 된다. 목표에 의해 동기부여를 받기는커녕 목표 때문에 지칠 것이다.

이런 '격차' 마인드를 가진 기업가들은 그것이 자기 성공의 원인이라며 자신의 사고방식을 정당화한다. 그들은 "결코 만족하지 않기" 때문에 항상 더 많은 것을 추구하고 달성할 수 있었다는 것이다. 그러나 그들은 중요한 점을 간과하고 있다. 자신의 이상을 계속 추구하기 위해 너무 큰 대가를 치렀고, 지금 이 순간을 놓치고 있다는 사실을 너무 늦은 시점에야 깨닫는다.

손실을 유익으로 바꾸는 과정:
날마다 3가지 성장을 확인하라

그렇다면 10배 성장을 목표로 하면 안 된다는 것인가?
모든 야망과 목표를 내려놓아야 한다는 것인가?

거대한 꿈을 향해 나아가고 변화하는 동시에, 현재 위치에 완전히 만족하고 행복할 수 있는 길은 무엇일까? 이 모든 것은 자신과 자기 경험을 어떻게 측정하는지에 달려 있다.

'격차' 사고방식은 자신과 경험을 반응적이고 외적으로 측정하는 방식이다. 반면 '유익' 사고방식은 자신과 경험을 능동적이고 창의적이며 내적으로 측정하는 방식이다.

'유익'을 얻는다는 것은 외부와 비교해서 자신을 재단하지 않는다는 의미다. 오직 자기 자신, 그것도 과거의 자신과 비교해 스스로를 가늠하는 것이다.

상승세에 있는 동안에는 자기 꿈과 10배 도약 등 명확하고 구체적인 목표를 향해 나아간다. 하지만 이러한 이상이나 목표와 비교하여 자신을 측정하는 것은 아니다. 대신에, 이전의 자신에 비해 얼마나 발전했는지를 측정할 뿐이다.

댄은 이렇게 말한다.

> 우리가 얼마나 발전했는지를 알고 싶다면, 현재 위치에서 앞으로 얼마나 더 가야 할지가 아니라, 출발점에서 얼마나 멀리 왔는지를 돌아보며 가늠해야 한다.[4]

이처럼 자신을 다른 기준에서 측정하면, 우리는 자신의 성장을 확인하고 감사할 기회를 얻는다. 발전에 감사하면 자신이 누구이고 어디에 있는지를 더욱 명확히 알게 된다. 이런 자신감과 추진력은 10배 달성에 필수적이다. 현재 위치와 진행 상황을 적절히 인식해야 그것이 가능해진다.

사실, 당신은 때때로 느끼는 것보다 훨씬 더 많은 진전을 이루고 있다. 이런 진전을 정기적으로 돌아보며, 감사하고, 확인하다 보면 10배의 부담이 확 줄어든다. 최고의 날이든, 최악의 날이든 앞으로 나아가는 원동력이 된다.

그렇게 자신을 정기적으로 돌아보면 과거를 새로운 시각으로 바라보기 시작한다. 평소에는 '진전'이라고 인식하지 않았던 승리와 유익이 보이기 시작한다. 좋은 경험이든 나쁜 경험이든 경험 자체에서 더 많은 것을 얻을 수 있다. 유익을 얻는 동안 우리는 경험의 의미를 스스로 정의하게 되므로, 경험에서 더 많은 것을 끌어낼 수 있다.

정기적으로 자신의 성장을 되짚어보는 건 인생에서 자신만의 게임을 진정 깨닫는 데 도움이 된다. 우리는 누구와 경쟁하는 게 아니다. 자신만의 독특한 길을 걷고, 그 여정에서 자신만의 경험을 쌓아가고 있다. 그 경험을 통해 새로운 통찰을 얻고, 기준을 세우며 성장하고 있는 것이다.

심리학 및 신경과학 분야의 많은 연구가 댄의 유익 개념을 뒷받침한다. 몇 가지를 소개하면 다음과 같다.

- 연구에 따르면, 행복과 긍정적인 감정, 특히 감사는 더 창의적인 사고, 더 나은 의사결정, 더 높은 성과 및 자기 결정

으로 이끈다. [5] [6] [7] [8] [9] [10] [11] [12] 유익의 감정적 특성이 도파민(즉, 행복, 동기 부여, 흥분)이라면, 격차의 감정적 신호는 코르티솔(스트레스와 좌절감)이며, 이는 업무 성과를 떨어뜨린다.

• 자신감은 미래 성공의 원인이 아니라 과거 성공의 결과다. [13] 성취감을 느낄 때마다 진행 상황을 참고하면서 자신감은 계속 높아진다. 격차 상태에서는 이미 이룬 성과를 인정하지 못하고, 계속해서 변하는 외부 기준에 자신을 비교하기 때문에 현재 자신의 위치를 파악할 수 없다. 명확한 시작점을 기준으로 거꾸로 측정하면 현재 위치까지 이르게 된 과정과 현재 위치를 파악할 수 있다. 성장을 명확히 인식하고 감사할 때 자신감이 높아져 더 많은 걸 보고 창조하려는 상상력과 동기가 커진다.

• 동기부여가 되어 있고 희망을 품은 사람들은 목표 달성에 실패하더라도 피드백을 수용하고, 길을 찾거나 조정하는 데 적극적이다. [14] [15] 그들은 모든 경험을 학습 기회로 삼는다. 모든 일은 자신을 위해 일어난다. 이들은 모든 경험을 활용하여 삶의 방식과 접근 방식을 개선한다. 경험은 점점 더 많은 교훈으로 가득 찬 영원한 금광이 된다.

유익을 얻는 사고방식을 연습하는 법은 단순하다. 매일 하루를 마무리할 때 그날 얻은 '승리'(wins, 잘한 점) 세 가지를 기록하면 된다. 계획대로 되지 않은 일에서도 배운 점이 있고, 작은 진전이나, 아이와의 좋은 추억 등이 있을 것이다.

우리의 인생은 우리가 무엇에 주의를 기울이고 어떤 렌즈를 통해 세상을 바라보느냐에 따라 크게 달라질 수 있다. 우리가 특정 부분에 집중할수록 그것은 우리 삶에서 더 큰 비중을 차지하게 된다. 의식적으로 스스로가 원하는 삶을 창조해나가기 위해서는 유익의 시선을 일상에 녹여내는 연습이 필요하다. 인생의 모든 순간을 유익으로 전환하는 연습을 한다면, 설령 겉으로 보기에 실패나 좌절로 보이는 상황 속에서도 교훈과 통찰을 발견할 수 있을 것이다.

다양한 시기에 걸쳐 성과를 측정할 수 있다. 스스로 성찰하기 위해 고민할 수 있는 몇 가지 질문은 다음과 같다.

- 지난 3년 동안 개인적으로 어떤 성장을 이루었는가?
- 지난 1년 동안 가장 크게 배운 점은 무엇인가?
- 지난 1년 동안 달성한 중요한 일 10가지는?
- 지난 90일 동안 가장 의미있는 경험은 무엇이었나?
- 90일 전보다 목표와 비전이 더욱 명확해졌는가?
- 30일 전과 비교해 삶에 어떤 변화가 있었고, 어떻게 더 나아졌나?
- 지난 1주일 동안 어떤 중요한 진전이 있었는가?
- 지난 24시간 동안 어떤 진전을 이루었는가?

현재 10배 프로세스의 어떤 단계에 있든, 당신은 유익을 얻고 있다. 당신 생각보다 더 큰 성과를 내고 있다. 정기적으로 성과를 돌아보면 이러한 진전을 확인하고 느낄 수 있다. 모든 경험에서 더 많은 것을 배우면 동일한 실수를 반복하지 않게 되고, 항상 성장한다.

댄이 파산하고 같은 날 이혼하는 등 겉으로 보기에는 후퇴하는 것처럼 보였어도, 그런 경험도 유익으로 바꿀 수 있었다. 유익을 얻으면, 경험과 상황의 희생자가 아니라 모든 경험에서 배우고 감사하는 사람이 된다.

차에 치여 하반신이 마비되는 등 끔찍한 일이 일어날 수도 있고, 사랑하는 사람을 잃을 수도 있다. 또는 성경의 욥처럼 모든 것을 잃는 것처럼 보일 수도 있다. 이 모든 것이 경험, 이익, 배움을 위한 것일 수 있다.

손실로 보이는 것을 유익으로 바꾸어가는 과정이 한 인간으로서 성장하고 발전하는 길이다. 다시 한번 강조하지만, 인간은 손실을 극도로 두려워한다. 그래서 필요 이상으로 80%를 더 오래 붙잡고 있다. 80%를 적극적으로 놓아줄 때마다 손실감 대신에 이득으로 인식하는 훈련을 해보자.

한때는 가치가 있었지만, 이제는 가치가 없는 것을 버리면 새로운 것을 위한 공간이 생긴다. 80%를 버릴 때마다 큰 이익을 얻는 것이다.

최근에 한 친구가 자신의 10배 성장을 위해 더 이상 필요하지 않은 80%인 술을 끊었다고 말했다. 그는 술을 끊는 것이 손실이 아니라 큰 이익이라고 생각했다.

나는 사람들이 과거의 정체성, 과거의 성공, 특정 활동 또는 중독을 놓아주는 것에 대해 지나치게 '손해'로 생각하는 것을 많이 봐왔다. 그래서 '놓아주는 것'이 결국 '얻는 것'이라는 관점이 중요하다는 것을 알 수 있다. 성장하고 발전하기 위해서는 때로는 과거의 것들을 버려야 한다는 의미다.

비즈니스의 세계에서, 역설적이게도 진정한 도약은 종종 수익성 있는 부분을 과감히 포기함으로써 이뤄진다는 것은 아주 견고한 통찰이다. 당신이 현재 안주하고 있는 그 '황금알을 낳는 거위'가 어쩌면 더 큰 성장을 가로막는 족쇄일지도 모른다. 당신의 비즈니스에서 상위 20%의 핵심적이고 혁신적인 부분을 확인하고 과감히 도전하라. 지금 바로 변화의 항해를 시작하고, 그 놀라운 가능성의 세계를 직접 경험하라. 단기적인 이익을 포기하더라도 장기적인 성장을 위해 필요한 선택일 수 있다.

당신이 유익을 얻게 되면, 모든 것이 당신을 위해 일어난다. 당신은 더욱 강해진다. 모든 경험은 소중하며, 모든 경험에서 계속 배우게 된다. 당신은 항상 더 나아지고, 항상 배우며, 가장 평범한 것에서도 무언가를 얻어낸다. 삶의 모든 순간에서 배움과 성장의 기회를 발견할 수 있다.

당신 인생의 10배 도약 과정 돌아보기

◆　지금 버는 수익의 10분의 1밖에 벌지 못했던 과거로 거슬러 가보
라. 돌이켜보면 지금 이 자리에 와 있을 거라고 상상할 수 있었을
까? 아마 아닐 것이다. 미래에 10배 더 성장할 것은 상상하기가 어
려웠을 것이다. 그러나 과거를 돌아보면 이미 한 번 이상 그런 성
장을 이루었다는 것을 알 수 있다. 다시 한번 할 수 있다는 것을 기
억하라.

— 댄 설리반[16]

당신은 이미 여러 번 10배를 달성했다. 원하는 것을 위해 헌
신하고 그 헌신을 통해 큰 변화를 가져온 적이 있다면, 당신은 10
배 성장을 이룬 것이다. 당신은 근본적이고 질적인 변화를 이룬
적이 있다. 한때는 할 수 없었던 일을 해내고 변화를 이룬 것을 확
인할 수 있다.

기어 다니던 아이가 걸음마를 시작한 것도, 말문을 연 것도,
글을 읽기 시작한 것도 모두 10배 도약이다. 친구를 사귀는 법을
터득하고, 운전이나 비행기 조종을 배우며, 기업가의 길에 들어선
것 역시 10배의 성장이다. 우리는 익숙한 영역을 벗어나 새로운
도전에 헌신할 때마다 10배로 성장해왔다.

10배 성장을 이루면 더 이상 이전과 같은 사람으로 활동하지
않는다. 정체성, 사고 방식, 존재 방식까지 변화하게 된다. 고유

능력이 확장되는 것이다.

이전에 자신이 이루었던 10배 도약을 돌아보자. 지금보다 10 분의 1 수준에 머물렀을 때, 당신이 떠나왔던 80%에 대해서 생각 해보라.

각 단계에서 선택했던 중요한 20%를 명확히 인식하면, 인생 에서 10배의 자유를 창출할 수 있는 고유한 능력을 어떻게 지속해 서 성장시킬 수 있는지를 알 수 있다.

내가 경험한 몇 가지 10배 도약의 사례를 들어보겠다. 2년 동 안 교회에서 선교사로 봉사하기로 결정한 것은 나에게 10배의 도 약과 같았다. 2008년에 선교 임지로 떠났는데, 그 전 거의 2년의 준비 기간이 필요했다.

이 10배 도약의 핵심 20%는 과거의 트라우마와 아픔에서 벗 어나 미래와 연결되고, 신과의 유대를 유지하며, 현재의 상황이 나 동료들에 굴복하지 않고 나만의 기준과 결정에 따라 살아가는 것이었다. 반면 버려야 할 80%는 부모님의 결정이나 실수에 대한 원망과 분노, 고등학교 친구들, 비디오 게임 같은 중독이나 산만 함에 사로잡혀 있던 삶이었다.

선교 임무를 마치고 돌아온 후, 브리검 영 대학교BYU에 입학 하여 또 한 번의 10배 도약을 이루었다. 선교 활동 전에는 고등학 교를 간신히 졸업했을 뿐 대학 학점은 전혀 없었다. 어린 시절을 되돌아보면 대학 진학은 비현실적이고 불가능해 보였다. BYU는 아이비리그 대학 못지않게 경쟁이 치열한 곳으로, 거의 만점에 가까운 점수와 최상위 수준의 시험 성적이 요구된다. 그럼에도 불구하고 2010년 솔트레이크 커뮤니티 칼리지에 입학하면서 BYU 진학을 다짐했다.

입학에 성공할 수 있었던 핵심 20%는 결과와 성적에 전적으로 책임지고, 시스템을 탐색하는 법을 배우며, 자신의 목표와 기준에 높은 헌신을 보이고, 현재의 2배 수준에 안주하지 않는 것이었다. 반면 떨쳐 버려야 했던 80%는 친구들이 내 방향을 결정하게 내버려 두고, 고용주나 주변 사람들의 압력에 굴복하는 오래된 습관들이었다.

2011년 가을 BYU에 입학한 후, 다음 10배 목표는 심리학에 대한 이해와 전문성을 갖추기 위해 박사과정에 진학하여 삶과 경력을 한 단계 발전시키는 것이었다.

이 시기 핵심 20%는 10배의 인생 파트너가 될 로렌을 알아보고 그에게 매력을 느끼게 되는 것, 그리고 높은 수준의 심리학과 철학을 배우는 것이었다. 박사 수준의 글쓰기와 연구 방법론을 익히는 것 또한 중요했다. 처음 대학원에 지원했을 때는 15개 학과가 모두 거절했지만 좌절하기보다는 이를 자산으로 삼았다.

배움에 대한 열정 덕분에 절친한 친구이자 멘토인 네이트 램버트 박사를 만날 수 있었다. 그는 나에게 자신감을 갖고 연구하고 글 쓰는 법을 가르쳐 주었고, 지금도 이 책을 쓰는 데 그 기술이 큰 도움이 되고 있다. 우리는 15편이 넘는 학술 논문을 함께 작성했고, 이는 내가 클렘슨 대학교 조직심리학 박사과정에 단번에 입학하는 데 결정적인 역할을 했다.

2014년 가을 클렘슨 대학교에 입학한 후에는 가족을 늘리고, 박사 학위를 취득하며, 전문 작가가 되는 것을 목표로 삼았다. 특히 대형 출판사와 10만 달러 이상의 선인세 계약을 체결하는 데 주력했다. 이를 이루면 내가 좋아하는 일을 하면서 가족을 부양할 수 있을 것이라 믿었다.

이 과정에서의 20%는 아이디어를 공유하고 공개적으로 글을 쓰는 데 대한 두려움과 불안을 극복하고, 효과적인 글쓰기 방법과 바이럴 글쓰기 기술, 독자와 소통하는 법을 배우는 것이었다.

2015년 봄에 블로그를 시작하여 수백 개의 글을 작성했다. 그후 18개월 동안 수천만 명이 블로그를 방문했고, 이메일 구독자는 10만 명 이상으로 늘었다. 2017년 2월에는 뉴욕의 5대 대형 출판사 중 하나인 아셰트*Hachette*와 22만 달러로 계약을 체결했다. 첫 번째 주요 저서인 『최고의 변화는 어디서 시작되는가』*Willpower Doesn't Work*는 2018년 3월에 출간되었다. 그보다 한 달 전인 2018년 2월, 로렌과 나는 지난 3년 동안 양육해온 세 아이를 입양하게 되었다. 또한 로렌은 2018년 12월에 쌍둥이 딸을 출산했다. 2019년 4월에 나는 박사 학위를 마쳤다.

지금 이 글을 쓰고 있는 2022년 말에는, 3년 반 전에 박사 학위를 받은 후에도 다시 10배 성장을 이루었다. 학위를 마친 후, 나는 댄 설리번과 함께 쓴 세 권의 책을 포함하여 다섯 권의 베스트셀러를 출간했다. 은퇴 자금도 10배로 늘렸다.

지난 3년 반 동안 내가 버리려고 했던 80%에는, 사람들을 만족시키기 위해 노력하고, 더 이상 흥미롭지 않다는 것을 알면서도 "예"라고 대답하고, 옳아야 한다는 강박관념을 버리는 것이 포함되어 있었다. 또한 항상 생산적이어야 한다는 강박에서 벗어나, 회복하고 휴식을 취하며, 시간을 천천히 보내는 삶을 받아들였다.

지난 1년여 동안에도 10배 도약에 도전해왔고, 현재도 한창 진행 중이다. 현재 나의 10배 도약은 여섯 자녀에게 훌륭하고 사랑스러운 아빠가 되고, 수백만 명의 독자에게 영향을 미칠 수 있는 책을 10배 더 많이 쓰고, 재정적 자유를 10배 더 얻는 것에 초점을 맞추고 있다.

이것이 내가 개인적으로 원하는 것이다.

개인적인 10배 목표를 남들이 어떻게 생각하는지는 별로 중요하지 않다. 그렇다고 남의 말을 듣지 않는다는 뜻은 아니다. 고집스럽고 융통성 없고 변화를 회피한다는 뜻도 아니다. 그저 "내가 원하는 것을 원한다"는 뜻일 뿐이다.

당신도 마찬가지이다. 스스로 경험하고 싶은 기준과 자유를 바탕으로 자기 인생에서 가장 원하는 10배 프로세스와 목표를 선택하면 된다. 10배의 꿈을 누군가에게 설명할 필요는 없다.

매 10배 도약마다, 집중하고 숙달해야 할 핵심 20%와, 현재 상태를 유지하기 위해 멈춰야 할 80%가 있다. 각 10배 도약마다,

20%는 이전 10배 도약의 20%를 기반으로 쌓여가며, 고유 능력은 종종 비선형적이고 놀라운 방식으로 계속 발전한다.

10배 레벨이 올라갈 때마다, 당신의 삶은 더 향상되고 자유로워지지만, 80%는 여전히 사라지지 않고 단지 변화한다. 10배에서 2배로 전환하고 싶다는 유혹과 압박을 받을 때, 계속 생성되는 80%가 다음 20%에 올인하는 데 방해가 될 수 있다.

이제 당신 차례다. 이렇게 해보자.

- 과거의 10배 도약 중 5번을 선정한다.
- 각각의 10배 도약에 이름과 타임라인을 지정한다. 예를 들어, 나는 다음과 같이 이름을 붙였다. 미션 참여(2006-2008), BYU 입학(2010-2011), 결혼과 박사 과정 입학(2011-2014), 가족을 돌보고 고소득 전문 작가로의 발돋움(2014-2019), 작가로서 10배 성장하고 한 인간으로서 정서적으로 성장하기(2019-현재).
- 각 10배 도약의 핵심 20%와 각 단계에서 포기한 80%를 명확하게 정리한다.
- 각 10배 도약의 20% 요소가 어떻게 고유 능력 발전에 기여했는지 생각해보라.

이전 10배 도약의 매핑을 습관화하라. 정기적으로 검토하고 세분화해 나가라. 과거를 분석하고 확장하면서 점점 더 많은 것을 배우게 되고, 이를 통해 10배 미래를 더 명확하게 그릴 수 있다.

유익에 집중하면 10배 도약을 계속하는 데 필요한 동기, 관점, 그리고 행복을 얻을 수 있다. 이는 앞으로 나아가며 올바른 방향으로 10배 성장을 이루는 데 중요한 역할을 한다. '올바른' 10배 성장은 사회, 문화, 소셜 미디어 또는 타인이 원하거나 필요하다고 여기는 것이 아닌, 자신이 진정으로 원하는 성장을 의미한다.

이번 장에서는 다음 10배 점프를 구상하는 두 가지 구체적인 도구를 소개하고자 한다.

첫 번째는 '적합도 함수'로, 자신이 어떤 사람이 되고 싶은지 명확하고 구체적으로 파악하는 데 도움이 된다.

두 번째는 댄 설리번의 '꿈 수표'라는 도구로, 기업가들의 10배 도약 구상에 도움이 된다.

이 두 가지 도구를 활용하면, 다음 20%의 집중력과 고유한 능력을 어디에 사용할지 더 명확해진다.

① 적합도 함수:
성공을 정의하고 성장을 이끄는 나만의 기준

◆ 과거의 경험에서 얻은 가장 큰 교훈 중 하나는 바로 스스로 기준을 정할 수 있다는 것이다. 어떤 것이 허용되고, 허용되지 않는지를 판단할 수 있는 능력은 매우 중요하다. 이를 통해 개인적 성장에

가장 적합한 지속적인 경험을 선택할 수 있게 된다.

— 댄 설리번

'적합도 함수'fitness function는 최적화 문제에서 목표 달성 정도를 측정하는 기준이다. 마치 내비게이션이 목적지까지의 이상적인 경로를 안내하듯, 적합도 함수는 설정한 목표에 얼마나 부합하는지를 알려준다. 예를 들어, 다이어트 시 체중계가 감량 목표 달성 여부를 보여주는 적합도 함수 역할을 한다.

적합도 함수를 정의하고 적용하면, 원하는 방향으로 나아가는 데 필요한 행동이나 결정에 더욱 집중할 수 있다. 또한 기본 능력과 다음 단계의 능력을 명확히 파악하고, 구체적인 성장과 가치를 인식할 수 있다.

적합도 함수는 비행기의 방향과 목적지를 설정하는 것과 비슷하다. 작은 방향 변화로도 목적지에서 크게 벗어날 수 있기 때문이다. 1979년 남극에서 일어난 비행기 추락 사고처럼, 불과 몇 도의 좌표 오류가 엄청난 비극을 초래할 수 있다.

궁극적으로 어떤 사람이 될 것인지는 적합도 함수에 달려 있다. 자신이 가장 원하는 것과 성공의 정의에 따라 고유한 적합도 함수가 결정된다. 이를 통해 에너지를 집중해야 할 20%를 알 수 있고, 성공의 기준도 세울 수 있다.

타인의 기준에 맞추면 평균은 될 수 있어도, 결코 독특하고 세계적인 수준에 도달할 수 없다. 당신이 타인을 이길 수 없듯, 그들도 당신을 이길 수 없다. 진정한 자신이 되는 것이야말로 가장 두려우면서도 용감한 일이다.

나의 적합도 함수는 다른 작가들과 근본적으로 다르다. 책 판매량 같은 공통 지표로 진척도를 가늠할 순 있지만, 그것이 주된 적합도 함수였다면 분명 다른 책을 썼을 것이다. 나만의 구체적인 적합도 함수가 있는 것처럼, 당신에게도 그러할 것이다.

결국 당신이 추구하는 목표와 개선하고 실현하려는 기준이 무엇인지 스스로 결정해야 한다. 원하는 10배 변화를 구체적으로 명시하면, 그것이 세상을 바라보는 렌즈가 된다. 점점 더 집중하면 특정 목표에 최적화되고 전문화되며, 다른 것들은 걸러내게 된다.[17)18)]

특정 기능, 즉 선택한 적합도 함수에 전념함으로써, 당신은 점점 더 독특한 사람이 된다. 지각 필터와 관련 없는 것은 더 이상 보지 않고, 인식하지 않고, 주의를 기울이지 않는다.

집중하는 것이 무엇이든 확장된다.

무엇에 집중하든 더 많은 것을 창조한다.

무엇에 집중하든, 당신은 그것이 된다.

무엇에 집중하든, 그것에 대한 더 세밀하고 미묘하며 구체적인 이해가 발전한다. 로버트 키요사키는 "지능은 더 세밀하게 구분할 수 있는 능력"이라고 말했다.[19)]

'더 세밀한 구분'이란 특정 대상에 대한 더욱 세밀하고 미묘한 이해를 뜻한다. 어떤 것에 더 많은 주의를 기울이고 집중할수록 그 특정 대상을 더 세밀하게 구별할 수 있게 된다. 축구를 예로 들면, 단순히 경기를 즐기는 일반 팬과 경기의 본질을 이해하는 사람이 보는 것은 같지 않다. 경기를 깊이 이해하는 사람은 선수 교체와 같은 사소해 보이는 차이에서도 큰 의미를 찾아낸다. 상황을 더 체계적으로 보고, 작은 변화로도 전체에 큰 영향을 줄 수 있음을 안다.

미세한 차이를 인식하는 능력은 고화질과 저화질의 차이, 즉 숙달과 탁월함의 차이를 만들어낸다. 한쪽은 훨씬 더 상세하고 정밀하게 본다. 한 사람은 학습과 노력을 통해 독특한 시각과 연결고리를 가지게 되는 반면, 다른 사람은 표면적인 관점만 가진다.

운전을 예로 들어보자. 처음 운전을 배울 때는 차선 변경이나 신호 등 사소한 부분에 의식적으로 주의를 기울여야 한다. 그러나 운전을 많이 하면서 여러 요소가 기억 속에서 집합체를 이루게 되고, 이를 통해 수백 가지의 개별 작업을 무의식적으로 동시에 수행하게 된다. 이는 부분들이 새로운 전체로 통합되는 과정이다.

작가이자 학습 전문가인 조쉬 웨이츠킨은 그의 저서 『배움의 기술』*The Art of Learning*에서 이러한 세밀한 구별과 더욱 세분화되고 체계적인 숙련도를 개발하는 방법에 대해 설명한다. [20]

조쉬는 체스 신동으로 성장해 체스 챔피언이 되었고, 그 후에는 다양한 형태의 무술에 관심을 가지게 되어 세계 챔피언이 되기도 했다.

그는 "더 작은 원 만들기"로 세밀한 구별력을 기르는 과정을 설명했다. 무언가를 더 잘 이해할수록, 뇌는 그것을 덩어리로 묶어 자동화한다. 의식적 수행에서 무의식적 숙달로 전환되는 것이다. [21] [22] 그래서 숙련자는 초보자보다 의식적으로 더 적게 보면서도 더 많은 것을 파악한다.

무엇에 집중하든 그것은 확장되고, 더 세밀히 구분되며, 더 많이 창조된다. 또한 다른 모든 것을 배제하고 점점 더 구체화된다. 인생의 가장 큰 목표는 고유한 능력을 숙달하여 최고 수준에서 소명과 목적을 실현하는 것이다. 구체적인 목표일수록 20%의 핵심 작업이 명확해진다.

당신은 그 누구와도 비교할 수 없는 존재가 될 것이다. 10배 성장은 매우 구체적이며, 더욱 가치 있고 독특한 사람으로의 변화를 뜻한다. 무엇을 최적화하고, 궁극적으로 무엇이 되고 싶은지, 어떤 기준에 도달하고 싶은지, 어떤 능력과 결과를 만들어내고 싶은지 스스로에게 물어보라. 그것이 바로 당신만의 적합도 함수가 될 것이다.

② 꿈 수표:
내가 제공할 수 있는 궁극적인 가치의 크기

◆ 부자가 되려면 '측정 가능성'과 '레버리지'라는 두 가지 핵심 요소가 필요하다. 자신의 성과를 정확히 측정할 수 있어야 노력에 걸맞은 보상을 받을 기회가 늘어난다. 하지만 이것만으로는 부족하다. 자신의 결정이나 행동이 큰 영향을 미칠 수 있는 '레버리지'가 반드시 있어야 한다. 실제 부자들은 이 두 요소를 모두 활용할 수 있는 위치에 있었다. CEO, 영화배우, 헤지펀드 매니저, 프로 운동선수 등이 대표적이다.

레버리지 존재 여부는 '실패 가능성'으로 판단할 수 있다. 성공할 기회가 크다는 건 실패 위험도 크다는 뜻이다. 그래서 대성공을 거둘 수 있는 직업군 종사자들은 항상 실패의 그림자와 함께한다. 한 번의 실패가 커리어 종말로 이어질 수 있기 때문이다. 반대로 실패 위험이 낮다면 레버리지도 적다. 이런 안정적 직업에선 대개 큰 부를 모으기 힘들다.

— 폴 그레이엄[23]

짐 캐리는 한때 가족과 함께 친척집 잔디밭에서 폭스바겐 밴에서 숙식을 해결했을 정도로 가난하게 자랐지만, 자신의 미래를 믿었다. 1980년대 후반, 캐리는 매일 밤 로스앤젤레스가 내려다보이는 할리우드 언덕으로 차를 몰고 올라갔다. 차를 주차하고 도시를 내려다보며 자기 작품을 높이 평가하는 감독들을 상상했다. 당시 그는 가난하고 힘들게 살아가는 젊은 코미디언이었다.

1990년 어느 날 밤, 로스앤젤레스를 내려다보며 자신의 미래를 꿈꾸던 캐리는 스스로 천만 달러짜리 수표를 써서 "연기 서비스 제공"이라고 적었다. 그리고 수표에 1995년 추수감사절 날짜를 적어 지갑에 꽂아두었다.

그는 5년이라는 시간 동안 자신의 독특한 능력을 인정받을 만한 사람이 되겠다는 목표를 세웠다. 그리고 1995년 추수감사절이 되기 직전, 그는 영화《덤 앤 더머》로 출연료 천만 달러를 받게 되었다.

짐 캐리의 성공은 스스로 세운 매우 구체적인 기준에 따른 것이었다. 그는 무작위로 발전한 것이 아니라, 스스로 선택한 '적합도' 기준에 따라 의식적으로 성장했다.

그는 인간이자 배우로서 10배 발전을 이루었다. 자신의 꿈과 소명에 전념하면서 자신과 고유 능력을 계속해서 발전시켰다. 자기 분야에서 진정한 대가가 되었다. 아무도 그가 한 일을 따라 할 수 없었다.

댄 설리번은 기업가들이 다음 10배의 성장을 명확히 하고, 이를 통해 고유 능력을 더욱 발전시킬 수 있는 방향을 제시하는 한 가지 방법으로 '꿈 수표'Dream Check를 소개한다. 짐 캐리는 이 원칙을 적용해 천만 달러의 꿈 수표를 작성했고, 당대 가장 독특하고 성공적인 배우 중 한 명이 되었다.

돈에는 좋은 돈과 나쁜 돈이 있다.

"돈의 자유"는 자신의 고유 능력을 활용하고, 마스터함으로써 가능한 한 가장 흥미롭고 생동감 넘치며 혁신적인 방법으로 돈을 벌어들이는 좋은 돈에 관한 이야기다.

가장 흥미진진하게, 궁극적으로는 즐기면서 했던 그 일을 하라고 받은 수표 중에 액수가 가장 큰 것을 생각해보라. 공짜로도 할 수도 있는 일을 하고 돈까지 받은 셈이다.

꿈을 이루는 건 고유 능력의 대가를 받는 것과 같다. 고유 능력을 더 갈고닦을수록, 그에 걸맞은 사람들은 그 가치를 더 높이 평가할 것이다.

그러므로 고유 능력에 투자할수록 10배의 도약이 가능해진다. 고유 능력은 자신을 가장 독특하고 가치 있는 존재로 만들며, 타인이 기꺼이 더 많은 돈을 지불하게 만드는 유일무이한 부와 가치의 원천이다.

꿈 수표는 집중하고 최적화해야 할 방향을 일러준다. 당신이 올인할 20%를 명확히 보여준다. 또한 10배 성장을 게임처럼 즐겁고 흥미진진한 모험으로 만들어준다. 꿈 수표는 개발해야 할 고유 능력을 정확히 짚어주는 것이 목적이므로, 지금으로선 비현실적으로 보이는 거액을 명시하는 게 오히려 자연스럽다. 고유 능력 수준에 따라, 당장은 천문학적으로 느껴지는 금액도 실제로는 그만한 돈을 받는 게 당연하고 자연스러운 일이 된다.

당신의 꿈 수표는 무엇인가?

미켈란젤로는 자신의 고유 능력에 공감하는 동시에, 이를 더욱 발전시키고 확장하게 하는 매우 도전적이면서도 흥미로운 프로젝트를 수행하기 위해 계속해서 더 크고 흥미로운 의뢰를 받아들였다.

나는 꿈 수표로 적절한 공동 작업자와 함께 특화되고 전문적인 책을 집필하는 대가로 1,500만 달러를 받는 것을 생각했다. 1,500만 달러는 지금까지 책을 쓰면서 받았던 수표 중 가장 큰 금액의 거의 10배에 해당하며, 이러한 꿈은 나에게 설렘과 동시에 두려움을 주었고, 큰 활력을 불어넣어 주었다.

이를 위해 스스로에게 던져야 하는 핵심 질문은 다음과 같다. "어떤 가치를 제공해야 상대방이 나에게 1,500만 달러를 지불하며 책을 써달라고 부탁하는 것이 전혀 이상하지 않게 느껴질까?"

내가 합법적으로 1,500만 달러를 받고 책을 쓴다면, 몇 가지 사실이 분명해져야 한다. 책 매출은 인세의 5~10배의 가치가 있어야 하므로 적어도 7,500만~1억 5000만 달러의 매출이 일어나야 한다. 그러기 위해서는, 그 책이 나와 협업하는 사람이나 조직에 그만한 포지셔닝과 사업 기회를 가져다줄 수 있어야 한다.

그래서 오바마 부부와 같은 유명인이 6천만 달러의 책 계약을 맺을 수 있는 것이다. [24] 수백만 권이 팔릴 것이라는 기대가 있으므로 출판사 입장에서는 당연한 선택이다.

당신의 꿈 수표를 정의해보라. 이 크기는 지금까지 '고유 능력 프로젝트'에 투자한 금액의 10배가 되어야 한다. 이는 궁극적으로 극한의 성과와 변화를 이끌어낼 수 있는 프로젝트에 대한 보상으로 지급되는, 상상을 초월하는 금액이다.

그렇다면 다음 두 가지 질문을 스스로에게 던져보라.

1. 내 꿈 수표가 파격적인 거래가 되기 위해서는, 지불 의사가 있는 사람에게 제공할 수 있는 구체적인 가치를 고민해야 한다. 이 가치는 그들의 필요나 문제를 해결해줄 수 있는 것이어야 하며, 그들의 삶이나 사업에 긍정적인 변화를 가져올 수 있어야 한다. 그 가치는 단순히 물질적인 이익을 넘어서, 그들의 꿈이나 목표 달성에 기여하는 것이어야 한다. 그래야만 사람들은 기꺼이 돈을 지불한다.

2. 꿈 수표가 당연하고도 극단적인 거래로 여겨지려면 내 고유 능력에 관해 특별한 사실이 있어야 한다. 내가 제공할 수 있는 서비스나 상품이 시장에서 독보적이며, 비교할 수 없는 가치를 가진다는 의미다. 나만의 능력이 어떻게 사람들의 삶에 긍정적인 영향을 미칠 수 있는지, 그리고 그것이 왜 독특하고 대체 불가능한지를 명확히 알고 있어야 한다.

누구와 협업하고 싶은가?

누구와 함께, 누구를 위해 특별한 가치를 창출하고 싶은가?

꿈 수표를 받으려면 어떤 종류의 고유 능력이 필요한가?

어떤 전문 기술과 능력, 결과를 창출하고 발전시키고 싶은가?

10배는 규모의 확대가 아닌, 질적인 향상을 의미한다.

당신의 독특한 재능을 마스터하고, 꿈 수표를 받는 것이 더 이상 비현실적으로 느껴지지 않고 자연스러운 일이 될 때까지 자신을 변화시키기 위해 전력을 다할 수 있는 20%의 영역은 무엇일까?

그것은 바로 당신이 가장 열정을 느끼고, 세상에 긍정적인 영향을 미칠 수 있는 분야일 것이다. 주저하지 말고 그 길을 걸어가라. 자신만의 독특한 가치를 창조해나가는 여정의 끝에서, 꿈 수표는 더 이상 상상 속의 이야기가 아닌, 손에 잡히는 현실로 다가올 것이다.

4장의 요점

- 성취욕이 강한 사람들은, 도달하기 어려운 이상적인 목표를 현 상황과 끊임없이 비교한다. 그 결과, 많은 것을 성취했더라도 실패감에 빠진다.
- 이상은 마치 사막의 지평선과 같다. 방향을 제시하지만 도달할 수 없는 곳이다. 지평선을 향해 아무리 많이 걸어도 지평선은 계속해서 손이 닿지 않는 곳으로 멀어진다. 이상도 마찬가지다. 방향성을 확인하는 데는 유용하지만, 이상과 자신을 비교해서는 안 된다.

- '유익'을 얻는다는 개념은 자신의 발전을 효과적으로 측정하고, 모든 경험을 더 큰 배움, 의미, 성장으로 전환하는 능력을 말한다.
- 유익을 얻으려면, 진전을 측정할 때 이전의 자신과 비교해야 한다. 자신의 이상이나 다른 사람 등 외부 요소와 비교하지 않는다.
- '격차'에 사로잡혀 있으면 10배 성장 목표가 자신은 물론 주변인에게도 고통이 될 수 있다. 우선 도달 불가능한 이상과 끝없이 비교하며 작은 진전과 가치를 알아채지 못한다. 또한 '격차'에 갇히면 관계가 소원해지고 삶은 무료해지며 성공은 요원하게만 느껴진다. 모든 경험을 학습과 성장의 기회로 삼지 않는다면 10배로 발전하고 독특해지려는 근본 목표 달성이 불가능해진다.
- 사람들은 손실에 대해 강한 반감을 가지고 있기 때문에, 80%를 포기하는 것이 매우 힘들다. 하지만 유익을 구하는 관점에서 보면, 무엇이든지 80%를 버리는 것이 결국에는 큰 이득을 가져온다는 사실을 깨닫는다! 자신에게 더 이상 도움이 되지 않는 것을 버리는 것은 엄청난 성장의 발판이 된다.
- '유익' 사고방식을 적용하는 한 가지 방법은 이전의 10배 성장을 되돌아보는 것이다. 이렇게 하면 각 단계에서 유지해야 할 20%와 버려야 할 80%가 무엇인지 명확히 파악할 수 있다.
- 이전의 성장을 되돌아보고 '점들을 거꾸로 이어보면', 이미 여

러 차례 10배 성장을 이루어냈다는 것을 알 수 있다. 이를 통해 10배 성장이 가능하다는 사실이 정립되고, 앞으로도 계속해서 10배 성장할 수 있다는 확신을 얻을 수 있다. 또한, 각 10배 성장에서 20% 요소를 살펴보면, 지금까지 어떤 방식으로 자신의 능력을 발전시켰는지 확인하고 그것을 높이 평가할 수 있다.

- 자신의 성장 과정을 정확하게 측정하면, 과거의 경험을 더욱 깊이 이해하고 소중히 여길 수 있다. 또한, 현재 가장 흥미롭고 준비가 되어 있다고 느껴지는 큰 도약, 바로 '비선형적인 10배 성장'에 대한 미래의 명확성과 맥락을 이해하는 데 도움이 된다.

- 다음 10배 성장을 고려할 때, '적합도 함수'라는 유용한 개념을 알아두는 것이 좋다. 이는 "나는 어떤 것을 최적화하고 있는가?"라는 질문을 던지게 해준다. 적합도 함수는 우리가 발전시키고자 하는 특성, 진행 상황 그리고 성공을 측정하는 기준을 명확하게 해준다. 이것은 우리가 어떤 것에 집중하느냐에 따라 달라진다.

- 당신의 '꿈 수표'에 대해 생각해보라. 이는 미래의 누군가가 당신의 독특한 가치를 인정하고 그에 대해 기꺼이 지불할 만한 10배의 가치를 의미한다.

- 10배의 '꿈 수표'를 받기 위해, 당신의 독특한 능력에 어떤 역량과 결실이 필요할까? 그 답을 찾아가는 일에 몰두하라.

10X IS EASIER THAN 2X

10X
IS EASIER
THAN
2X

05
1년에 150일 이상
'자유의 날' 확보하기

10배 성장을 가속화하는 휴식의 기술

◆ 풍요로운 삶을 살고 싶다면, 수면과 놀이를 소중히 여기고, 지위의
상징처럼 취급되는 피로감에서 의식적으로 벗어나야 한다.

― 브레네 브라운[1]

지식 기반의 디지털 시대에서는 전통적인 9시부터 5시까지의
근무 방식이 높은 생산성을 보장하지 않는다. 일반적으로 사람들
의 업무 성과가 평범하고, 각성제에 의존하며, 몰입도가 부족하
고, 대다수가 자신의 직업을 싫어하는 현상을 고려하면 충분히 예
상할 수 있는 결과다.

가장 빠르고 크게 10배 도약을 이룬 기업가들은 영혼을 앗아

가는 기업 및 관료주의적 시간 모델에서 벗어났다. 21세기 공교육 시스템에서 아이들은 여전히 이런 모델에서 살아가도록 훈련받고 있으나 이 모델은 20세기 초의 공장 시스템에 기초한 것이다. 나인 투 파이브(9-5) 방식의 공교육 시스템을 졸업하면 아이들은 대부분 같은 시간 구조를 가진 기업 일자리에 배치된다.

이런 모델에서는 사소한 업무와 노력으로 시간을 채우는 데 초점을 맞추게 한다. 창의성, 혁신, 성과는 간과된다. 세스 고딘은 "우리는 매년 1925년 스타일로 일하도록 훈련받은 수백만 명의 근로자를 배출하고 있다"[2]라고 꼬집는다.

10배 성과를 내기 위해서는 시간을 양적으로 보는 것이 아니라 질적으로 접근해야 한다. 이는 아인슈타인의 상대성 이론에 기반하고 있으며 뉴턴의 오래되고 기계적인 시간 모델보다 더 정확한 시간 관점을 제시한다.

뉴턴식 관점은 시간을 추상적이고 고정적이며 선형적으로 바라본다. 과거는 우리 뒤에, 현재는 지금, 미래는 앞에 있다고 간주한다. 또한, 이 모델은 절대적인 시간 개념을 가지고 있어서 모든 사람, 모든 장소, 모든 상황에서 시간은 동일하다고 본다. 즉, 당신에게 주어진 24시간은 나에게 주어진 24시간과 같다는 것이다.[3]

그러나 아인슈타인의 상대성 이론은 심리학과 신경과학의 최신 연구와 함께 뉴턴의 시간관을 뒤흔들며, 시간에 대해 더 설득력 있는 혁신적인 접근법을 제시했다.

아인슈타인의 시간은 주관적이고 정성적이며 비선형적이고, 고정된 것이 아니라 유동적이다. 간단히 말해, 시간은 상황에 따라 관점에 따라 완전히 달라진다.[4]

같은 시간을 경험하는 사람은 없다. 나에게 주어진 24시간과 당신에게 주어진 24시간은 같지 않다.

시간은 물체가 특정 방향으로 공간을 이동하는 속도와 거리에 따라 팽창하거나 수축한다. 물체가 빠르게 이동하면, 다른 물체에 비해 그 물체의 시간은 느려진다. '시간 팽창'은 물체가 공간을 통과하는 속도가 증가함에 따라 시간이 '느려지는' 현상을 설명하는 용어다.

주어진 시간 동안 더 많은 것을 경험할수록 더 멀리 여행한 것과 같으며, 더 많은 시간을 확장하거나 늘린 것이라고 할 수 있다. 기업가인 피터 디아만디스는 "더 빨리 움직일수록, 시간은 느리게 흐르고, 더 오래 살 수 있다"라고 했다.

1800년대에는 많은 개척자가 미국 동부에서 서부까지 이동하기 위해 손수레를 끌며 8~12개월 동안 끝없는 평원을 걸어갔다. 그러나 현재는 비행기를 이용해 4~6시간 만에 같은 거리를 이동할 수 있다. 이처럼, 같은 거리를 더 짧은 시간 안에 이동하게 되면서 기본적으로 시간을 수천 배로 늘린 것이다.

고대 그리스인들은 시간에 대해 '카이로스'와 '크로노스'라는 두 단어를 사용했다.[5][6] 크로노스는 선형적이거나 순차적인 시간을 의미하는 반면, 카이로스는 중요한 사건이 발생하는 불확실한 시간, 기간이나 계절을 의미한다.

크로노스는 양적인 개념이다. 반면에 카이로스는 질적이며 영구적이다. 카이로스는 고대 그리스어로 '적절한' 또는 '적기의' 순간을 의미한다. 많은 철학자와 신비주의자들은 카이로스를 '깊은 시간' 또는 '살아있는 시간'이라고 부른다. 카이로스의 시간에는 세상이 완전히 멈춘 것처럼 느껴진다. 숨을 크게 내쉬고, 함께 웃고, 아름다운 노을을 바라보고, 용기를 내는 순간이다. 카이로스의 시간은 시계나 달력에 구애받지 않고 현재에서 앞으로 나아가는 질적인 시간이다. 변화가 일어나고, 의미 있는 진전이 이루어지는 시간이다.

카이로스, 즉 상대적 시간을 받아들이게 되면, 과거와 현재 그리고 미래를 구분하는 선을 그을 필요가 없어진다. 시간은 순차적이고 글자 그대로의 시간이 아니라, 전체적이고 유동적이며 변화하는 개념이 된다.[7] 아인슈타인은 "물리학을 믿는 우리는 과거, 현재, 미래라는 구분은 그저 고집스럽게 지속되는 환상에 불과하다는 것을 잘 알고 있다"[8]라고 했다.

카이로스 상태에서는 더 높은 수준의 존재감, 연결성, 영감을 활용할 수 있다. 시카고 대학교의 교수이자 신학자 윌리엄 슈바이커트는 카이로스를 "우리가 가진 가장 큰 힘을 인류에게 도움이 되는 목적을 위해 사용할 수 있는 순간, 또는 희망과 이상을 실현

할 수 있는 순간"이라고 설명했다. [9]

크로노스 시간은 의식이 있건 없건 그냥 지나간다. 그러나 카이로스 시간은 그 순간에 완전히 몰입했을 때만 경험할 수 있다. 카이로스에 더 많이 머물수록, 더 많은 몰입을 경험하며, 더 많은 절정의 순간을 만날 수 있다. 경외감, 자아 확장, 의미를 더 많이 느끼게 된다.

카이로스의 몇몇 순간이 평생의 크로노스보다 당신을 더 발전시키고 변화시킬 것이다.

이번 장의 나머지 부분에서는 시간을 질적으로 접근하는 방법을 배운다. 기업가들이 시간에 대한 경험을 확장하고 변화시켜 시간의 자유를 얻을 수 있도록 댄이 수년 전에 개발한 카이로스 기반 시간 시스템을 배울 것이다.

이전에 10년 동안 해왔던 것들보다 하루에 더 많은 변화를 가져오는 방법을 배우게 될 것이다. 시간이 느려지고, 더 평온해지며, 현재에 집중하게 될 것이다. 꿈을 향해 10배 더 빠르게 나아갈 수 있으므로, 시간도 느려질 것이다.

전진은 카이로스이다.

바쁨은 크로노스이다.

그럼, 시작해보자.

10배 연주자가 되라:
자유의 날, 집중의 날, 전환의 날

◆ 대다수 사람은 시간에 대한 경계가 없다. 기회만 있으면 1년 365
일 언제라도 일할 수 있을 것이라는 태도로 살아간다. 그러나 자유
의 날, 집중의 날, 전환의 날이라는 기업가적인 시간 시스템을 따
른다면, 개인적이든 업무적이든 모든 약속을 자유롭게 설정하고
이행할 수 있다.

— 댄 설리반

댄은 20대 때, 엔터테인먼트 업계에서 활동하는 배우였다. 배
우와 연예인들은 매일 다른 종류의 작업을 수행해야 했다. 예컨
대, 공연이 있는 날에는 연극 연기, 영화 촬영이나 운동선수로서
실제 경기에 참여하는 등, 자신의 공연에 100% 에너지와 노력을
쏟아부어야 했다.

축구 경기, 콘서트, 영화 촬영일 등 공연의 실제 길이는 최대
3~4시간 정도로 그리 긴 편은 아니다. 그런데 연예인이나 운동선
수로서 점점 더 특별한 수준으로 숙련도를 쌓아가면, 사람들은 그
공연(경기)에 대해 기하급수적으로 더 많은 돈을 지불했다. 그들
은 자신이 들인 시간과 노력이 아니라 특별한 가치와 성과, 즉 레
버리지에 대한 대가를 지불받는 것이었다.

그들의 모든 일과 시간은 사람들이 돈을 지불할 만큼 가치 있

는 공연을 만들어내기 위한 것이었다.

댄은 연예인들에게 점점 더 높은 가치를 창출하게 하는 세 가지 유형의 시간이 있다는 것을 깨달았다.

1. 공연하는 날
2. 연습하고 리허설하는 날
3. 회복하는 날

연습이나 리허설하는 날에는 스포트라이트가 켜지는 순간 더욱 가치 있는 공연을 보여줄 수 있도록 연습하고 연기를 다듬는다. 준비 기간을 최대한 활용하는 선수는 경기 당일 성적이 크게 오르지만, 연습을 소홀히 하는 선수는 급락한다.

덴버 너기츠의 센터 니콜라 요키치와 LA 레이커스의 센터 앤서니 데이비스, 두 NBA 스타의 대조적인 성장 궤적을 살펴보자.

2019-2020 시즌, 두 선수 모두 리그 탑 10에 이름을 올렸다. 플레이오프에서 맞붙은 두 팀의 경기는 데이비스의 압도적인 승리로 끝났고, 레이커스는 너기츠를 꺾고 우승을 차지했다. 당시 데이비스의 기량은 정점을 향해 치솟고 있었다.

그로부터 불과 2년 후, 요키치의 눈부신 성장과 데이비스의 부진은 모두를 놀라게 했다. 요키치는 슈팅, 수비 등 모든 면에서 비약적인 발전을 이루었고, 이미 최정상급 선수도 한층 더 성장할 수 있음을 입증했다. 그의 도약은 10배 성장 프로세스를 통해 탁월한 선수라도 한 단계 높은 경지에 오를 수 있음을 보여주었다.

반면 데이비스는 80% 성장 단계에서 2배의 발전을 이루는 데 그쳤고, 우승 후에는 10배 성장의 잠재력이 사라진 듯했다. 그는 연습과 경기에만 매진했을 뿐, 회복을 통해 적절한 순간을 포착하는 카이로스의 시간을 활용하지 않았다. 결국 부상과 동기 부족으로 인해 어려움에 직면했다.

큰 발전 없이 지낸다면 시간은 더 빨리 흐르게 마련이다. 세월은 흘러가지만 실제로는 아무런 진전도 이루지 못하는 것이다. 반대로, 당신이 변화하고 큰 발전을 이룰 때, 시간은 확장되고 느려진다. 보통 10년이 걸리는 것을 1년 만에, 그것도 더 크게 발전시키고 달라지게 된다.

카이로스 시간은 크로노스 시간과는 다른 규칙에 따라 움직인다. 비교조차 할 수 없다.

공연자로서 연습과 회복의 날을 잘 활용한다면, 공연의 날은 점점 더 독특한 품질과 가치를 갖게 된다. 당신의 질적인 시간은 질적으로 독특한 능력과 성과로 이어질 것이다. 그 결과로 시간, 돈, 관계, 목적에 대한 자유는 계속해서 10배로 늘어날 것이다.

연예인에게는 휴식과 회복을 위한 '재생의 날'(rejuvenation days, 회복의 날)이 주어진다. '재생'이라는 단어의 사전적 의미는 "다시 젊어지거나, 새로운 활력을 주다"이다. 자신감과 열정, 흥분, 야망을 다시 젊게 만드는 것이다.

새 기업가들이 〈스트래터직 코치〉에 합류할 때, 대개는 바쁜 일상에 갇혀 있지만, 생산적이지는 않다. 그들은 9-5 근무 모델을 따르는 산업 분야에서 일하며, 비즈니스의 모든 부분에 과도하게 민감하고, 지나치게 팀을 관리하는 경향이 있다. 그들은 선형적인 크로노스 시간에 머물러 있으며, 큰 발전을 이루지 못하고 있다. 선형적인 시간과 노력에 초점을 맞추며, 비전, 창의성, 결과를 연마하기 위해 자신을 자유롭게 놓아주는 데 서툴다. 그들은 겨우 2배 성장에 머물러 있을 뿐이다.

댄은 이런 기업가들에게 더 적은 시간과 노력으로 더 강력한 결과를 창출하는 데 집중하도록 돕고, 질적이고 비선형적인 시간 모델로 전환하여 더 많은 카이로스 시간을 확보하도록 한다.

10배의 비선형적 결과를 창출하려면 기업가들이 스스로 변화하는 것이 중요하다. 이를 위해 댄은 기업가들에게 세계적인 수준의 엔터테이너처럼 시간을 업그레이드하고 세분화하여, 지속해서 최적화하도록 권장한다. 같은 양의 작업에 대해 점점 더 큰 보상을 받는 것을 목표로 한다.

기업가가 집중해서 성과를 내면 하루에 평균 500달러를 벌 수 있다. 그러나 시간이 지나면서 이는 일당 5,000달러, 5만 달러, 심지어 50만 달러 이상으로 상승할 수 있다.

당신도 생각해보라. 일하는 시간은 변하지 않았지만, 최고 성과에 대한 가치와 가격을 10배로 끌어올린 적이 있는가? 성과물의 품질과 가치를 10배로 끌어올리려면, 시간을 대하는 방식을 바꿔야 한다. 19세기 공장 노동자의 방식이나 크로노스 시간 관념으로는 그렇게 하기 어렵다. 바쁘다고 해서 최고가 되는 것은 아니다.

시간에 질적이고 비선형적으로 접근하면서, 자신과 관점, 비전, 통찰력, 관계를 변화시킬 수 있는 자유를 점점 더 확보해야 한다. 댄은 시간 단위가 아닌 '기여 단위'로 성과를 측정하는 연예인들의 라이프 스타일에서 아이디어를 얻어, 세 가지 '창조의 날' entertainer days을 다음과 같이 재구성했다.

1. 자유의 날(회복의 날)
2. 집중의 날(성과 창출의 날)
3. 전환의 날(정리 및 준비의 날)

르브론 제임스에게 배우는 회복의 기술

매년 초가 되면 밥은 다른 어떤 일보다 먼저 자신의 달력에 모든 '자유의 날'(180일)을 채워넣는다. 타협할 수 없고, 방해할 수 없는 날이다.

성공할수록 회복을 최우선순위에 두어야 한다. 연구에 따르면, 회복은 경기 흐름과 높은 경기력 향상에 필수 요소다. [10] [11] [12] [13] [14] [15]

예를 들어, 르브론 제임스는 매년 수백만 달러를 경기력 향상에 투자하며, 이를 통해 역사상 그 어떤 농구 선수보다 오랫동안 엘리트 레벨에서 뛸 수 있었다. 르브론은 하루에 최소 8~10시간, 때로는 12시간 이상을 숙면을 취하는 것으로 잘 알려져 있다.

팀 페리스는 15년 이상 르브론 제임스의 운동 트레이너이자 회복 전문가로 일해온 마이크 맨시아스를 인터뷰했다. 그가 인터뷰에서 던진 첫 번째 질문은 회복에 관한 것이었다.

> 마이크, 회복과 부상 예방에 대해 좀 더 알고 싶습니다. … 르브론, 당신은 커리어에서 5만 분 이상을 뛰었다는 점에서 유니콘에 가깝습니다. 대부분 선수는 4만 분이 지나면 어떤 벽에 부딪혀 기량이 떨어지는데, 당신은 프로 선수의 쇠퇴와 관련된 모든 예상 지점을 뛰어넘고 있습니다. 마이크, 그 이유를 설명해주실 수 있을까요? 경기 사이에 회복을 돕기 위해 사용하는 몇 가지 도구와 접근 방식에 대해 설명해주시겠습니까?[16)]

마이크가 대답했다.

> 트레이너와 치료사들이 명심해야 할 것은, 엘리트 운동선수들에게 있어서 회복은 결코 끝나지 않는다는 것입니다. 르브론이 40분을 뛰든 28분을 뛰든, 우리는 회복을 최우선 과제로 삼아서 영양, 수분 섭취, 유연성 운동, 웨이트룸 운동 등을 설계해야 합니다. 이는 끝없는

과정입니다. 선수들에게 오랫동안 활동할 수 있는 기회를 제공하기 위해 반드시 취해야 할 접근법입니다.

회복은 최상의 컨디션을 유지하고 경력과 수명을 연장하는 데 핵심적인 역할을 한다. 직업 심리학 분야에서도 "업무로부터의 심리적 분리"라는 주제로 회복의 중요성이 부각되고 있다. [17] [18] [19] [20] 업무 외 시간에 일과 관련된 활동과 강박적 사고를 완전히 멈추는 것이 진정한 심리적 분리다.

연구 결과에 따르면, 업무에서 심리적으로 분리된 사람들은 다음과 같은 경험을 한다.

- 업무 관련 피로와 미루는 일이 줄어든다. [21]
- 신체 건강이 향상되고, 특히 업무량이 많을 때 업무에 몰입하는 능력(활력, 헌신, 몰입도)이 증가한다. [22]
- 과중한 업무량에도 불구하고 결혼 만족도가 높아진다. [23]
- 전반적인 삶의 질이 향상된다. [24]
- 정신 건강이 개선된다. [25]

완전한 몰입을 위해서는 때로는 완전히 플러그를 뽑아야 한다. 100% 집중할 수 있는 능력은 100% 휴식할 수 있는 능력과 비례한다.

집중은 수축이며, 회복은 확장이다.

몰입과 더 높은 성과를 달성하려면, 몰입을 만들어내는 적극적인 회복 활동에 참여해야 한다.[26] 예를 들어, 르브론의 회복은 그저 소파에 앉아 쉬는 것이 전부가 아니다. 마사지, 찜질, 온수욕조, 사우나, 냉수욕 등 다양한 치료법을 활용한다. 어떤 것을 하는지가 아니라 그것을 어떻게 하는지가 중요하다. 10배 더 양질의 몰입과 성과, 그리고 생산성을 원한다면, 10배 더 좋은 회복이 있어야 한다.

10배는 양보다는 질에 관한 문제다. 중요한 모든 일에 대한 질적 기준이 10배로 높아져야 한다.

체내 영양과 음식의 질.

수면과 환경의 질.

회복의 질.

그리고 순전히 재미와 유대감을 위한 최고의 경험과 새로운 경험을 포함한 경험의 질.

치유와 치료의 궁극적인 형태는 건강하고 깊은 관계다. 가장 소중한 사람들과 더욱 의미 있고 즐거운 관계를 형성하는 것이다.

내 일이 대부분 정신적이고 관계적인 일인 만큼, 웨이트 트레이닝이나 장거리 산책과 같은 신체 활동은 나에게 놀라운 능동적인 회복을 가져다준다. 이러한 활동은 마음에 휴식을 주는 동시에 체력을 향상시켜 뇌로 가는 혈류량을 증가시킨다. 이러한 능동적인 회복 후에는 항상 업무 질이 향상된다.

더 큰 성과를 위해
더 많은 휴식이 필요한 이유

성공과 숙련도가 높아질수록, 결정의 영향력과 결과는 기하급수적으로 커진다. 이에 따라 회복의 중요성도 점점 커진다. 네이벌 라비칸트는 "무한한 레버리지의 시대에는 판단력이 가장 중요한 기술"이라고 강조했다. 행동의 레버리지와 영향력이 커질수록 판단력과 분별력은 더욱 중요해진다.

올바른 판단과 사고를 위해서는 충분한 두뇌 능력, 시간, 성찰이 필요하다. 하지만 항상 바쁜 상태로는 이것이 불가능하다. 바쁘다는 것은 2배 마인드셋으로 살아가는 것이다.

삼성 반도체의 부사장인 스콧 번바움은 "가장 창의적인 아이디어는 모니터 앞에 앉아 있을 때 떠오르지 않는다"라고 말했다. 한 연구에 따르면, 응답자 중 16%만이 직장에서 창의적인 통찰력을 얻는다고 답했다. [27] 아이디어는 대부분 집이나 이동 중 또는 여가 시간에 떠올랐다.

업무 중에는 주로 맞닥뜨린 문제에 집중하게 된다. 이를 '직접적인 성찰'이라고 한다. 반면에 일하지 않고 휴식을 취할 때는 마음이 자유롭게 방황하게 되는데, 이것은 '간접적인 성찰'이다.

운전하거나 여가 활동을 하면서 주변 건물이나 풍경 등 외부 자극이 무의식적으로 기억과 다른 생각을 자극한다. 머릿속은 다양한 주제(맥락적)에 대해, 그리고 과거, 현재, 미래(시간적) 사이를 자유롭게 방황하게 되므로, 뇌는 해결하려는 문제와 관련된 넓고 명확한 연결고리를 만들어낸다(유레카 경험!). 창의성과 혁신은 독특하고 때로는 멀게 느껴지는 연결고리를 만드는 과정이다.

데이비드 키스 린치는 그의 저서 『대어 잡기』Catching the Big Fish 에서 아이디어와 기회는 물고기와 같다고 설명한다.[28] 즉, 수면 바로 아래에 머물러 있으면 작은 물고기만 보인다. 물속 깊숙이 들어가야만 큰 물고기를 잡을 수 있다.

바쁘다는 것은 마치 물 위에 떠 있는 것과 같다. 큰 아이디어를 찾기 위해서는 많은 자유 시간이 필요하며, 그것도 질 좋은 시간이어야 한다. 휴식을 취하고 여유를 가지며, 마음을 열 수 있는 시간이 충분히 필요하다. 이것이 바로 회복이 필수적인 근본적인 이유 중 하나다. 바쁜 일상에서 벗어나 미시적, 거시적으로 사고를 확장하고 축소하는 시간이 있어야만, 비전을 확장하고 새로운 아이디어를 떠올리며, 최고의 혁신적 아이디어를 발견할 수 있다.

빌 게이츠는 1990년대와 2000년대 초반 마이크로소프트의 급격한 성장을 이끈 대부분의 획기적인 아이디어를 '생각 주간'Think Weeks이라는 방식으로 얻었다.[29] 그는 몇 주 동안 외부와의 연락을 완전히 끊고 세상과 단절된 채, 수많은 기사와 책을 읽으며 시간을 보냈다. 이후 깊이 생각하고, 성찰하며, 숙고하고, 시각화하는 과정을 거쳐 궁극적으로 놀라운 아이디어와 돌파구를 얻곤 했다. 이 과정에는 소수의 사람들과 함께 자신의 아이디어를 공유하고 토론하는 시간도 포함되었는데, 이는 생각과 아이디어를 반복적으로 다듬는 데 필수적이었다.

실험에는 두 가지 방식, 즉 탐색과 활용-Explore and Exploit이 있다. 10배로 성장하려면 이 두 가지가 모두 필요하다.

탐색은 자유 시간에 이루어진다. 업무로 인한 스트레스와 긴장에서 벗어나 편안하고 개방적인 마음으로 휴식을 취하고, 생각하고, 탐구하는 날이다. 나는 이를 '회복하는 몰입'recovery-flow 또는 '카이로스 회복'kairos-recovery이라고 부른다. 탐색이란 자신이 일상적으로 다루는 분야를 벗어나 새로운 아이디어를 연구하며 새로운 것을 배우는 것이다. 또한 현재 하는 일에서 벗어나 새 기회를 찾아보는 것이다. 결국, 이는 마음을 쏟아붓고 활용해 나갈 새로운 것을 실험하고 탐색하는 일을 말한다.

활용은 집중의 날에 이루어진다. 집중의 날은 '집중하는 몰입' focus-flow 또는 '카이로스 집중'kairos-focus 상태에서 일을 완수하는 시간이다. 이는 '집중의 동굴'에 완전히 빠져들어 전념하는 일을 실행에 옮기는 것을 의미한다.

충분한 휴식과 생각 그리고 혁신을 위한 시간을 확보함으로써 나만의 시간 가치를 높일 수 있다. 남들이 끊임없이 일상의 쳇바퀴를 돌고 있을 때 당신은 스스로 엄청나게 변화시킬 수 있다.

10배 기업가들은 이 사실을 이해하지만, 2배 기업가들은 이해하지 못한다. 2배 기업가들은 모든 일을 다 해결한 후에야 휴식을 취해야 한다고 생각한다. 그들은 완벽한 팀을 만들어야 한다고 생각한다.

직원이 세 명뿐이던 시절에도 댄과 밥스는 매년 재충전의 날 180일을 계획하고 실천했다. 이 자유의 시간 동안에는 팀원들에게 어떤 식으로든 연락하지 않았다.

직관적이지 않지만, 10배의 성과를 내기 위해서는 일을 더 많이 하는 것이 아니라 더 적게 해야 한다.

10배는 2배보다 쉽다.

10배는 혁신과 결과에 관한 것이다. 시간에 대한 질적이고 비선형적인 접근이다.

2배는 바쁨과 노력에 관한 것이다. 시간에 대한 정량적이고 선형적인 접근이다.

스스로 관리하는 팀 만들기:
10배 성장의 필수 요소

'자유 시간' 증가는 그저 당신을 위한 것이 아니다.

업무에서 더 많은 시간을 할애함으로써 팀, 프로세스 및 시스템도 개선할 수 있다.

대다수 기업가는 이 교훈을 늦게 깨닫는다. 당신이 휴가를 떠나기 전까지는 팀의 진정한 역량을 알아낼 수 없다. 당신이 계속해서 그들을 관리하려 드는 한, 팀이 어떻게 발전할지는 알 수 없다. 당신이 자유롭게 행동하고 팀에서 벗어나야만, 팀은 발전하며, 완전한 주인의식을 가지고, 당신 없어도 스스로 관리하는 방법을 배운다. 댄은 이를 '자기 관리형 회사'Self-Managing Company라고 부르며, 10배 성장의 필수 요소라고 말한다.

댄은 이렇게 설명한다.

> 자기 관리형 회사를 운영하려면 시간의 자유를 확대하는 것이 필수적이다. 자신이 열정을 가지고 동기를 부여받는 일에 집중할 수 있는 시간이 더욱 많아질수록, 회사는 그만큼 더 성장한다.[30]

매일매일 문제를 해결하는 데만 신경을 쓰다 보면 회사와 비전이 10배 성장할 수 없다. 10배 성장하려면 10배 더 탁월한 아이디어와 혁신이 필요하며, 이를 위해서는 깊은 집중과 회복이 필요하다. 항상 업무에만 몰두한다면 진정한 집중은 불가능하다.

팀에서 한 발짝 떨어져 있기를 너무 두려워한다면 팀을 과도하게 관리하고 있는 것이다. 실제로 이런 행동은 팀원들의 작업 속도를 늦추고, 자율성을 제한하며, 팀원들의 자기 결정권을 막고 스스로 발전하는 것을 방해하는 일이다.

한발 물러서서 다른 사람에게 조종대를 넘겨야 한다. 그 역할에 계속 머무르려고 한다면, 자신뿐 아니라 팀과 회사 전체가 망가진다. 6장에서는 완전히 혁신적인 리더가 되어, 스스로 관리하고 스스로 확장하는 팀을 구축하는 방법을 보여줄 예정이다.

집중과 전환의 날:
10배 성과를 위해 하루를 구성하는 방법

수년 동안 댄의 집중 일수와 전환 일수는 각각 대략 90일에서 95일로 거의 비슷했다. 하지만 댄이 '후 낫 하우'Who Not How[31] 원칙을 점점 더 적극적으로 적용하며 팀을 성장시키면서, 이제는 대부분의 근무일(약 150일)이 집중의 날이 되었다. 이런 집중 근무일에는 창업가 고객을 코칭하고, 새로운 도구와 모델을 개발하거나, 팟캐스트나 다른 프로젝트에서 공동 작업을 진행한다. 그의 팀은 점점 더 많은 준비 작업을 맡고 있다.

그럼에도 불구하고, 전환의 날Buffer Days은 여전히 매우 중요하다. 댄은 1년에 약 35번의 전환의 날을 통해 팀과 회의하고, 정리하고, 계획을 세우는 데 사용한다. 이 시간을 통해 모두가 같은 생각을 공유하고 서로 연결되어 있다는 느낌을 받는다.

사람마다 집중의 날과 전환의 날은 다를 수 있다.

전환의 날은 주요 협력자와의 미팅, 컨설턴트나 코치와의 협업, 팀 회의 그리고 나중에 집중의 날에 사용할 노트나 자료 준비 등 어떤 형태의 준비나 정리를 위한 날이다.

반면에 집중의 날은 결과를 창출하는 날이다. 이날에 기업가들은 가장 큰 영향력을 발휘하는 20% 작업 외에는 다른 일을 하지 않는다. 집중의 날은 가장 높은 보상을 받는 활동에 투자하는 날로, 고유 능력이 10배 향상될 때마다 그 가치는 계속 상승한다.

집중 일과 전환 일을 적절히 배치하여 최대의 효과를 얻을 수 있도록 한다. 높은 성과를 위해 한 주를 구성하고 비슷한 활동과 회의를 같은 날에 나란히 배치하라. 창의적인 작업과 관리 작업 등 다른 유형의 작업을 번갈아 수행하는 것은 비효율적이다.

일주일 동안 매일 다양한 활동을 시도하기보다는, 특정 유형의 활동에만 집중하는 날을 만들라. 오후 늦게 회의를 진행하면, 그날 계속해서 회의에 대해 생각하게 될 것이다. 그 회의는 당신이 하는 모든 일에서 발목을 잡는다. 회의를 빨리 마쳐야 한다는 생각 때문에 집중하기 힘들어진다.

일주일 중에 회의가 예정되어 있다면, 하루나 이틀 동안 회의를 몰아서 잡으면 좋다. 가장 중요한 업무를 위해 일주일 중 며칠을 여유롭게 비워두라.

이 원칙은 나에게 엄청난 도움이 되었다. 예전에는 일주일 내내 매일 회의가 흩어져 있었지만, 지금은 아주 중요한 경우를 제외하고는 금요일에만 회의를 진행한다. 월요일부터 목요일까지는 회의가 없으므로 글쓰기, 배우기, 중요한 사람들과의 교류, 생각하는 시간 등 내가 원하는 모든 것에 집중할 수 있다.

당신의 일정과 역할은 나와는 물론 다를 것이다. 고유 능력과 10배 목표 역시 나와 다를 것이다. 그러므로 이 원칙을 상황에 맞게 적용하라. 비슷한 활동과 회의는 같은 날에 진행하고, 일주일 내내 분산시키지 말라. 최선을 다해 일하고 업무 능력을 10배 향상시킬 수 있는 날을 더 많이 확보하라. 단기간에 이렇게 한다면,

사람들은 당신의 급속한 발전과 변화에 놀라게 될 것이다.

대부분은 자신에게 10배의 몰입과 능력을 업그레이드할 여유를 주지 않는다. 그들은 2배의 삶을 사는 데 만족하며, 선형적이고 바쁜 시간 관리 방식을 따른다.

필라델피아 이글스의 쿼터백 제일런 허츠는 카이로스 시간을 활용하여 단기간에 기술과 성과를 10배로 끌어올린 훌륭한 사례를 보여준다. 그는 10배의 성과를 거두었으며, NFL에서 상위급 쿼터백 중 한 명으로 인정받는다.

2022년 11월 현재, 2022-2023 NFL 시즌이 9주 앞으로 다가왔다. 이번 시즌은 제일런 허츠의 리그 3년 차이자 선발 쿼터백으로서는 두 번째 시즌이다. 이글스는 현재 무패 행진을 기록하고 있으며, 허츠는 유력한 MVP 후보다. 최근 인터뷰에서 스포츠 해설가 콜린 카우허드는 슈퍼볼 챔피언 트렌트 딜퍼에게 "허츠가 왜 저렇게 잘하는 거죠?"라고 물었고, 트렌트는 이렇게 대답했다.

수많은 외로운 노력의 결실입니다. 허츠는 17세부터 이미 25세의 성숙함을 보였습니다. 마치 시간을 초월한 듯했죠. 지루하다 할 만큼 일상적이고 오직 혼자만의 시간에 매진했습니다. 인스타그램이나 트위터에 일상을 공유하지 않습니다. '내가 얼마나 열심히 일하는지 봐'라고 과시하기보다는 훈련장으로 가서 게임의 세세한 부분과 기술에 몰두하고, 영상 분석에 시간을 투자했습니다. 그는 방에 들어가 나오지 않고 상대방을 연구하고 경기의 모든 면을 철저히 분석하는 지난한 과정을 자청했습니다. 돈과 명성이 있음에도, 더 많은 것을 할 수 있는 기회를 모두 뒤로한 채 자신을 몰아붙였습니다.

쿼터백 코치 퀸시 에이버리에 따르면, 제일런의 훈련은 매우 집중적이었으며, 그는 삶의 많은 유혹에 '노'라고 말하며 더 나은 선수가 되기 위해 부단히 노력했다고 합니다. 이제 우리는 그 노력이 만들어낸 결실을 목격하고 있습니다. 그는 탁월한 운동 능력을 넘어 NFL 최고의 전략적 쿼터백으로 경기를 지휘하고 있습니다. 제일런 허츠야말로 지난해부터 올해까지 가장 큰 발전을 이룬 선수이자 진정한 슈퍼스타로 거듭난 인물이라 할 수 있습니다.[32]

제일런 허츠는 집중력과 노력을 통해 NFL과 같은 최상위 무대에서도 단기간에 놀라운 성장을 이룰 수 있다는 것을 보여주었다. 그가 보여준 성장은 2배의 삶으로는 불가능하다. 10배의 미래를 생각하면서 끊임없이 자신을 변화시켜야 한다.

양자 도약을 위해서는 카이로스 시간, 즉 집중과 회복의 시간에 더 많이 머물러야 한다. 이를 위해 심도 있는 작업을 위한 넓은 공간을 확보해야 한다. 지금 하고 있는 일을 10배 더 잘하려면, Y 컴비네이터의 공동 창립자 폴 그레이엄이 '메이커 스케줄'Maker Schedule이라고 부르는 방식을 도입해야 한다.[33] 그레이엄의 설명을 보자.

시간 관리에는 '매니저 스케줄'과 '메이커 스케줄'이라는 두 가지 방식이 있다. 매니저 스케줄은 관리자나 상사들이 주로 사용하는 방식으로, 하루를 1시간 단위로 나누고 매 시간 다른 작업을 수행한다. 이 경우 누군가와의 만남은 단순히 빈 시간대를 찾아 배치하는 것에 불과하다.

반면 프로그래머, 작가, 아티스트 등 창작자들은 다른 방식으로 시간을 활용한다. 그들은 최소 반나절 단위로 시간을 사용하는 것을 선호한다. 한 시간 단위로는 글쓰기나 프로그래밍 등의 작업을 제대로 수행할 수 없으며, 무언가를 시작하기에도 부족한 시간이다.

메이커 스케줄로 일할 때는 일정 조정이 큰 장애물이 될 수 있다. 회의 하나로 오후 전체가 허비될 수 있고, 지나치게 짧은 시간 블록으로 인해 집중해서 일할 시간이 부족할 수 있다. 각 스케줄 유형은 그 자체로는 잘 기능하지만, 두 스케줄이 충돌할 때 문제가 발생한다.

팀 페리스는 대규모 도전 과제나 창의적인 과제를 해결하려면, 최소한 4시간의 시간 블록을 확보하라고 권한다.[34] 10배 성과를 위해서는 시간을 세분화하지 않고, 대신 더 크게 나눠야 한다. '회의나 방해 요소가 없는 4시간' 정도로(혹은 그 이상으로) 더 넓은 시간 블록을 확보해야 한다.

더 나아가, 페리스는 중요한 작업은 카이로스 시간, 즉 집중과 회복의 시간에 이루어져야 한다고 말한다. 이를 위해 더 큰 시간 블록을 만들고, 실제로 몇 주, 몇 달에 걸쳐 이를 확장해야 한다.

집중하는 주와 회복하는 주, 집중하는 달과 회복하는 달을 번갈아 배치한다. 큰 프로젝트는 고도의 집중력을 필요로 한다. 그러나 몇 주 또는 몇 달 동안은 회복하고 탐색하며 확장하고 변화시키는 카이로스 시간을 가진다.

카이로스 집중과 카이로스 회복은 1년 만에 수십 년의 경험과 성장을 이루는 방법이다. 타인의 시간이 빠르게 흐르는 동안, 우리는 시간을 느리게 흘려보낼 수 있다. 이것이 바로 극도의 고유 능력을 개발하는 방법이고 나만의 다비드상을 만드는 일이다. 남들이 바쁘고 산만하며, 선형적인 생각과 세분화된 시간에 묶여 있는 동안, 당신은 그들이 상상조차 못하는 일을 해내고 창조하는 법을 배운다.

10배의 길로 나아가려면 관리자 행세는 이제 그만해야 한다. 관리자는 10배 성과를 내지 못한다. 당신은 비전가이자 혁신적 리더가 되어야 한다. 리더는 관리하지 않는다. 대신에 스스로 관리하는 팀을 만든다.

하루에 개인 목표를 세 개 이상 세우지 않는다. 대신 몰입을 위해 중요하고 신중하게 설계된 주요 목표에 집중한다. 드와이트 아이젠하워는 이렇게 말했다.

나에게는 긴급한 문제와 중요한 문제 두 가지가 있다. 긴급한 것은 중요하지 않고, 중요한 것은 결코 긴급하지 않다.

20%의 활동, 즉 고유 능력은 중요하나 긴급하지는 않다. 반면 80% 활동은 대부분 긴급성을 요구한다. 이 단계에서는 이미 80% 활동에 지쳐 있을 것이다.

일과 계획 시 바쁜 것보다 영향력 있는 행동과 실질적 진전에 초점을 맞춰라. 할 일의 양에 압도되기보다 질에 주목하고 중요도를 따져라. 할 일이 10가지가 넘는다면 그 계획은 너무 분산되어 있을 수 있다.

매일 중요한 결과물을 세 개 이상 만들지 마라. 그 세 가지를 달성했다면 그날은 끝이다. 자신을 칭찬하고 회복의 시간을 가져라. 이 세 활동을 2배가 아닌 10배로 성장시켜라. 그것이 시간을 가장 효율적이고 즐겁게 쓰는 방법이다.

연구에 따르면, 몰입 상태에 이르기 위한 세 가지 필수 조건이 있다.

1. 명확하고 구체적인 목표
2. 즉각적인 피드백
3. 활동의 도전 및(또는) 위험이 현재 기술이나 지식 수준을 넘어서는 경우[35]

매일 세 가지 목표를 명확하고 구체적으로 설정하여 어디에 집중해야 할지 알 수 있게 하라. 이 세 가지 목표에는 세스 고딘이 말한 "업무와 외부 세계 사이의 충돌"[36]과 같은 피드백이 포함되어야 한다.

직접적이고 품질 좋은 피드백을 받으려면 용기와 솔직함이 필요하다. 현재 자신이 처한 상황에 대해 완전히 솔직해야 한다. 피드백을 받는 것에는 위험이 따르지만, 그 위험을 감수하는 것이 중요하다. 제대로 된 결과를 얻고 싶다면, 정기적으로 피드백을 받아 생각을 바꾸고 변화시키는 도구로 활용해야 한다.

마지막으로, 그 세 가지 활동이 현재의 기술이나 지식 수준을 초월하도록 도전하고, 용기를 발휘할 수 있게 해야 한다. 이를 통해 자신을 성장시키고 변화시키며 새로운 능력과 자신감을 키울 수 있다(댄의 4C를 참고하라). 이렇게 하면 매일 1% 이상 발전할 수 있다.

일이 끝나면 완전히 플러그를 뽑고 적극적으로 회복하라. 카이로스 집중 주간이나 매우 중대한 마감일이 아니라면 필요 이상으로 오래 일하지 말라. 핵심 목표를 달성하고, 대담하게 행동하고, 일이 끝나면 과감하게 내려놓으라.

플러그를 뽑으라. 심리적으로 업무에서 분리되어라. 어떤 일을 어떻게 하느냐에 따라 모든 일을 어떻게 하느냐가 결정되므로, 삶의 다른 중요한 영역을 적극적으로 회복하고 확장하라. 한 영역에서 10배 성과를 내면, 삶의 다른 중요한 영역에서도 10배 성과를 낼 수 있다.

변화를 위한 가장 간단한 저녁 루틴은 무엇일까? 댄과 나는

『격차와 유익』에서 하루 중 가장 영향력 있는 시간인 하루의 마지막 시간을 마스터하는 데 한 장 전체를 할애했다.[37] 대부분은 이 시간에 건강에 해로운 습관과 소비, 특히 무작위적인 인터넷 검색에 빠진다.[38]

이 시간은 수면의 질과 다음 날의 수준을 결정한다. 10배의 삶에 적합한 수면을 취하려면 잠자리에 들기 최소 30~60분 전에 핸드폰을 '비행기 모드'로 전환하라. 3~5분 동안 일기장을 꺼내 그날의 승리(잘한 점) 세 가지를 적어보라. 어떤 형태의 발전이나 깨달음, 교훈을 적어도 좋다.

그렇게 하루를 '승리'로 마무리한 후, 내일 달성할 세 가지 목표 또는 '승리'를 선택하고 결심하라. 기도하거나 명상한 후 잠자리에 든다.

5장의 요점

- 공교육 시스템과 전통적인 기업 구조는 바쁨과 노력을 중시하는 양적이고 선형적인 시간 모델을 따른다. 흐름, 창의성, 결과는 무시되는 모델이다.
- 10배 성과를 달성하려면, 질적이고 비선형적인 관점에서 시간에 접근해야 한다.
- 연예인들은 다양한 시간 세그먼트에 걸쳐 활동하며, 값진 공

연에 적합한 숙련도를 키워나간다. 10배의 성장을 원한다면, 이러한 연예인이나 운동선수의 시간 관리 방식을 적용하라. 그리고 집중, 전환, 회복을 위한 날들을 마련해 기술을 강화하는 데 집중한다.

- 10배 성과를 달성할수록 더 많은 회복 시간을 확보해야 하며, 창의성, 휴식, 즐거움, 교류를 위한 여유 시간을 만드는 것이 필수다.

- 한 주, 한 달, 한 해 동안의 프리 데이를 선택하고 계획해보라. 더 적게 일하면서도 더 많은 성과를 얻을 수 있다는 사실에 놀랄 것이다.

- 더 많은 돈을 벌고, 10배 성과를 내기 위해서는 일을 줄이는 것이 필수다. 특히, 자기 관리형 회사로 진화할 때, 팀에 자유를 부여해야 한다.

- 당신이 휴가를 떠나기 전까지는 팀이 얼마나 훌륭한지, 또한 팀원들이 스스로 관리할 수 있는지도 알 수 없다.

- 높은 성과와 몰입을 위해 한 주를 계획하라. 회의 등과 같은 유사한 활동은 같은 날에 예약하라. 모든 요일에 회의를 분산시키지 말고 일정한 날에만 진행하라. 일주일에 며칠은 일정을 잡지 마라.

- 메이커 스케줄에 '시간 블록'을 도입하여 깊이 있는 작업과 혁신에 전념할 수 있게 하며, 이렇게 하면 10배의 성과를 달성할 수 있다. 집중과 자유의 '날'뿐만 아니라, 집중과 자유의 '주

간', 심지어 집중과 자유의 '달'을 누리도록 더 높은 수준의 몰입과 회복의 날을 적용하라.

- 세 가지 중요한 작업을 완료하면 그날은 일과를 마무리하라. 필요 이상으로 오래 일하지 말라. 생산성과 바쁨은 상반된 개념이다. 공백이 아닌 이득에 집중하라.
- 저녁 루틴을 최적화하여 수면의 질을 높이라.

10X
IS EASIER
THAN
2X

06
10배 성장을 위한
리더의 역할

마이크로 매니저에서 혁신 리더로의 전환

◆　나 자신이라는 장애물을 제거하자마자, 수익이 무려 40%나 뛰었
　　다. 일감이 없다며 부산을 떨고 중요한 질문을 회피한다면 어떻게
　　될까? 겁에 질려 두 손으로 엉덩이를 꽉 붙잡고 버텨야 할 것이다.

　　　　　　　　　　　　　　　　　　　　　　　　　　　　　— 팀 페리스[1]

　2017년 초, 1년간의 안식년을 시작하고 5개월이 지난 후, 수
잔 키척은 한 헤드헌터로부터 예상치 못한 전화를 받았다. 헤드헌
터는 이제껏 본 적 없는 구체적인 직무 설명 때문에 적임자를 찾
는 데 어려움을 겪고 있었다. 그는 친구에게 이 직무에 적합한 사
람을 찾기가 불가능하다고 말했고, 친구는 즉시 수잔을 추천했다.

하지만 문제는 수잔이 구직 중이 아니었다는 점이었다. 20대 초반에 경영학 박사 학위를 따고, 아이 키우며, 대규모 조직의 구조와 확장에 매진하면서 거의 30년을 쉼 없이 달려온 터라 사실 녹초가 되어 있었다.

수잔은 지난 17년간 글로벌 조직의 고위 임원으로 일하며 조직의 지속적 발전과 개선을 이끌었다. 그녀의 일상은 최우선 프로젝트를 끊임없이 완수하는 것이었다.

하지만 헤드헌터가 직무를 구체적으로 설명하자, 그 기회가 얼마나 흥미롭고 도전적인지 깨달았다. 너무 매력적이라 당장 일을 시작하고 안식년도 조기 종료하고 싶을 지경이었다.

수잔이 일하게 될 회사는 '타깃 스트래티지스 리미티드'Targeted Strategies Limited라는 생명보험 중개회사로, 혁신적인 아이디어를 바탕으로 운영되고 있었다. 당시 회사는 연간 수백만 달러의 수익을 창출하고 있었지만, 그 구조는 지속 가능하지 않았다. CEO이자 창립자인 가넷 모리스는 마침내 한계에 부딪혔다. 그는 자신이 아닌 다른 사람이 회사를 이끌고 성장시켜야 10배 성장을 이룰 수 있다는 사실을 깨달았다.

수잔은 면접을 보기 전에 여러 가지 테스트를 거쳤고, 소수의 CEO 후보에 올랐다. 가넷 및 이사회와의 면접에서 수잔은 용감하고 솔직하게 임했다. 그녀는 가넷에게 "당신이 원하는 바를 압니다. 그리고 제가 도와드릴 수 있습니다. 이런 일은 이전에도 여러 번 해본 적이 있습니다. 저를 고용하는 데 우려되는 점이 있나요?"라고 물었다.

가넷은 수잔에 대한 걱정거리 4~5가지를 늘어놓기 시작했다. 최대 문제는 수잔이 생보 업계 경험이 전무하다는 점이었다. 하지만 수잔이 그의 우려사항을 명쾌하고 대담하게 해소해 나가자 가넷은 이사회를 향해 "그녀를 최고로 존경합니다. 그녀를 채용합시다"라고 말했다.

수잔의 업무는 단순하거나 쉽지 않았다. 그녀에겐 두 가지 핵심 임무가 맡겨졌다.

- 가넷의 두터운 신뢰를 얻어 그가 수잔에 대한 걱정을 놓고, 자신만의 강점인 고객 맞춤형 금융 솔루션 개발에 매진할 수 있게 해야 했다.
- 오랫동안 정체된 비즈니스를 새롭게 구상하고, 최적화하며, 확장하는 방안을 찾아야 했다.

임기 시작 첫 한 달 동안, 수잔은 상황을 철저히 분석했다. 그녀는 회사의 재정 상태를 들여다봤다. 얼마나 많은 수익을 올리고 있는지, 미수금은 없는지, 그리고 돈이 어디로 흘러가는지를 확인했다. 또한 그녀는 판매된 생명보험을 자세히 분석하여 보험 출처와 흐름을 파악했다. 그녀는 "놀랍게도 보험금이 한곳에 모여 있지 않았다"라고 말했다.

그녀는 시스템과 프로세스를 샅샅이 점검하며 아직 시스템화

되지 않은 영역을 찾아내 직원들의 업무 중복을 없앴다. 비즈니스와 조직의 현주소를 깊이 파악한 뒤, 필요한 역할과 업무는 무엇이고 그에 걸맞은 인재는 누구인지 날카롭게 평가했다.

그 결과, 가넷이 팀에서 유일한 매출 창출자라는 사실을 발견했다.

수잔은 많은 팀원이 회사가 요구하는 역할에 부합하지 않거나 맡은 직무에 어울리지 않음을 알아챘다. 이들 대다수는 '2배' 마인드셋에 어울리는 사람들로, 현상 유지를 바랐다. 그들은 가넷이 염원하던 '10배' 마인드셋으로의 변화를 거부했고, 결국 수잔이 그 변화를 주도해야 했다.

수잔은 '기준 파괴자'(rate-buster, 특정 분야에서 기대치나 표준을 크게 뛰어넘는 사람으로, 비즈니스 분야에서 기업의 성장률이나 수익률을 크게 향상시키는 역할을 한다—옮긴이)였다. 그녀는 실제로 가넷에 의해 그 역할을 하도록 고용되었으며, 비즈니스가 정체되게 만드는 '2배'의 문제를 해결해야 했다. 그녀는 표준을 높이고 비즈니스와 팀의 구조를 '10배' 성장하도록 재편해나갔다.

그녀가 처음에 던진 몇 가지 단순한 질문은 이랬다.

- 해야 하는 일은 무엇인가?
- 지금 누가 그 일을 하는가?
- 이 일에 맞는 사람인가?

2017년부터 2021년까지 4년 동안, 수잔은 4단계 프로세스로 '타깃 스트래티지스 리미티드'가 10배 성과를 달성하도록 이끌었다. 현재 그들은 앞으로 4~5년 동안 또 한 번의 10배 성장을 위해 매진하고 있다. 수잔의 4단계는 다음과 같다.

1. 안정화
2. 최적화
3. 성장
4. 변혁

'안정화'란 비즈니스를 기능적으로 운영하고 규정을 준수하는 단계였다. 수잔은 비즈니스 수익 창출 방식을 더 잘 이해하기 위해 꼼꼼히 분석했다. 회사 판매 정책, 매출, 자금 흐름, 팀 구성, 회사의 모든 잠재적 취약점을 평가했다.

'최적화'는 주요 프로세스를 표준화하고 수익원을 다변화하여 가넷 혼자만 세일즈를 만들어내는 상황을 타개하는 것이었다. 수잔은 이 회사와 거래 경험이 있는 보험사와 은행을 찾아냈다. 그 과정에서 그녀는 그들이 타깃 스트래티지스와의 거래를 꺼린다는 사실을 알게 되었다. 이유는 간단했다. 명확한 프로세스나 시스템이 부재했기 때문이었다.

'성장' 단계에서는 가넷의 혁신적인 구조와 시각을 바탕으로, 타깃 스트래티지스의 보험을 판매할 사람들과의 네트워크 및 관계 구축이 중요했다. 가넷의 탁월한 점은, 생명보험에 대한 근본적으로 혁신적인 솔루션을 개발하여, 불필요한 모든 요소를 제거하고, 단순화하여 사후뿐만 아니라 생전에도 가치 있는 성장 자산으로 활용할 수 있게 만드는 데 있었다. 그는 계속해서 놀라운 지적 재산을 창출하고 있으며, 수잔은 이를 선별하고 실행하는 데 일조하고 있다.

수잔은 고액 자산가 대상 회계법인에서 활동 중인 몇몇 대표적 고위 관리자들과 관계를 만들기 시작했다. 이 대표자들은 타깃 스트레터지스와 유사한 기업과 일해본 전문가들이었다. 수잔은 해당 분야 비즈니스를 꿰뚫어보고, 해박한 지식의 네트워크를 넓히며, 잠재 고객의 언어에 능통한 인재를 적극 영입해 핵심 영업팀을 꾸렸다.

그녀의 야심찬 목표는 비즈니스를 체계화하고 조직화하는 것이었고, 최고의 인재 확보에 방점을 찍었다. 인재 풀이 커지면서 수잔은 가넷의 혁신적 접근법에 따라 생명보험을 판매하는 새롭고 다채로운 전략을 개발하고 추천인을 지속 발굴하며 성과를 일궈냈다.

4년 후, 수잔과 가넷은 힘을 합쳐 타깃 스트레터지스를 10배로 성장시켰다. 10배 성장 이후, 수잔은 네 번째 단계인 '혁신' 단계에 돌입했다. 또 다시 10배 성장을 위해선 몇 가지 변화가 필요했다.

우선, 가넷은 타깃 스트레터지스뿐 아니라 캐나다 보험업계 전체에서 손을 뗐다. 그는 고객에게 새로운 방식으로 가치를 전달하는 신설 회사를 시작했다.

수잔과 가넷은 여전히 상황에 따라 전략적 협력을 이어가고 있다. 그러나 현재로선 수잔이 타깃 스트레터지스를 운영하고, 핵심 직원 몇몇과 함께 회사를 이끌고 있다.

수잔은 또 한 번의 10배 성장을 위해선 지난번처럼 고위 관리자들과의 협업만으론 부족하다고 말했다. "여기서 10배 성장을 이루려면 보험 서비스 플랫폼을 활용해야 해요."

이 목표 달성을 위해, 가넷은 수잔이 이끄는 자기 주도적 회사로의 전환을 단행했다. 가넷이 최선을 다해 역할을 수행하려면 조직 일상에서 짐을 덜어줘야 했다. 수잔은 가넷에게 자유를 선사하고, 자신의 기술과 열정으로 회사를 안정화, 최적화해 10배 성장을 이뤄냈다. 그 사이 가넷은 자신의 특별한 재능과 열정인 학습, 성장, 혁신에 매진할 수 있었다.

10배를 달성할 때마다 목적의 자유와 소명감 또는 사명감도 기하급수적으로 확장된다. 10배의 성장을 계속하려면, 즉 고유 능력을 10배로 키우고 혁신하려면 자기 주도적인 회사를 설립하는 것이 필수다.

자기 주도적인 회사Self-Managing Company란 말 그대로 스스로 운영되는 회사와 팀을 의미한다. 대표는 더 이상 일상 업무에 개입하지 않는다. 당신을 위해 일하되, 당신에게 의존하지 않는 팀이 있다. 대표는 여전히 회사의 방향타이자 리더십을 발휘하지만, 주된 임무는 기업을 혁신하고, 변화를 주도하며, 새롭고 흥미로운 기회를 끊임없이 추구하고 활용하는 자신의 독특한 영역에서 주도권을 쥐고 활동하는 것이다.

이제 당신이 비즈니스의 팀, 시스템, 구조에 개입하고 관리하다가 병목이 되는 일은 없다. 대신, 시스템과 프로세스를 관리하고, 팀의 작업을 훌륭히 이끌어 갈 세계적 수준의 인재를 영입한다. 당신이 비전을 설정하면 팀이 이를 실행한다. 변화와 진화는 지속되면서, 사고방식과 정체성도 계속해서 새로운 차원으로 발전한다. 당신이 업데이트한 정보와 아이디어는 리더십 팀을 통해 전파되며, 그들은 더 넓은 팀으로 이를 확산시킨다.

이번 장에서는 자기 주도적인 회사를 시작하고, 더 나아가 스스로 확장하는 고유 능력 팀을 구성하는 데 필요한 기본 사항을 살펴보자.

모든 기업가는 모든 것을 혼자 처리하는 개인 단계에서, 삶과 비즈니스의 모든 측면에 '후 낫 하우' 원칙을 적용하는 리더로 성장하는 과정을 거친다. 결국, 당신은 자기 대신에 회사를 운영할 더 유능한 리더를 찾아 대체하고, 이를 통해 당신의 고유 능력을 극대화하고 더욱 흥미로운 발전을 이뤄내는 데 전념하는 자유를 얻는다. 특히, 10배로 도약하며 계속 성장하면서 기업가로서 네 단계 과정을 거치는데, 이번 장에서 이 부분을 설명하겠다.

1. 레벨 1에서 레벨 2로: 1단계는 모든 것을 스스로 해결하거나 소수의 동료를 세밀하게 관리하는 강한 개인으로 살아간다. 반면 2단계에서는 '어떻게' 중심의 개인주의에서 '누구' 중심의 리더십으로 발전한다. 여기서 중요한 변화는, 삶과 비즈니스의 모든 측면에서 일 처리 방식보다는 적합한 인재를 선택하는 것이다.

2. 레벨 2에서 레벨 3으로: '후 낫 하우' 원칙을 적용하는 레벨 2에서 레벨 3으로 넘어간다는 의미는, 자기 주도적인 회사를 운영하는 데 더 효율적인 리더를 자기 자리에 앉힌다는 뜻이다. 이제 일상 업무에서 벗어나 새로운 가능성을 탐색하고, 지금 하는 일의 20%를 더 혁신하고, 비전을 확장하고, 고유 능력을 활용한 협업에 몰두하게 된다.

3. 레벨 3에서 레벨 4로: 자기 주도적인 회사인 레벨 3에서 레벨 4로 넘어간다는 것은, 비즈니스를 포함해 주변에서 일어나는 모든 일이 자기증식 고유 능력 팀워크Self-Multiplying Unique Ability Teamwork로 운영된다는 의미다. 이러한 팀 구조에서는 모든 구성원에게 자신의 핵심 역량, 즉 20%를 지속적으로 개선하도록 권한다. 긍정적인 노동 환경에서 적재적소에 영입된 인재들은 공유된 10배 비전을 향해 자신의 고유 능력을 발전시킬 자유를 얻는다. 각 인재가 자신의 장

점을 완전히 수용하여 80%의 일을 내려놓고, 해당 업무를 이어갈 새롭고 더 적합한 인재를 찾아 자리를 물려준다. 팀은 지속해서 확장되고, 모두가 성장하며 가치는 높아진다.

이제 각 단계에 대해 자세히 알아보자.

기업가 정신, 레벨 1에서 레벨 2로: 견고한 개인에서 리더로의 전환

◆ 혁신적이며 수익성이 높은 회사를 구축하려면 직원들이 주도적으로 이끌어가는 회사가 필수적이다. 팀이 일상적인 운영 활동을 스스로 관리하게 함으로써, 당신은 큰 그림에 집중하고, 지속해서 더 큰 가치를 창출하며, 시장을 변화시킬 기회를 잡을 수 있다.

— 댄 설리반[2]

1997년, 위스콘신주 웨스트벤드 출신의 기계 엔지니어였던 팀 슈미트Tim Schmidt는 직원 3명과 함께 소규모 비즈니스를 시작했다. 그들의 사업 모델은 명확하지 않았다. 팀의 말에 따르면, "돈만 낸다면 뭐든 했다"라고 할 정도였다.

10년 후 2007년에 팀의 회사는 여전히 직원 3명이었고, 매출은 대략 30만 달러로, 창업 당시와 크게 다르지 않았다. 팀은

1997년부터 2007년까지 "죽을힘을 다해 일했음에도" 겨우 2배 성장에 그쳤다.

이제, 2011년부터 2022년까지의 10년을 비교해보면, 팀이 현재 일하는 USCCA(미국 컨실드캐리협회)의 매출은 3~4백만 달러에서 현재는 2억 5천만 달러 이상으로 늘었고, 북미 전역에 615명이 넘는 직원이 근무하며, 70만 명이 넘는 회원이 재가입하는 상황이다. 팀은 "열심히 일하는" 2배 모드 대신에 리더와 팀을 계속 추가함으로써 USCCA의 성장을 가속화하고 있다.

이것은 무척 어려운 과정이었다. 하지만 더 많은 자유와 성공을 향한 재미있고 혁신적인 여정이기도 했다.

그 20년 동안 대체 무슨 일이 일어났을까? 팀의 경험이 어떻게 변모했을까? 어떤 시작점에서 출발해 이제는 매년 수백만 명의 삶에 큰 영향을 미치는 조직으로 성장할 수 있었을까? 팀의 여정을 살펴보는 것은 평범한 개인에서 변화를 이끄는 리더로 성장하는 과정을 깊이 이해하는 데 큰 도움이 된다.

1998년, 팀은 갓 태어난 첫 아들 티미 주니어를 처음 안았다. 그 순간 "이 아이를 보호하고 지켜주는 게 내 일인데, 내가 뭘 하는지 모르겠다"라는 생각이 스쳐 지나갔다.

총기를 다루는 환경에서 자랐고 12살 때 아버지에게 총 다루는 법도 배웠지만, 당시 28살이던 팀에게는 총이 없었다. 갓 태어난 아들을 안으며 팀은 자기방어에 대해 배우기 시작했다. 이 과정에서 처음 총기 산업을 접했을 때 그는 적잖이 충격을 받았다.

엔지니어이자 연구자인 팀은 구매하고 싶은 권총에 대해 확신이 들 때까지 여러 총기를 조사하는 데 많은 시간을 보냈다. 그는 위스콘신주 저먼타운에 있는 갠더 마운틴 매장으로 가서 총기로 가득 찬 유리 케이스로 걸어갔다. 카운터 뒤에 서 있던 덩치 큰 남자는 아무 말 없이 그를 쳐다보고 있었다.

"혹시 저기 있는 총을 좀 볼 수 있을까요?" 팀은 총기 하나를 가리키며 물었다.

팔짱을 끼고 있던 남자는 위아래로 팀을 훑어보더니 "당신 같은 사람이 그런 총으로 뭘 하겠어요?"라고 냉소적으로 물었다.

당황한 팀은 "모르겠어요!"라고 대답했다. "그래서 도움을 청하는 겁니다."

말할 필요도 없이 긍정적인 경험은 아니었다.

하지만 이 일로 팀은 총기 소유, 교육 그리고 안전이라는 주제에 깊이 빠져들었다. 그는 엔지니어링 사업을 하면서도 몇 년 동안 부업으로 이 주제를 열심히 공부했다.

2003년, 팀은 자신의 부업에서 USCCA를 시작했다. 총기 소유와 방어 교육에 관련된 이야기를 공유하는 잡지 『컨실드 캐리 매거진』The Concealed Carry Magazine을 인쇄물로 발행하는 것부터였다.

처음 잡지를 만드는 데 6개월이 걸렸다. 팀은 은행에 통하지 않고 자신의 엔지니어링 사업에서 10만 달러를 대출받아, 잡지 3만 부를 인쇄하고 우편 발송하는 데 모두 썼다. 주소는 인구 통계

데이터 제공 회사로부터 구했다.

첫 번째 잡지에는 지속적인 교육을 위해 USCCA에 가입하라는 권유 문구가 포함되어 있었는데, 당시에는 6주마다 새 잡지를 받을 수 있는 구독이 필수였다. 처음 발송된 3만 부 중 천 명이 연간 47달러에 USCCA를 구독했다.

이젠 역으로 팀이 곤란한 상황에 직면했다. 앞으로 1,000명이 6주마다 새 잡지를 기다리는데, 이것은 엄청난 작업이며 많은 자금이 필요했기 때문이었다!

2003년부터 2007년까지 USCCA의 성장은 선형적이었으며 상당히 느렸다. '후 낫 하우' 원칙을 어떻게 적용해야 할지 몰랐기 때문에 팀은 아직 리더 역할을 하지 못했다. 그는 사람들을 신뢰하지 않았으며 그들이 모든 것을 망칠 수도 있다고 생각해 모든 것을 통제하려 했고 대부분 혼자서 일을 처리했다.

팀의 리더십 부족에도 불구하고, 미국 컨실드캐리협회USCCA는 꾸준히 성장하여 2007년에는 연 매출 100만 달러, 수익 20만 달러를 창출하는 회사로 성장했다. 직원은 4~5명이었고, 그중 절반은 항상 불만을 달고 다녔다. 하지만 이런 상황에도 불구하고 USCCA는 주목받기 시작했다.

회사의 강력한 성장세를 목격하며 팀은 몇 가지 중요한 깨달음을 얻었다.

첫째, USCCA가 바로 자신이 전념하고픈 곳이라는 것.

둘째, 회사가 성장하려면 자기 자신이 변화하고, 진정한 리더로 성장해야 한다는 것이 분명해졌다.

그는 엔지니어링 회사를 매각하고 USCCA에 전력을 다했다. 그리고 작은 사무실 건물을 구입했다.

팀은 비즈니스와 리더십에 관한 많은 책을 읽기 시작했고, 스트래터직 코치와 협력하며 기업가적 운영 시스템EOS이라는 글로벌 기업가 교육 프로그램에서 코칭을 받았다. 이를 통해 비즈니스를 체계화하고 운영하는 방법 그리고 핵심 가치와 같은 문화적 측면을 개발하는 법을 배웠다.

2007년부터 2011년까지, 매출이 100만 달러에 불과했던 회사는 20명의 직원을 거느리고 400만 달러의 매출을 달성한 회사로 성장했다. 비즈니스는 교육을 제공하는 잡지를 중심으로 이루어졌고, 회원에게 지위와 정체성도 부여했다.

2011년은 팀과 USCCA에 중요한 전환점이 되는 해였다. 이때부터 팀은 세계 최고 수준의 팀을 만들기 위해 전념했다. 그는 잡지를 한 단계 업그레이드하여 더욱 강력하고 흥미롭고 유용한 잡지로 만들기 위해 최선을 다했다.

팀은 개인 비즈니스 코칭에서 통찰력을 얻었다. USCCA 회원 가입 시 필수 혜택으로 '자기방어 책임 보험'을 제공하면 어떨까 하는 아이디어였다. 방위 교육과 훈련에만 초점을 두던 데서 보험과 보호 기능도 회원 혜택으로 주자는 생각이었다.

당시에는 물론 지금도 호신술을 합법적으로 인식하고 받아들이는 문화가 널리 퍼져 있지 않았기 때문에, 팀이 향후 취한 조치는 매우 혁신적이었다. 이에 팀은 미국의 책임감 있는 총기 소유 문화를 만들하고자 USCCA의 근본 철학을 세우고 프레임워크를 짜기 시작했고, 이 협회에도 적극 가입했다. USCCA는 책임감 있는 총기 수호를 위한 세 가지 주요 기둥을 토대로 하고 있다.

1. 정신적 준비: 교육과 훈련에 중점을 둔다.
   a. 회원들은 멘탈 트레이닝을 받고, 6주마다 『컨실드 캐리』 매거진을 받아본다.
   b. '총기 교육용 넷플릭스' 역할을 하는 〈프로텍터 아카데미〉에서 수천 시간의 온라인 강의를 들을 수 있다.
   c. 오랜 시간 쌓아온 수백 개의 가이드, 체크리스트, 전자책 등의 자료를 활용한다.

2. 신체적 준비: 신체 훈련과 실전 총기 사용에 중점을 둔다.
   a. 미 전역에서 활동 중인 USCCA 인증 강사 5,000명 이상이 회원들에게 실질적인 총기 사용법을 가르친다.
   b. USCCA는 전국 1,500개 이상의 사격장과 공식 제휴를 맺고 있으며, 사격장엔 "USCCA 공식 파트너" 배너가 걸려 있다.
   c. 회원들은 탄약과 장비 구매 시 다양한 할인 혜택을 받을 수 있다.

3. 법적 준비: 총기 사용에 따른 법적 문제에 대비해 보험과
   교육을 제공한다.
   a. USCCA는 연중무휴 24시간 법률 지원팀을 운영해 회원
      들의 모든 질문과 상황에 답변한다.
   b. 1,000명 이상의 형사 변호사로 이뤄진 전문팀이 24시간
      대기 중이다.
   c. 자신을 지키기 위해 연간 최대 200만 달러의 책임 보험
      에 가입할 수 있다.

명확한 방향과 사명감, 헌신이 커지면서 팀은 과감한 결정을
내렸다. 2003년 잡지를 창간한 이래 연 회비는 47달러로 유지돼
왔다. 그러나 고객 서비스 향상, 정신적·신체적·법적 준비라는 3
대 기둥, 자기방어 책임보험 추가 혜택 등을 감안해 팀은 USCCA
연회비를 거의 4배인 200달러로 올리기로 했다.

이 결정이 내려지자마자 회원 절반이 탈퇴했다. 하루 만에
USCCA 갱신 회원이 5만 명에서 2만 5천 명으로 줄었다. 고객이
반토막 난 것에 팀은 오히려 "기분이 좋았다"며 질 향상에 주력한
것을 긍정적으로 평가했다. 고객이 절반으로 줄었는데도 수익은
2배 이상 올랐고, 수익성도 크게 높아졌다.

USCCA는 더 나은 품질, 더 좁은 영역에 집중했고 사명과 목
적에 레이저처럼 초점을 맞췄다. 넓은 시장 대신 틈새시장과 목표
고객층을 좁혔다. 팀은 "종 모양 곡선의 가장자리를 공략해야 한

다. 중간을 노리면 문화, 커뮤니티, 비즈니스 성장에 치명타를 입는다"라고 강조했다.

2011년, 보험을 도입하고 USCCA의 사명과 초점을 명확히 하며 회원의 질에 주력한 이후 회사는 연 매출 3~4백만 달러에서 2억 5천만 달러 이상으로 급성장했다. 지난 10여 년간 팀은 리더로서 스스로를 발전시키는 한편, 조직 구성원 모두를 성장시키는 데 주력해왔다. 그는 계속 코칭을 받고 자기계발에 힘쓰며, 이제는 팀원 교육과 훈련에도 많은 시간을 투자하고 있다.

처음에 팀은 엔지니어링 사업에서 10만 달러를 대출해, 3만 부의 잡지를 처음 배송하는 데 모두 투자해야 하는 상황이 두려웠다. 또한, 단기간에 가격을 4배나 올리게 되면 엄청난 수의 고객을 잃게 될 것이 자명했기에 두려웠다. 팀은 10배의 비전과 목적을 위해 80%를 포기하는 두려움을 여러 번 마주했다.

그는 모든 일을 자기가 다 통제하려는 욕구를 포기해야 했다.

그리고 코칭, 교육 및 지원에 많은 투자를 해서, 자신의 사고를 독특하고 혁신적인 수준으로 발전시키는 일을 계속했다. 스피치 코치와 협력하여 커뮤니케이션과 발표 능력을 향상시켜 메시지가 더 잘 전달할 수 있도록 했다.

그는 리더이자 비전가로서 자신을 성장시키며, USCCA와 관련된 모든 사람의 비전과 사고방식을 지속적으로 확장하고 있다. 그가 가장 중요하게 생각하는 것은 현재 70만 명 이상의 USCCA

회원 전체와 회사에 이러한 사고방식과 성장 원리를 전수할 수 있도록 자신을 계속 발전시키고 개선하는 일이다.

팀의 목표는 2030년까지 400만 명 이상의 회원을 모집하는 것이다.

최근 조 폴리시(Joe Polish, 미국의 성공적인 비즈니스 코치, 마케팅 전문가—옮긴이)가 창설한 지니어스 네트워크Genius Network 그룹 강연에서 팀은 USCCA를 성장시키는 데 적용한 7가지 원칙을 제시했다. 이 원칙들은 변혁적 리더십 이론의 많은 부분을 반영하고 있다.[3] 따라서 나는 팀이 발표한 7가지 원칙을 공유하며, 이를 변혁적 리더십의 과학과 연결시켜 보고자 한다.

"사람들은 왜 USCCA에 가입하나요?"라는 질문에 팀은 처음에는 정신적, 육체적, 법적 준비와 훈련이라는 세 가지 기둥과 회원 혜택을 언급했다. 그리고 그는 더 깊은 이야기를 이어갔다.

명확히 말씀드리자면, 사람들이 USCCA에 가입하는 것은 이런 혜택들 때문이 아닙니다. 물론 이것 자체도 무척 훌륭하지만, 사람들이 회원이 되는 진짜 이유나 깊은 동기는 아닙니다. 사실, 대부분은 우리가 제공하는 모든 혜택 자체를 원하지 않습니다. 그들이 찾는 건 그런 혜택이 가능케 하는 매개체일 뿐입니다. 사람들이 어떤 단체나 협회에 가입하는 이유는 심리적 동질감 때문입니다. 모든 사람은 자기 신념과 문화를 공유하는 집단에 속하고, 거기서 유대감을 느끼려는 강한 욕구가 있습니다.

지난 20년간 팀이 USCCA에서 구축해온 것은 바로 이런 깨달음을 전제로 한다. 잡지 발행부터 대형 행사 개최까지 모든 활동은 회원들 사이의 심리적 동질감과 소속감, 공동체 의식을 형성하기 위한 것이었다. 그래서 팀의 7가지 원칙은 심리적 동질감과 소속감을 만드는 데 초점을 맞춘다. 하나하나 살펴보자.

1. **스토리텔링**: 각 기관과 조직에는 강렬한 창립 스토리가 필요하며, 팀은 "실화가 가장 강력하다"라고 강조했다. 사람들은 자신의 사명을 향한 영웅적 여정에 끌린다. 그들은 자기계발을 거듭하고, 장애물을 넘어서고, 실패에서 배우며, 조셉 캠벨이 말한 '영웅의 여정'을 반영한다.[4] 모든 위대한 조직은 자신의 이야기에서 고객을 주인공으로 삼는다.

2. **이념**: 팀은 "조직은 사람들의 가슴을 울릴 사명이 필요하다"라고 말한다. 시대를 초월하는 이념은 정치가 아니라 원리에 뿌리를 둬야 한다. 정치는 권력 투쟁을 의미하지만, 원리는 근본적인 진리를 뜻한다. 총기 및 총기 안전에 초점을 맞춘 USCCA의 회원 중 민주당원이 40%라는 것은, 이 단체가 정치적 입장보다는 모든 정치적 배경을 가진 사람들과 연결될 수 있는 원칙에 집중하기 때문이다.

3. **상징**: 조직이나 협회는 강렬하고 명확한 이름과 함께 사람들이 조직을 떠올릴 수 있도록 상징 또는 로고(예: 나이키 로고)가 필요하다.

팀은 직원과 고객이 한 명도 없던 시절, 처음 시작 때부터 미국 컨실드캐리협회USCCA라는 이름을 사용했다. 이 이름이 처음부터 공식적이고 중요해 보였기 때문이다. 상징은 전문적으로 디자인하고, 착용 가능해야 한다. 할리 데이비슨이나 애플처럼 기꺼이 몸에 새기는 사람들도 있을 정도이다.

4. **공유된 의식**: 의미와 소속감을 불러일으키는 독특하고 일관된 모든 활동이 의식儀式에 포함된다. 이런 의식은 개인이 조직과 이념에 대한 헌신을 강화하는 데 도움을 준다.

매년 열리는 엑스포에서는 15~20만 명의 USCCA 회원이 모여 부스, 교육 및 다양한 커뮤니티 이벤트를 즐긴다. 행사에 참여하려면 여러 차례에 걸쳐 USCCA 회원 카드를 제시해야 한다. 멤버십 카드를 자랑스럽게 보여주는 것은 USCCA에서 만든 의식 중 하나다. 이러한 의식을 확산하고 강화하는 한 가지 방법은 블로그, 유튜브 동영상, 잡지 등을 통해 정기적으로 콘텐츠를 게시하고, 의식에 참여하는 회원들의 이야기와 혜택을 강조하는 것이다.

5. 적: "적을 만들어야 한다"라고 팀은 말한다. 흥미롭게도 사람들은 자신이 좋아하는 것보다 싫어하는 것에 더 쉽게 공감한다. 우리와 그들, 즉 인그룹과 아웃그룹에 적용되며, 무언가를 가리키며 "그건 우리가 아니다"라고 분명히 말하게 해준다. 적(사람 집단이든, 행동 패턴이든)은 이데올로기의 본질적인 부분이다.

예로, 스트래티직 코치는 은퇴에 대한 생각을 '적'으로 규정한다. 이 책에서 '적'이란, 현재(80%)에 만족하지 않고 더 큰 미래(자신의 20%의 고유 능력에 전력하는 것)를 향한 도전을 중단하는 2배 마인드셋이다.

6. 언어: 모든 끈끈한 조직에는 고유한 단어, 약어, 공유된 의미로 이루어진 내부 언어가 있다. 이런 언어는 대화에서 지속해서 사용되며 교육 자료에도 반영된다.

스트레티직 코치 회의에 참여하면 '후 낫 하우'Who Not How, VOTA(Vision, Opposition, Transformation, and Action: 모두 기업가들이 원하는 결과를 구상하고 목표를 가로막는 모든 것을 즉시 인식함으로써 어려운 상황을 헤쳐나가도록 돕는 프레임워크. 목표를 방해하는 것처럼 보이는 모든 것이 실제로는 목표 달성을 위한 원재료라는 것을 깨닫고 이러한 장애물을 행동으로 전환하는 것을 목표로 한다―옮긴이), DOSS(Dangers, Opportunities, Strengths converSation: 각자에게 있는 위험[잃을까 두려워하는 것], 기회[무언가를 얻을 수 있는 가능성], 강점[고유한 기술과 경험]을 토대로 해서 이를 끝없는 성장의 열쇠로 활용하는 대화법—옮긴이), 격차와 유익 등을 자주 언급하는 것을 듣는다. 누군가가 해당 언어를 사용하고, 그 복잡한 의미를 공유하면, 그 사람이 내부인임을 알 수 있다.

7. **리더**: 모든 조직, 협회, 운동에는 리더가 필요하다. 이들은 매력적이며 기쁘게 섬기는 사람들이다. 그들은 자신이 이야기의 주인공이 아니라, 구성원이 주인공이라는 점을 이해하고 있다. 리더는 구성원을 섬기고 안내하고 지원하기 위해 존재한다. 리더는 고객이나 회원들이 협회가 제공하는 여정을 통해 성장하고 변화할 수 있게 돕고, 그 과정을 함께한다.

팀의 이야기는 어려운 환경에서 변혁적인 리더로 성장한 한 사람의 여정이다. 힘든 환경을 극복하고 변화를 주도하는 리더로 성장한 팀은 자기계발에 투자하고, USCCA의 비전과 목표를 넓혔다. 사람들을 압박하거나 지나치게 간섭하는 대신에, 그들의 성장과 발전을 촉진하는 변혁적 리더십 원칙을 적용했다. 수많은 연구와 과학적 증거에 기초한 변혁적 리더십 원칙들은 구성원들이 더 큰 성취를 이루도록 하며, 리더 자신 또한 지속적으로 성장을 추구하게 한다. 핵심 원칙은 다음과 같다.

1. **이상적 영향력**: 변혁적 리더는 행동과 가치를 통해 팔로워에게 영감을 주는 롤 모델이다. 이런 리더는 위험을 두려워하지 않고, 선택한 가치에 전념하며, 신념을 보여주어 팔로워들에게 자신감을 불어넣는다.

2. **영감을 주는 동기 부여**: 변혁적 리더는 팔로워들에게 명확한 비전을 제시하고, 높은 기대치를 세워 영감과 목적의식을 심어준다. 그들은 자신감 있는 의사소통으로 부정적이고 도전적인 상황을 성장의 기회로 바꾸며, 팔로워들이 긍정적 마인드셋을 갖도록 격려한다. 그들은 격차 마인드가 아니라 유익 마인드로 살아간다.

3. **지적 자극**: 혁신적 리더는 팀원의 창의력과 자율성을 중시한다. 그들은 의사결정 과정에 팀원들을 참여시키고 창의적 사고를 유도한다. 리더는 기존의 가정에 도전하고 건강한 갈등이 일어나도록 한다. 그들은 팔로워들이 문제와 장애물에 대해 생각하고 접근하는 방식을 바꾸어, 자신의 결정과 결과에 대해 주인의식을 갖도록 권한을 준다.

4. **개별화된 배려**: 변혁적 리더는 팀원 각자를 고유한 목표와 능력을 가진 독특한 개인으로 대한다. 마찰과 불안을 없애고, 각 개인이 자신의 최고의 능력을 발휘할 수 있는 자유

롭고 자율적인 환경을 조성한다. 각자의 도전과제를 솔직하고 개방적으로 공유하며, 자신의 도전, 희망, 관점을 솔직하게 전달할 수 있는 분위기를 조성한다.[5)6)7)8)]

변혁적 리더로 성장하면서 팀은 팀원들이 관리자에게 통제받기보다, 스스로 이끌고 주인의식을 갖고 역할과 책임을 어떻게 수행할지 결정하는 자율적 환경을 만들기 시작했다. 리더인 그는 자신만의 철학과 이념을 세우고 이를 명확한 프레임워크로 만들어 회사와 조직의 방향과 비전을 제시했다. 덕분에 고객과 커뮤니티에 심리적 명확성과 일관성이 부여되었다.

팀은 의식적이면서도 겸손하게, 강인한 개인주의자에서 변혁적 리더로 성장했다. 그는 '어떻게'를 통제하려는 욕구를 버리고, 대신 더 우수한 '누구'를 확보하기 위해 자신에게 투자했다. 팀원들이 고유한 능력을 발휘할 수 있게 했고, 그들의 행동을 통제하기보다는 스스로 관리하도록 격려했다.

팀은 성장하는 각 단계마다 자신을 여기까지 이끌어온 요소의 80%를 버려야만 했다. 이러한 요소들이 이제는 다음 단계로의 10배 성장을 방해하고 있음을 깨달았다.

이제 팀의 이야기를 통해, '방법'보다는 '사람'을 우선시하는 핵심 원칙과 그 적용 사례들을 살펴볼 것이다. 이 원칙들은 단순히 2배 마인드셋에 머무르지 않고 10배 성장을 방해하는 주요 요소들을 극복하게 하는 데 중요하다.

'후 낫 하우' 원칙 FAQ

질문 젊은 기업가가 가장 먼저 구해야 할 '인재'는 누구인가?

어떤 형태라도 좋으니 관리 비서를 먼저 구하라. 지노 위크먼과 기업 운영 체제EOS의 언어로 표현하자면 '코디네이터' 역할을 맡는 것이다. 수잔 키척은 이 역할을 매우 높은 수준으로 적용하고 있지만, 일정, 이메일, 물류 등을 포함하여 20시간 이상의 시간, 즉 '80%'를 즉시 확보하게 해주는 디지털 비서를 구하는 것만으로도 소규모로 일을 시작할 수 있었다.

디지털 비서의 역할은 당신의 일상을 정리하고, 삶을 간편하게 만들며, 일상 업무를 처리하는 것이다. 목표는 무엇이든 자신이 가장 잘하는 일에 집중하게 하는 것이다. "프랭크 시나트라는 피아노를 직접 치지 않는다"라는 속담을 기억하라.

댄 역시 기업가들에게 "지원팀 없이는 절대로 혼자 등장하지 말라"라고 조언한다. 솔직히 말해, 혼자 이메일과 문의에 답하고 업무 운영을 처리한다면, 수준 높은 사람으로 보이지 않는다. 1인 기업가처럼 느껴져 서비스 수준, 품질, 전문성, 결과까지 의심받을 수도 있다.

고객이나 잠재고객을 만날 때 첫 접촉과 체계적인 절차를 다른 사람이 처리하도록 하라. 당신이 최선을 다해 업무를 수행할 수 있도록 그 사람이 조직하고 무대를 준비하도록 하라. 이렇게 하면 자신이 가장 잘하는 일에 집중할 수 있을 뿐만 아니라, 서비스를 제공하는 사람들에게 더 나은 입지를 세울 수 있다.

그들은 당신의 삶 전반에 걸쳐 준비된 무대를 마련해주고, 당신의 삶을 점차 더 편리하고 활기찬 것으로 만든다. 예를 들어, 하루와 한 주의 무대를 설정하여 어디에 에너지와 노력을 집중해야 하는지 알려주고, 온갖 잡음을 걸러내 가장 효과적인 고유 능력 활동에 마음과 주의를 집중할 수 있도록 도와준다.

질문 다른 사람을 이끄는 것이 두렵다면 어떻게 해야 하는가?

처초반에는 명확한 목표와 성공 기준을 설정하는 것이 중요하다. 하지만 언제든 기준을 재평가하고 명확히 할 수 있다. 관계가 돈독하고 지속적으로 배우고 성장한다면, 기준과 프로세스는 항상 업데이트되고 개선될 것이다. 이는 지속적이고 반복적인 과정이어야 한다.

예를 들어, 나는 책 홍보를 위해 팟캐스트에 출연하며, 조수 첼시와 지속적으로 출연 기준에 대해 소통한다. 한번으로 끝나는 것이 아니라 필터를 강화하는 과정이며, 첼시는 내가 원하는 결과를 얻을 수 있도록 실행을 돕는다.

'후 낫 하우' 원칙을 더 많이 적용하고, 인재에게 권한을 주어 주인의식을 갖게 하며, 실행을 위한 자유공간을 제공한다면 리더의 부담감은 점차 줄어들 것이다.

당신은 리더이며 구성원들은 기꺼이 당신을 돕는다. 그들이 일하고 성공하길 원하므로, 그런 사람들을 모집하는 것이 중요하다. 짐 콜린스는 『좋은 기업에서 위대한 기업으로』에서 이렇게 말했다.

올바른 인재를 확보했다면, 동기부여와 관리에 대한 문제는 대부분

해결된다. 적합한 인재는 엄격한 통제나 해고 없이도 내재된 동기로 최고의 성과를 내고 위대한 것을 이루고자 한다.

이들은 별도의 관리나 감독 없이 자발적으로 최선을 다한다. 리더는 그들의 열정과 능력을 믿고 자율성을 부여하면 된다. 적재적소에 알맞은 인재를 배치하면, 동기부여와 엄격한 관리의 필요성이 줄어든다. 최고의 인재들은 스스로 동기부여 되어 있기 때문이다.[9]

질문 내가 뽑은 인재를 다루기 어렵다면 어떻게 해야 할까?

그렇더라도 인재 활용을 포기해선 안 된다. 비용으로 생각하지 말라. 인재를 얻는 것은 자신과 결과에 대한 투자다. 인재를 얻기 위해 기다리는 시간이 늘어날수록, 80%의 노력으로 20%의 결과만 만들어내며 당신의 시간과 에너지가 소진될 뿐이다. 지나치게 분산되어 바쁘게 움직이다 보면 10배 더 높은 품질의 결과를 만들어낼 수 있는 집중력과 깊이를 거의 경험하기 어려워진다.
하지만 인재에 투자하면 수십 시간, 즉 가치 있는 20% 활동에 집중할 수 있는 시간을 확보할 수 있다. 그러는 동안 20% 활동 수행 시 집중력과 몰입이 향상된다. 새로운 인재 역시 역할에 더욱 매진할 수 있으니 이전에 부진했던 부분도 일관성 있게 처리할 수 있다.
모든 것이 개선되는데, 특히 10배 성과를 내기 위한 기반인 심리 상태와 집중력이 향상된다. 인재 투자를 통해 자신과 조직의 생산성이 극대화되는 것이다.

질문 적합한 인재를 어떻게 찾는가?

'후 낫 하우'는 다른 기술들처럼 시간이 흘러가면서 점차 발전하는 지속적인 과정이다. 처음에는 쉽지 않을 것이다. 적합한 사용자를 찾기 위해 활용할 수 있는 최적의 선명도와 필터도 없을 것이다. 또한 자금도 확보되지 못한 상태다. 하지만 모든 큰일은 작은 것부터 시작되니 시작해보라.

첫 번째 어시스턴트에게 20시간의 물류 및 운영 업무를 맡겨보라. 시간당 15달러(2만 원) 이하로 '디지털 조수'를 구할 수 있다. 실제로 이 역할을 수행하는 인재의 수준과 그들이 내는 결과물에 놀라게 될 것이다.

'후 낫 하우'의 힘을 깨닫는다면, 더 이상 그 물결을 거부하지 않게 될 것이다. 그리고 당신이 시장에 제공할 수 있는 독특한 가치인 20%에서 더 많은 결과를 만들어내기 시작하면서 에너지와 집중력이 향상하고 즐겁게 일하게 된다.

내가 처음에 두 명의 비서를 구할 때는 페이스북 친구들에게 개인 비서로 아르바이트를 하려는 사람을 찾을 수 있는지 물어봤다. 그 결과 말 그대로 수십 건의 지원서가 들어왔고, 최종적으로 고용한 두 명의 여성은 내 경력에 비하면 정말 뛰어난 인재들이었다.

그러다가 내가 직접 인재를 찾는 일은 그만두고, 그 역할을 비서에게 맡기게 되었다. 원하는 결과 형태(즉, 비전과 기준)에 대한 명확한 가이드라인을 제시하고, 비서가 가장 적합한 인재를 찾아 인터뷰하도록 했다.

전문성이 높아질수록 원하는 결과를 얻기 위해 필요한 인재의 요구사항이 더욱 구체화되는데, 실제로 그런 인재는 수가 상대적으로 적기 때문에 찾기가 더 쉽다. 예를 들어, 이 책을 원하는 위치에 올리려면 비즈니스 서적을 잘 아는 편집자가 필요하다는 것을 알았다. 그래서 비즈니스 서적에 능통한 최고의 편집자이자, 유명한 저자들과 함께 작업한 경험이 있는 헬렌이 떠올랐고, 찾아내는 데 한 시간도 걸리지 않았다.

질문 사람을 잘못 구해 많은 돈을 낭비하게 된다면?

이런 상황은 흔히 발생한다. 하지만 격차가 아닌 유익의 관점에서 바라보라. 모든 일은 당신을 위해 일어나는 것이지, 당신을 무너뜨리려고 오는 게 아니다. 잘못된 인재를 선택한 이유는 내가 원하는 바가 명확하지 않았고, 댄 설리번의 말처럼 좋은 '구매자'가 되지 못했기 때문이다.

이런 상황은 우리 모두가 겪는 과정이며, 훌륭한 팀과 협력자 그룹을 꾸린 후에도 완전히 피할 순 없다. 잘못된 사람을 더 빨리 걸러낼 수 있는 시스템을 갖추고, 발견하면 신속히 수정하는 것이 최선이다.

때때로 잘못된 인재 때문에 손해를 보는 경우가 있다. 이 책을 집필하는 동안에도 여러 편집자와 컨설턴트를 거쳤는데, 그들은 내가 원하는 방향으로 이 책이 나아가도록 도와주지 못했다. 그러나 나는 이를 손해가 아니라 배움의 기회로 보았다. 내 경험을 그냥 묻어두지 않고, 성장과 배움으로 바꾸고 있으며, 그 결과 과거보다 더욱 명확해지고, 앞으로 인재를 찾는 데 더 효율적인 시스템으로 개선할 수 있기 때문이다.

비즈니스 스쿨에서는 인재를 찾는 기술을 가르치지 않는다. 그러므로 잘못된 선택이 있더라도 당신에게 유익이 될 만한 요소를 남기고 계속 발전해가라. 시간이 흐름에 따라 주변의 인재가 당신을 놀라게 할 것이며, 시스템은 점점 더 자동화되어 관리하기 쉬워질 것이다.

질문 '후 낫 하루'를 지나치게 사용하게 되는 건 아닐까?

그렇지 않다. 자신의 핵심 역량인 20%에 더욱 집중하고 에너지를 투자하면, 결과적으로 높은 품질의 성과를 일관되게 창출할 수 있다. 그렇게 되면 시간과 결과의 가치는 상승하고, 수익과 수입 10배 증가하여 삶의 모든 영역에서 더 많은 인재를 얻는다.
10배 원칙은 깊이와 품질에 관한 것이다. 자신이 하는 일에서 달인이 되려면 다른 일로 인한 인지부하를 줄여야 한다. 양을 줄이고, 대신 질을 높이는 일에 집중하라. 이 원칙은 개인 생활에도 적용된다. 가사노동을 외주화하면 가족과의 관계의 깊이와 질이 한층 더 높아질 것이다.

기업가 정신, 레벨 2에서 레벨 3으로:
리더 없이도 주도적으로 운영되는 회사

◆   비즈니스를 10배 성장시키려면, 당신과 팀원 모두가 가능한 한 빠르게 자기 주도적인 회사로 운영되도록 해야 한다.

— 댄 설리번

변혁적 리더는 팔로워들이 자발적으로 조직을 위해 행동하도록 하고, 자신의 역할을 넓게 인식하도록 돕는다.[10] [11] [12] 연구에 따르면 변혁적 리더는 신뢰와 헌신을 불러일으켜 팔로워들의 인식된 역할 범위를 확장한다.[13] [14] [15] 리더는 팔로워들이 잠재력을 발휘할 수 있도록 격려한다. 따라서 이들은 단순히 팀원이기 때문에 일하는 게 아니라 그 이상을 원하기 때문에 그렇게 한다.

변혁적 리더는 팔로워들의 신뢰와 헌신을 얻어 그들의 역할을 더욱 확장하도록 영감을 준다.[16] 리더에 대한 신뢰는 변혁적 리더십의 핵심 요소다.[17] 신뢰 없는 변혁적 리더십이 존재할 수 없다. 신뢰는 팔로워들이 성과를 내고 새로운 수준에 도달하도록 독려하는 매개체 역할을 한다.

최근 여러 연구 결과를 종합해 보면, 리더를 신뢰하고 조직에 감정적으로 몰입할수록 변혁적 리더십이 발휘되면서 구성원들의 역할이 확장되고 조직을 위해 자발적으로 노력하게 된다는 것을 알 수 있다.[18] 변혁적 리더는 팔로워들로부터 신뢰를 얻고 그들이 공동의 목표와 비전에 마음으로부터 헌신하도록 만든다. 이렇게 서로 간의 신뢰와 조직에 대한 헌신이 있으면 사람들은 놀라운 성과를 낼 수 있다.

'왜'가 충분히 강하다면 '어떻게'를 찾게 된다. 팀이 리더를 신뢰하고 공동의 목표에 헌신하면 목표 달성을 위해 하지 못할 일이 없다. 마지막으로 변혁적 리더는 사람들로부터 최대의 효과를 이끌어내고 궁극적으로 그들이 자기 자신을 이끌 수 있게 한다.

스티븐 M.R. 코비는 저서 『신뢰의 속도』*The Speed of Trust*에서 신뢰를 얻기 위해선 신뢰를 베풀어야 한다고 강조한다.[19] 이것이 바로 자기 주도적인 팀과 좋은 관계를 구축하는 핵심이다. 사람들을 세세하게 관리하고 통제하는 대신, 비전, 명확성, 문화, 생활 기준을 제공하며, 개인이 스스로 성장하고 발전하는 것을 존중하고 소중히 여기는 것이다. 주도적으로 일하는 사람들을 신뢰하며, 그들이 자기 역할을 확장하고 명확히 하며, 의무를 뛰어넘어 더 많은 일을 해낼 것을 믿는다.

사람을 신뢰하면 그 결과는 놀라운 방식으로 나타난다. 올바른 사람을 신뢰하면 그 신뢰는 더욱 확장되는데, 이는 사람들의 능력을 최대치로 발휘하게 하는 유일한 방법이자, 인간의 동기를 이끌어내는 본질적인 방법이다.

과학적으로 입증된 동기 부여 이론 중 하나인 '자기 결정 이론' self-determination theory에 따르면, 높은 수준의 내재적 동기 부여에는 세 가지 중요한 요소가 있다.

1. 자율성Autonomy: 원하는 것을, 원하는 방식으로, 원하는 시간에, 원하는 사람과 함께 할 수 있는 자유
2. 숙달Mastery: 자신만의 능력과 기술을 지속적으로 향상하고 발전시킬 수 있는 자유
3. 연관성Relatedness: 자신이 협업하고 변화시키고 싶은 사람들과 자유롭게 관계를 형성하는 자유[20][21]

사람들이 자기 일에 대해 높은 동기를 느끼기 위해서는 자율성, 숙달, 관련성이 필요하다. 업무에 대한 자율성을 더 갖게 되면, 동기 부여와 권한이 더욱 강화된다. 『누구와 함께 일할 것인가』에서 나는 이렇게 언급했다.

> 더 높은 수준의 팀워크를 실현하려면 일의 진행 방식에 대한 통제를 내려놓아야 한다. '누가'who가 '어떻게'how를 완전히 압도해야 하고, 그것을 이루기 위한 완전한 권한을 가져야 한다.[22]

이 책에서 내가 강조하고 있는 기업가들은 대부분 자기 주도적인 회사를 창립했다.

1장에서는 카슨 홈퀴스트와 린다 맥키삭의 이야기를 소개했다. 그는 의사결정 과정의 모든 부분에 참여해서 의사소통을 방해하고 있었다. 카슨은 자기 자신이 스트림 로지스틱스의 병목 지점이라는 사실을 깨닫고, 이로 인해 회사의 10배 성장이 방해받고 있다는 것을 인지했다. 그는 스트림 로지스틱스의 리더십을 강화하고, 비즈니스에서 일어나는 모든 일을 깊게 탐구하며, 최고의 고객과 그들을 더 잘 이해하기 위해 시간과 에너지를 집중했다. 이 과정에서 최고의 고객인 대형 화물 고객은 전체의 5%에 불과하지만, 수익의 15% 이상을 차지한다는 사실을 발견했다. 카슨은 자기 주도적인 팀을 통해 자신만의 특별한 능력에 집중하고, 비전과 리더십을 확장하는 자유를 얻었다. 이를 통해 궁극적으로 회사의 전체 방향을 바꾸고, 지난 몇 년 동안 팀 규모는 그대로 유지하면서도 수익을 4배로 늘릴 수 있었다.

린다는 자기 주도적인 회사를 다양한 형태로 만들어냈다. 그녀는 먼저 개인 비서를 고용하여 모든 물류와 조직 관리를 맡겼다. 그다음 추가로 비서를 고용하고, 결국에는 다른 에이전트를 고용하여 남은 업무들을 처리했다. 그러나 이 시점까지도 그녀는 아직도 주로 '후 낫 하우' 원칙을 적용하고 있었다.

브래드를 고용하여 비즈니스를 완전히 관리하게 한 후에야 그녀는 자기 주도적인 팀을 구성할 수 있었다. 그 후 그녀는 오하이오, 인디애나, 켄터키에 위치한 켈러 윌리엄스 지역 지부 성장에 집중했다. 자기 주도적인 회사를 세운 뒤, 다시 두 지역을 키웠고, 현재는 28개의 사무소에서 5,000명 이상의 부동산 중개인들이 근무하고 있다. 현재 그녀의 비즈니스는 연 매출이 140억 달러(약 18조 원)를 넘어선다.

이는 린다가 강인한 개인주의자에서 '어떻게'가 아닌 '누구'를 중심으로 하는 리더, 그리고 자기 주도적이고 자기 확장적인 회사를 이끄는 혁신적인 리더로 변신했기에 가능했던 일이다.

이 책의 2장에서는 메릴린치의 빛나는 경력을 접고, 자신의 신탁회사인 퍼시픽 캐피털을 창립한 재무 고문, 채드 윌라드슨의 이야기를 담았다. 채드 역시 모든 일을 혼자 처리하던 고집 센 개인주의자에서 삶과 비즈니스의 모든 면에서 '후 낫 하우' 원칙을 적용하는 사람으로 변화했다.

결국 채드는 직원들이 자기 주도적으로 회사를 운영하게 했다. 그는 일상적인 업무에는 더 이상 참여하지 않지만, 여전히 퍼시픽 캐피털의 전반적인 비전과 전략을 이끌고 있다. 채드는 1년에 약 30일 정도 사무실에 출근해 팀원들과 소통하고, 비전과 초점을 업데이트하며, 필요한 지원을 제공한다.

채드는 가족과 함께 최상의 경험을 쌓고, 전 세계를 여행하며, 자신의 생각 수준을 계속 업그레이드하고 발전시키는 동시에, 협력자, 공동 투자자 및 고객 네트워크를 확장하는 완전한 자유를 누리고 있다.

앞서 언급한 가넷 모리스와 그의 회사 타깃 스트레티지스에 대해 이야기했다. 그는 뛰어난 혁신가이자 전략가로서 '후 낫 하우' 원칙을 적용하여 자신의 비즈니스를 수백만 달러의 회사로 성장시켰다. 하지만 수잔 키척을 고용하여 회사를 직접 운영하게 되면서, 회사의 성장은 완전히 새로운 차원으로 도약하게 된다. 현재 타깃 그룹은 캐나다 전역에서 다른 어떤 회사보다 10배나 많은 생명보험을 판매하고 있다.

당신은 어떤가?

- 철저한 개인주의자인가, 아니면 '후 낫 하우' 원칙을 적용하는 리더인가?

- 당신은 진정한 리더인가, 아니면 병목 현상을 일으키는 관리자인가?
- 일을 믿고 맡길 누군가가 있는가, 아니면 자신만 믿는가?
- 탐색하고, 확장하고, 혁신하고, 배우고, 창조할 수 있는 자유를 누리는 자기 주도적인 회사가 있다면, 어떤 느낌일지 상상이 가는가? 혁신적 리더가 될 준비가 되었는가?

기업가 정신, 레벨 3에서 레벨 4로:
자기 주도적인 회사에서 스스로 확장하는 팀워크로

◆ 고유능력팀을 만드는 것은 각 팀원이 자신의 특기와 열정을 펼칠 수 있는 자유를 주는 것이다. 다양한 재능을 가진 이들에게 비즈니스 각 부분의 책임을 맡기는 것이다. 하지만 팀원들이 이렇게 일하려면 리더로부터 권한을 부여받아야 한다. 팀원 스스로는 리더가 부여한 것 이상의 권한을 가질 수 없기 때문이다.

리더의 모범이 없다면 팀원들은 자신의 고유능력에 집중할 자유를 얻지 못한다. 또한 자신의 역량을 발휘하고 활력을 불어넣을 자유도 없다면, 자기주도적인 회사를 만들 수 없다.

이런 자유를 주려면 리더의 근본적 마인드셋 변화가 필요하다. 더 많은 팀원이 고유능력에 집중할수록 창의적이고 협력적인 환경이 조성된다. 궁극적으로 모든 팀원의 고유능력이 팀워크를 통해 발전하고 확장될 때 비로소 리더 없이도 자기주도적으로 운영되는 회사가 만들어진다.

— 댄 설리반

자기 주도적인 팀이 발전하면 자연스럽게 스스로 증식하는 팀이 된다. 리더는 조직과 팀에서 일어나는 모든 것에 영향을 미쳤다. 리더가 자신의 고유 능력을 진지하게 인정하고, 그중 20%에만 집중하며 나머지 80%는 지속적으로 제거하는 '10배 과정'을 실천한다면, 팀원들 또한 그렇게 하도록 독려받는다.

팀원들은 자신을 흥분시키기도 하고 두렵게도 하는 자신만의 20%에 두 배로 집중하며, 자신이 가장 잘할 수 있는 역할을 계속 발전시켜 나간다.

고유 능력을 기반으로 한 팀워크가 이루어지는 자기 주도형 회사에서는, 모든 구성원이 자기 역할을 계속해서 개선하며, 자신에게 흥미와 활력을 주는 몇 가지 영역에서만 일하도록 한다. 이 과정에서 기존의 80% 업무는 새로운 역할을 맡는 사람에게 위임되고, 그 업무에 가장 적합한 인재를 채용한다. 이런 방식으로 팀은 자율적으로 확장한다.

내 회사를 예로 들자면, 처음 전문적으로 책을 쓰기 시작했을 때는 대부분 혼자서 편집을 했다. 하지만 시간이 흘러 업무의 20%에 집중하게 되면서 나를 지원하고 업그레이드하는 사람들이 점점 늘어났다. 여기에는 전략가, 마케팅 담당자, 홍보 담당자,

더 나은 편집자 등이 포함된다. 이런 사람들의 도움 덕분에 나는 20% 업무에 더욱 집중할 수 있었다.

비서 첼시도 최근 이 과정을 직접 겪었다. 2년 전 첼시는 일정 관리와 캘린더 관리 등 많은 책임을 맡게 되었다. 점차 더 많은 일을 첼시에게 위임했지만, 첼시는 가정주부이자 세 아이의 엄마임에도 불구하고 이를 잘 감당했다. 하지만 나의 목표가 커지고 첼시가 리드하고 위임해야 하는 프로젝트가 많아지면서, 첼시는 중요한 일들을 놓치기 시작했다. 그녀의 역할이 너무 분산되어 있다는 것이 분명해졌다.

이에 첼시는 자신이 흥분되고 매력을 느끼는 업무가 무엇인지 더욱 명확히 인식하게 되었고, 집중하고 싶은 20% 업무와 새로운 사람에게 넘겨주고 싶은 80% 업무를 구분했다. 첼시의 80% 업무는 조직 개발과 대형 프로젝트 후속 조치 및 완료에 집중되었고, 20% 업무는 나를 지원하고 조직을 유지하며, 팀이 큰 프로젝트를 실행할 때 지원하는 것이었다.

첼시는 자신의 80% 업무를 대신할 정도로 재능 있는 케이틀린을 찾았다. 케이틀린은 시스템과 프로세스를 체계화하는 것을 좋아하며, 큰 작업과 프로젝트에 대한 후속 조치와 완수율도 매우 높다. 그녀는 문제를 해결하고 일을 완수하는 것을 좋아한다. 케이틀린의 도움으로 첼시는 일하는 것이 10배 더 즐거워졌고, 자신이 좋아하는 분야에 10배 더 집중할 수 있게 되었다.

결국, 첼시와 케이틀린은 각자의 20%를 찾아내어, 자신의 역할과 주변 팀을 자율적이고 유기적으로 확장시킬 것이다. 이런 과정에서 중요한 것은, 사람들이 자신의 고유한 능력을 자율적으로 발휘하면 그들이 하는 일에서 점점 더 가치 있고 뛰어난 성과를 낼 수 있다는 것이다. 실제로 직원들의 가치가 높아져 다른 조직에서 일할 수 있는 선택지가 많아진다. 이는 댄이 『스스로 경영하는 회사』*The Self-Managing Company*에서 설명한 바와 같다.

> 관료주의적 기업은 모든 직원이 교체 가능하다고 여기지만, 실제로 특별한 조직을 만들려면 직원 개개인의 고유한 능력을 최대한 성장시켜야 한다. 그들이 떠나면 대체할 수 없으며, 새로운 것을 만들어야 한다. 그들에게 무슨 일이 생기면 업무에 영구적 공백이 생긴다. 다른 방식으로 대체할 수 있겠지만, 그것은 위험을 감수해야 한다.
> 독보적 능력을 가진 사람이 위대해지려면 이런 위험을 감수해야 한다. 이것이 바로 기업가적 조직에서 위대함을 이룰 수 있는 유일한 길이다. 직원 개개인의 특별한 재능을 최대한 발휘하도록 하되, 그들이 없어지면 새로운 모델을 만들어야 한다는 위험을 안고 가야 한다. 관료주의적 사고에서 벗어나 직원의 고유 능력 발휘를 허용해야 위대한 조직이 탄생할 수 있다.[23]

이것이 바로 위대해지기 위해 감수해야 하는 '위험'이다. 자유와 10배의 비전이 있는 환경을 제공하고, 그 비전의 일부가 되는 것이 사람들을 변화시킬 만큼 큰 동기부여를 제공한다면, 자신이 하는 일을 완전히 훌륭하게 해내는 고유 능력자가 될 수 있다.

그러나 이러한 고유 능력을 진지하게 인정하는 조직이 드물다는 것이 문제다. 마이크로 매니저가 아닌, 자율적으로 회사를 관리하는 혁신적인 리더로 자기를 새롭게 업그레이드하는 것은 물론, 자신의 고유 능력을 진지하게 생각하는 창업자와 리더를 찾기 어려운 것이 현실이다.

이런 위험을 감수해야만 적합한 인재들이 자신의 역할과 틈새시장을 지속적으로 개척하게 되는 자유로운 환경을 조성할 수 있다.

뛰어난 인재를 고유능력을 지닌 핵심 인력으로 키워나가는 데에는 큰 위험이 따른다. 그들에게 10배 성장의 비전이 없다면 최고의 인재들은 회사를 떠날 것이다. 최고 인재들은 2배가 아닌 10배 성장을 원하기 때문이다.

당신의 비전이 매력적으로 10배 미래와 그 안에서의 성장을 보여줄 수 있어야 한다. 최고 인재들이 당신의 일에 참여하며 흥분과 활력을 얻을 수 있어야 한다.

10배 비전을 향해 운영할 때, 단순히 '일자리'를 원하는 2배의 사람들은 떠날 것이다. 그들은 비전을 달성하기 위해 모든 직원이 참여해야 하는 수준의 변화를 원하지 않기 때문이다.

10배 비전에 대해 진지하게 생각한다면, 자유는 그 비전을 달성하기 위한 언어이자 운영 체제가 된다. 당신 자신의 자유뿐 아니라, 10배 모험에 동참하는 모든 사람의 자유도 보장해야 한다.

당신은 어떤가?

- 자신의 고유 능력을 진지하게 인정하고, 그로 인해 80%의 업무로부터 자유로워지고자 하는가?
- 팀원들이 자신의 고유 능력을 진지하게 인정하게끔 자유의 문화를 조성하고 있는가?
- 자기 주도적인 팀이 고유 능력에 전념하여 각자의 역할을 연마하고, 이전의 80% 업무를 처리할 새로운 사람을 영입해도 될 정도로 자신감을 보이고 있는가?

핵심 적용점

- 현재 진행 중인 업무의 80%를 처리할 수 있는 사람을 즉시 찾아보라.
- 물류 및 절차 업무는 관리 보조 인력에 맡기고, 자신의 핵심 역량에 집중하라. 창의력과 기술 개발에 더 많은 시간을 할애할 수 있게 된다.
- 삶의 모든 영역에서 '인재'에 투자하라. 이를 통해 삶의 질과 깊이, 몰입도가 향상된다. 인재 투자는 곧 자신과 결과에 대한 투자다.
- 자기주도적으로 운영되는 조직을 만들어라. 당신보다 뛰어

난 리더를 키우는 것이 최선이다. 당신이 할 수 있는 최선의 기여는 개인 그리고 리더로서 자신을 계속 성장시키고, 비전을 확장하며, 점점 더 많은 틈새시장을 위해 고유 능력의 품질과 영향력을 높이는 것이다.

• 팀원 모두가 자신의 고유 능력을 인식하고 확장할 수 있는 자유로운 문화를 조성하라. 각자의 20% 핵심역량에 집중하고, 80%는 신규 인재에게 맡기도록 하라.

6장의 요점

• 기업가 정신은 최소 4단계의 핵심 단계를 거쳐야 한다. 이 단계를 빠르게 통과할수록 다음 10배 도약이 더욱 빠르고 쉬워진다.

• 1단계 기업가 정신은 1인 기업가 또는 마이크로 매니저로, '어떻게'를 모두 혼자서 처리하거나, '누구'(인재 활용)가 거의 없이 슈퍼 개인으로 일하는 상황이다. 또는, 인재가 있더라도 세세하게 관리(마이크로 매니징)하여 자신과 타인의 자율성과 성장을 저해하는 경우다. 미국 컨실드캐리협회USCCA의 창립자이자 CEO인 팀 슈미트는 2단계 기업가 정신으로 전환하기 전까지 10년 넘게 이런 상황이었다.

• 2단계 기업가 정신은 슈퍼 개인을 넘어서 '어떻게'가 아닌 '누

구'(인재)를 적용하여 10배 프로세스의 20%, 즉 자신의 고유
능력을 훨씬 더 발휘하기 시작하는 리더로 진화한다. 다양한
역할의 '어떻게'를 처리할 수 있도록 '누구'를 전적으로 신뢰하
고, 그들을 세세하게 관리하지 않는다. 명확한 비전과 기준을
통해 자율성과 신뢰를 부여한다.

- 3단계 기업가 정신은 삶의 모든 측면에 '후 낫 하우'를 적용하
는 것을 넘어 자기주도형 회사를 만든다. 이 단계에서는 더
이상 비즈니스의 일상적인 측면을 관리하거나 주도하지 않는
다. 대신, 팀과 비즈니스를 대신 이끌 리더를 양성하거나 고
용한다. 여전히 비즈니스 전반의 비전가이자 리더지만, 점점
더 많은 비즈니스가 당신 없이도 스스로 운영되므로, 탐색, 확
장, 혁신, 협업 등 고유 능력에 전적으로 집중할 수 있다. 스
스로 10배로 변화시키고, 그 결과 회사 전체의 비전과 자유도
10배로 지속해서 확장된다.

- 4단계 기업가 정신은 자기관리형 회사에서 모든 사람이 자신
만의 고유 능력을 회사 운영에 투입하도록 점차 장려하는 단
계다. 이렇게 하면 그 일에 대한 능숙도와 가치가 놀랍도록
향상된다. 이들은 스스로 관리하고, 자유롭게 운영하는 리더
가 되어, 업무의 소명을 초월하여 결과에 집중한다. 자신과
팀이 최대한 가치 있는 존재가 되도록 고유 능력에 전념하며,
나머지 80%는 새로운 인재에게 위임함으로써 자신의 능력을
배가시킨다.

이 과정을 반복하면서 고유 능력 팀으로 성장하여, 궁극적으로는 자기 관리형 회사가 될 수 있다. 핵심은 구성원 모두가 자신의 고유 능력에 몰입하고, 그 외의 일은 새 인재에게 맡기면서 지속적으로 성장하는 것이다.

- 고유 능력 팀워크의 가장 큰 위험은 10배 비전에 참여한 사람들이 다른 조직에서도 눈독을 들일 만큼 놀라운 고유 능력을 개발한다는 것이다. 하지만 당신처럼 10배 비전을 제시하는 곳은 드물며, 당신처럼 자신과 고유 능력을 계속 변화시키도록 자유를 제공하는 곳도 드물다. 그럼에도 당신이 키운 인재가 너무 훌륭해져서 대체할 수 없게 되고, 그들이 떠나게 되면 그만한 인재를 찾지 못할 위험도 늘 따라다닌다. 당신이 치러야 할 리스크이긴 하다.

- 위대한 조직이 되는 데 있어 마지막 위험은 10배가 되지 않는 것이다. 10배가 되지 않으면 최고의 인재들이 함께 일하는 매력을 느끼지 못한다. 2배는 최고의 인재들에게 흥미를 끌거나 동기를 부여하지 않는다. 2배 모드로 전환하면, 단순히 일자리를 원하는 많은 사람이 함께 일한다. 그들은 10배 변화와 성장을 원하지 않는다. 그들은 확실히 자기 역할을 확장하거나 그 이상으로 나아가지 않을 것이다. 그들은 리더인 당신에 대한 신뢰나 조직에 대한 정서적 헌신도 보이지 않을 것이다. 10배를 위해 치러야 할 의무를 수행하지 않을 것이고, 대신 가능한 한 일을 적게 하려 할 것이다.

10X IS EASIER THAN 2X

10배가 2배보다 쉽다

◆ 변화는 우리 내면에 존재하는 무의식적 의지를 인식하고 받아들일
때 시작된다. 이 의지는 우리의 몸, 감정, 꿈을 통해 옳은 것이 무
엇인지 알려주며, 치유와 완전함으로 이끈다. 우리 안의 이 내재된
의지를 자각하고 따를 때 비로소 근본적인 변화가 일어난다.

— 제임스 홀리스[1]

데이비드 호킨스는 저서 『의식혁명』에서 개인의 영적·정서적
발달 단계를 표현하는 '의식의 지도'를 개발했다. 이 척도는 20(수
치심)에서 1,000(깨달음)까지의 범위를 갖는다.[2]

200(용기) 이하의 모든 항목은 죄책감(30), 무관심(50), 두려움
(100), 분노(150)와 같은 부정적인 감정에서 작동한다.

200보다 더 높은 감정 에너지로는 수용(350), 사랑(500), 기쁨(540), 평화(600)가 있다.

수십 년 동안 이 지도를 개발하고 연구하며 수백만 명을 테스트한 호킨스 박사에 따르면, 평균적인 사람은 평생 자신의 일반적인 척도에서 5점 정도만 올라간다고 한다.

그는 『의식혁명』에서 다음과 같이 설명한다.

전 세계 인구의 의식 수준은 평생 평균 5점 정도밖에 오르지 않는다. 한 사람의 인생에서 수백만 가지의 개별적인 경험에서 보통은 몇 가지 교훈만 얻게 된다. 지혜를 얻는 것은 느리고 고통스러운 일이며, 정확하지 않더라도 익숙한 견해를 기꺼이 포기하는 사람은 거의 없으며, 변화나 성장에 대한 저항도 상당하다. 대부분은 자신을 낮은 수준의 의식에 가두는 신념 체계를 바꾸기보다는 기꺼이 죽기를 원하는 것 같다.

호킨스 박사에 따르면, 전 세계 인구의 80% 이상이 개인의 의식 수준과 정서 발달 측면에서 100(두려움)에서 150(분노) 사이를 오가는 것으로 나타났다. 대부분이 평생 이 척도에서 5점 정도밖에 성장하지 못한다는 점을 감안하면, 대다수는 두려움이나 분노에 사로잡힌 상태를 벗어나지 못하는 것이다.

그럼에도 불구하고, 비교적 단기간에 이 척도에서 수백 점이나 성장하는 사람들도 존재한다. 이 방법은 누구나 이용할 수 있지만 선택하는 사람은 거의 없다.

삶의 변화를 시작하려면 헌신과 용기(200점)가 필요하다. 모든 발전은 진실을 말하는 것에서 시작된다. 10배의 꿈을 향해 헌신하고 용기를 내면, 호킨스 박사가 그린 의식 지도의 더 높은 차원으로 진화할 수 있다. 수용과 사랑, 평화, 심지어 깨달음의 경지에도 도달할 수 있다.

이를 위해서는 '다윗의 층'layers of the David(미켈란젤로가 다비드상을 만들기 전에 대리석 원석에서 깎아내야 했던 부분을 은유적으로 표현한 것—옮긴이)을 점점 더 많이 벗겨내야 한다. 고유 능력을 헤아릴 수 없는 수준으로 발전시키고 의식적으로 자유의 삶을 선택하면, 삶에서 더 큰 힘을 얻게 된다. 무턱대고 감정이나 에너지에 따라 행동하는 것을 멈출 수 있다.

하고 싶지 않은 일을 억지로 하지 않아도 된다. 심리학자들이 밀어붙이는 동기push motivation보다는 끌어당기는 동기pull motivation라고 부르는 것을 받아들이고 실천하게 될 것이다.[3][4] 자신이 원하는 것과 흥미를 느끼는 것에 이끌릴 때, 이것이 바로 자유와 내재적 동기다. 더 이상 필요에 따라 움직이는 것이 아니라, 원하는 것에 따라 움직이게 된다. 이로써 자유로움을 얻게 된다.

또한, 자신이 원하지 않는 일을 남에게 강요하지 않고 주변 사람들에게 10배의 자유와 변화의 문화를 조성할 수 있다. 이를 통해 점점 더 자신의 고유 능력에 전념하는 사람들과만 일하게 된다. 주변의 모든 사람이 스스로 10배 변화를 만들어가는 것이다.

호킨스는 자신의 의식 지도에서 위로 올라갈수록 전 세계에 미치는 영향력이 더 크고 심대해진다는 사실을 발견했다. 박사의 설명은 다음과 같다.

- 낙관주의 에너지와 타인을 비판하지 않으려는 의지로 살아가는 한 사람(310)은 9만 명의 부정성을 완화하거나 개선할 수 있다.
- 모든 생명에 대한 순수한 사랑과 경외의 에너지로 생활하는 한 사람(500)은 75만 명의 부정성을 완화하거나 개선할 수 있다.
- 조명, 행복, 무한한 평화의 에너지로 살아가는 한 사람(600)은 천만 명의 부정성을 완화하거나 개선할 수 있다.
- 비이원성 또는 완전한 하나 됨의 세계(700~1,000)에서 은혜의 에너지, 육체를 초월한 순수한 영의 에너지로 살아가는 한 사람은 7천만 명의 부정성을 완화하거나 개선할 수 있다.[5]

호킨스 박사의 주장이 얼마나 정확한가보다는 그가 전달하는 핵심 메시지가 더 중요하다. 10배로 가면서 다윗의 층을 조금씩 벗겨내기 시작하면 삶은 점점 더 집중되고 단순해진다. 이 과정에서 당신의 고유 능력은 점점 더 희귀하고 가치 있게 될 것이다. 칼 뉴포트의 말을 인용한다면, 당신의 "희귀하고 가치 있는 능력"은 "무시할 수 없을 정도로 훌륭한" 결과물을 만들어낼 것이다.[6] 따라서 삶이 더 단순해지고 집중되더라도 당신이 하는 모든 일의 영향력과 파급력은 오히려 더 커질 것이다.

중국의 고사성어 "시량보천진"四兩撥千斤은 작은 힘으로 큰 효과를 낸다는 의미로, 지렛대의 원리를 활용해 4온스(약 113g)의 힘으로 천 파운드(약 600kg)의 무게를 들어 올릴 수 있다는 것을 비유한 말이다. 이는 당신의 고유 능력을 깊이 있게 파고들어 연마할수록, 적은 노력으로도 10배, 100배, 나아가 1,000배 이상의 놀라운 영향력과 파급력을 발휘할 수 있음을 시사한다.

어느 원자력 발전소에서 문제가 발생했다. 오작동으로 인해 에너지 생산 속도가 줄어들고 전체 발전소의 효율성이 떨어졌다. 병목 현상이 극심하게 발생했다.[7]

발전소 엔지니어들은 몇 달 동안 문제를 해결하기 위해 노력했지만 해결책을 찾지 못했다. 결국 그들은 미국 최고의 원자력 발전소 엔지니어링 컨설턴트 한 명을 초빙했다. 그 컨설턴트는 몇 시간 동안 수백 개의 다이얼과 게이지를 살펴보고 메모하고 계산하는 등 발전소의 모든 세부 사항을 살펴봤다.

종일 일한 후, 그는 마커를 꺼내어 사다리를 타고 올라가 게이지 중 하나에 크게 "X"를 표시했다. "이것이 문제입니다. 이것만 교체하면 모든 것이 다시 정상적으로 작동합니다"라고 말했다. 그 후 이 전문가는 공장을 떠나 집으로 돌아갔다.

그날 밤, 공장 관리자는 컨설턴트에게서 5만 달러의 청구서가 담긴 이메일을 받았다. 이 한 가지 문제로 공장에서 매주 수십만 달러의 비용이 발생하고는 있었지만, 관리자는 청구서 금액에 충격을 받았다. "어떻게 하루도 안 된 일의 가치가 5만 달러나 될 수 있습니까? 당신이 한 일은 마커로 X 표시를 한 것뿐인데요"라고 답신을 보냈다. 그러자 비서에게서 다음과 같은 답변을 받았다.

"X 표시에 1달러, X를 어디에 표시할지 알기 위한 것 49,999달러."

브라이언 트레이시의 말을 빌리면, "X를 어디에 넣을지 아는 것"이 바로 '초점'focal point이다. 초점은 고유 능력이 집중된 에너지다. 고유 능력을 10배로 발전시키고 또 발전시킬수록, 당신이 하는 모든 일의 초점은 점점 더 힘에 의존하지 않고 더욱 강력하고 영향력이 커진다. 극도의 영향력과 흐름을 갖게 될 것이다. 그 과정에서 네 가지 자유를 지속해서 확장할 수 있다.

1. 시간의 자유
2. 돈의 자유
3. 관계의 자유
4. 목적의 자유

이 네 가지 자유는 각각 질적이고 개별적인 자유다. 양과 비교보다는 질과 가치에 훨씬 더 기반을 두고 있다. 10배가 되면 시간의 질과 가치가 확장되고, 돈의 질과 가치, 보수를 받는 방법, 함께 시간을 보내고 일하는 사람들의 질과 가치, 그리고 인생의 전반적인 목적과 사명의 질과 가치도 확장될 것이다.

이 책을 마무리하는 지금, 2022년 11월의 내 삶을 돌아보며 올해 초와 비교해보니 신기하다. 내 삶은 여러 가지 면에서 심오하게 변했고 더 좋아졌다. 그 차이를 비교하고, 차이를 명확하게 측정할 수 있다는 것은 참으로 기쁜 일이다.

동시에, 지금의 나와 내 삶은 1년 전과 비교하면 비선형적으로 크게 변했다. 내가 있던 곳에서 지금 있는 곳까지 오기까지 명확하게 정해진 선형적인 경로는 없었다. 내 삶, 관계, 주의력, 집중력의 전체적인 시스템과 맥락이 완전히 달라졌다. 세상은 완전히 바뀌었다.

나의 궤도는 비선형적이지만 더 나은 방향으로 가고 있다. 나는 더 자유롭게 살며 고유 능력을 발전시키고 있다. 우리 팀은 알아서 관리하며, 지속적으로 기준을 끌어올리고 체계화하고 있다.

당신은 어떤가?

- 당신의 10배 비전은 무엇인가?
- 당신의 20%는 무엇인가?
- 당신의 고유 능력은 무엇인가?
- 10배를 달성하고 자기 주도적인 회사를 만들기 위해 최선을 다하는가?
- 당신은 무한 게임을 하고 있나, 아니면 유한 게임에 갇혀 있는가?
- 10배의 자유와 목적을 달성할 준비가 되었는가?

• 80%를 계속해서 놓아버리고 20% 안에서, 그리고 그 20% 안에서, 또한 20%를 끊임없이 줄여나가면서 가장 강력하고 독특하며 최적화된 고유 버전이 될 준비가 되었는가?

2배는 같은 일을 더 많이 할 뿐이다. 지능적이지 않고, 혁신적이지 않고, 사고의 업그레이드가 아닌 차별화되지 않은 노력에 의한 것이다.

10배는 완전히 다른 미래를 기반으로 하는 완전히 다른 업무 방식이다. 10배를 달성하려면 병목 현상인 20%를 피할 수 없다. 직면해야 한다. 그리고 그 병목 현상이 항상 자기 자신이라는 것을 받아들이고, 이를 변화시켜야 한다.

10배는 2배보다 더 쉽다.

감사의 글

◆

먼저 평생의 지혜로 현명한 선택을 할 수 있도록 이끌어준 밥 스미스에게 감사를 전한다. 그녀는 모든 면에서 10배 뛰어나며 모든 것을 가능케 했다.

세 번째 책에서 벤 하디의 뛰어난 사고와 글쓰기를 만나 큰 행운이었다. 우리의 놀라운 상승 여정이 계속되길 바란다. 정확한 결과를 위해 고유 재능을 쏟아부은 팀원들에게도 특별한 감사를 전한다.

수년간의 전문성과 지혜, 경험으로 이 개념을 실현하는 데 기여한 헌신적인 코치 그룹에도 진심으로 감사한다. 프로그램 심화와 확장에 대한 그들의 열정이 기업가적 성장 선두에 설 수 있게 해주었다.

10배 개념과 전략의 대부분은 1974년 이래로 만난 2만 2천여 명의 재능 있는 기업가들과의 5만 시간 이상의 토론에서 비롯되었다. 그들의 창의적 성공 사례에서 항상 배우고 성장할 수 있어 감사하다. 특별한 학습 기회를 얻게 되어 깊이 감사드린다.

• 댄 설리반

◆◆

와우, 이 책을 쓰느라 정말 힘들었다. 이 과정은 여러 면에서 내 인생을 바꿔놓은 스릴 넘치는 작업이었다. 2021년 말에 이 책을 쓰기 시작했을 때와 지금, 내 삶을 총체적으로 돌아보니 정말 놀랍다. 나의 내면과 외면은 이 책을 쓰기 시작할 때와는 비선형적이고 질적으로 완전히 다른 모습이다.

나와 아내는 우리에게 중요한 것이 무엇인지, 어떻게 살고 싶은지를 재구성했다. 우리는 자신의 관계뿐만 아니라 가족의 분위기와 문화, 여섯 자녀와의 관계도 극적으로 개선했다. 우리는 필요보다는 욕구에 따라 살아가려고 애쓰고 있다.

나는 내 비전과 원하는 라이프스타일에 훨씬 더 깊이 공감하는 다른 사무실에서 일하고 있다. 나는 다른 차를 운전하고, 이전의 편견과 약점, 산만함 그리고 10배가 아닌 2배에 머물게 했던 사람들을 많이 떨쳐버렸다. 내 스케줄과 시간에 접근하는 방식도 완전히 달라졌다. 바쁘게 살기보다는 창의력과 집중을 위한 더 큰 시간 덩어리를 만들고, 몰입에 기반하여 집중하고 회복하는 데 종일, 심지어 몇 주를 할애하는 등 훨씬 더 느리고 단순하게 시간을 보내게 되었다.

내 정체성과 기준은 완전히 진화했고, 그 어느 때보다 훨씬 더 명확하고 헌신적이다. 비즈니스 구조와 초점이 달라졌고, 훨씬 단순하게 변했으며, 내가 약속한 10배에 집중하게 되면서 지난 5년 동안 비즈니스에서 가장 수익성이 좋았던 부분을 포함하여 불과 3~12개월 전만 해도 80%의 비중을 차지했던 부분을 몇 단계 줄여나갈 수 있었다.

이 책을 쓰면서 삶이 바뀌었고, 글 쓰는 방식도 바뀌었다. 나는 모든 독자, 특히 이미 10배 변화를 여러 번 경험한 독자들이 자신의 삶에서 10배의 질적, 양적 변화를 얻는 길을 제시하기 위해 최선을 다했다.

이 책을 쓰는 과정에서 내 관점과 생각을 충실히 표현하는 데 크게 도움을 준 사람들에게 깊이 감사한다. 먼저, 댄의 독창적인 개념에 대한 확고한 믿음을 가지고 이 프로젝트를 위임해준 밥과, 〈스트레터직 코치〉의 뛰어난 코치 및 멤버들 덕분에 이야기와 통찰력을 얻어 책에 생명을 불어넣을 수 있었다.

댄과 밥과의 긴밀한 협업 과정뿐만 아니라, 댄과의 여러 차례 줌 통화는 진정한 축복이었으며, 이러한 상호 작용이 이 책의 탄생에 중요한 축이 되었다. 캐시 데이비스, 샤논 월러, 줄리아 월러, 이 세 분을 포함한 코치 팀에도 각별한 감사를 전한다. 가족처럼 나를 맞아주고, 무한한 지원을 아끼지 않은 분들이다.

수많은 대화와 아이디어를 공유하며 나와 지식을 나눈 하워드 게슨에게 특별한 감사를 표한다. 하워드는 10배 마인드셋 실천에 뛰어난 능력을 보여주었고, 그의 세심한 조언, 격려, 통찰이 없었다면 이 책은 현재와 같이 설득력 있고 영향력 있는 내용을 갖추지 못했을 것이다.

시간, 이야기, 통찰력뿐만 아니라 정서적인 지원까지 아끼지 않고 도움을 준 모든 코치들에게 깊은 감사의 말을 전한다. 특히 채드 존슨, 아드리엔느 더피, 킴 버틀러, 리 브라우어, 콜린 볼러 등 여러분의 지속적인 도움과 가르침은 이 책에서 개념과 아이디어를 효과적으로 소개하는 데 결정적인 역할을 했다.

마지막으로 인터뷰에 응해주신 모든 코치와 기업가에게도 진심으로 감사한 마음이다. 인터뷰한 내용이 책에 실리지 않았더라도, 귀중한 통찰력은 이 책을 쓰는 데 매우 중요했다. 여러분의 이야기를 들으며 10배 성장, 고유 능력, 자유 일수, 자기 주도적 팀의 개념에 대한 이해가 한층 깊어졌다. 여러분의 관대함과 열정, 사랑에 무한한 감사를 드린다.

또한 한 권의 책을 더 쓸 수 있도록 다시 한번 나를 믿어준 헤이하우스에 감사한다. 이번이 2020년부터 함께 출간한 네 번째 책이며, 앞으로도 더 많은 책이 나올 수 있기를 바란다. 함께 직접 작업하며 작가이자 전문가로서 성장통을 겪을 때 인내심을 갖고 기다려준 리드 트레이시, 패티 기프트, 멜로디 가이에게 특별히 감사를 전한다. 특히 댄과 밥과 함께 공동 집필한 세 권의 책을 포함하여 지난 네 권의 책에서 내 편집자가 되어준 멜로디에게 특별히 감사한다.

이 책이 견고하고 지속해서 개선될 수 있도록 우정, 정서적 지원, 지혜의 말씀, 중요한 관점을 제공해준 터커 맥스에게 감사한다. 터커는 내가 한 사람으로서 그리고 작가로서 계속 발전할 수 있도록 도와주었다. 나와 함께 몇 번이나 원고를 검토하고 놀라운 편집적 통찰과 지원을 제공해준 페기수 웰스에게 감사한다. 마지막 단계에서 프로젝트에 뛰어들어 책을 좋은 수준에서 탁월한 수준으로 끌어올리는 데 도움을 준 헬렌 힐리에게 감사한다. 당신의 탁월함, 가용성, 통찰은 가히 으뜸이었다.

마지막으로, 항상 내 곁에 있어 주시고 내 삶과 글쓰기, 책에 대해 전화로 수많은 대화를 나눈 어머니 수잔 나이트에게 감사드린다. 줌에서 저와 함께 정말 지저분한 초고를 함께 읽어주고 책을 명확하고 탄탄하게 만드는 데 도움을 주셨다. 사랑해요, 엄마!

내 작업을 지원하는 우리 팀, 고객, 독자를 위해 감사의 말씀을 전한다! 특히 첼시 젠킨스, 나타샤 쉬프만, 제네사 캐터슨, 알렉시스 스완슨, 카틸린 채드윅, 카라 에이비, 커스틴 존스, 케이틀린 모텐슨. 여러분에게 정말 감사할 따름이다. 내가 글쓰기와 창작의 동굴에 들어가는 동안 사업을 안정적으로 운영해주었고 우리가 하는 모든 일에 열정과 가치를 불어넣어 주었다.

나를 항상 지지해주는 아름다운 아내 로렌과 여섯 자녀에게 감사 인사를 전한다. 내가 매일 10배 더 나아지도록 도와주는 사람들이다. 우리가 함께하는 삶과 우리가 만들어내는 경험에 대해 언제나 감사하다. 남편, 아버지, 전문가, 가장으로서 계속 성장하고 발전하는 나를 인내해주어 늘 감사하다.

나에게 정서적으로 큰 힘이 되어준 아버지 필립 하디와 형제 트레버와 제이콥 하디에게 감사의 인사를 전한다.

마지막으로 하나님 아버지께 감사드린다. 이 놀랍고 변화된 경험에 감사드린다. 내가 어떻게 살아갈지 선택하고 내 삶을 이끌어갈 수 있게 해주셔서 감사하다.

• 벤저민 하디

미주

독자의 편의를 위해 각각의 참고 문헌의 제목을 한글로 번역했다. 국내에 이미 출간된 서적의 경우, 원서와 번역서의 제목이 다른 경우가 많다. 하지만 내용 파악이 중요하다고 생각해 원문을 직역했다는 점을 밝힌다.

1 Ferriss, T. (2018). *Astro Teller, CEO of X - How to Think 10x Bigger (#309).* (아스트로 텔러, X의 CEO - 10배 더 크게 생각하는 법) The Tim Ferriss Show.

저자 서문

1 Stone, I. (2015). *The Agony and the Ecstasy.* (고뇌와 환희) Random House.
2 Stone, I. (2015). *The Agony and the Ecstasy.* Random House.
3 Holroyd, C. Michael Angelo Buonarroti, with Translations of the Life of the Master by His Scholar, Ascanio Condivi, and Three Dialogues from the Portuguese by Francisco d'Ollanda. (홀로이드, C. 마이클 안젤로 부오나로티, 그의 제자 아스카니오 콘디비가 번역한 『스승의 생애』, 프란시스코 돌란다가 포르투갈어로 번역한 『세편의 대화』) London, Duckworth and Company. P. 16. X111. 1903. http://www.gutenberg.org/files/19332/19332-h/19332-h.html#note_20
4 Condivi, A. *The Life of Michelangelo.* Translation: Baton Rouge, Louisiana State University Press, F1976. 콘디비의 *The Life of Michelangelo*에서 인용한 내용은 볼 (Wohl)의 텍스트와 미켈란젤로에 대한 다른 자료를 바탕으로 의역한 것이다.
5 헤라클레스 스케치 그림은 다음 주소에서 찾았다. Michelangelo.net on August 17, 2022, https://www.michelangelo.net/hercules/.
6 Doorley, J. D., Goodman, F. R., Kelso, K. C., & Kashdan, T. B. (2020). Psychological flexibility: What we know, what we do not know, and what we think we know. (심리적 유연성: 우리가 아는 것, 모르는 것, 안다고 생각하는 것들) *Social and Personality Psychology Compass, 14*(12), 1-11.

7 Kashdan, T. B., & Rottenberg, J. (2010). Psychological flexibility as a fundamental aspect of health. (건강의 기본 요소인 심리적 유연성) *Clinical Psychology Review, 30*(7), 865-878.

8 Bond, F. W., Hayes, S. C., & Barnes-Holmes, D. (2006). Psychological flexibility, ACT, and organizational behavior. (심리적 유연성, ACT 및 조직 행동) *Journal of Organizational Behavior Management, 26*(1-2), 25-54.

9 Kashdan, T. B., Disabato, D. J., Goodman, F. R., Doorley, J. D., & McKnight, P. E. (2020). Understanding psychological flexibility: A multimethod exploration of pursuing valued goals despite the presence of distress. (심리적 유연성에 대한 이해: 고통 속에서도 가치 있는 목표를 추구하기 위한 다양한 방법의 탐구) *Psychological Assessment, 32*(9), 829.

10 Godbee, M., & Kangas, M. (2020). The relationship between flexible perspective taking and emotional well-being: A systematic review of the "self-as-context" component of acceptance and commitment therapy. (유연한 관점 취하기와 정서적 웰빙의 관계: 수용 및 헌신 치료의 "자신을 맥락으로 보는"구성 요소에 대한 체계적인 검토) *Behavior Therapy, 51*(6), 917-932.

11 Yu, L., Norton, S., & McCracken, L. M. (2017). Change in "self-as-context" ("perspective-taking") occurs in acceptance and commitment therapy for people with chronic pain and is associated with improved functioning. (만성 통증 환자를 위한 수용 및 헌신 치료에서 "자신을 맥락으로 보는"즉 "관점을 바꾸는"변화는 발생하며, 이는 기능 개선과 관련이 있다) *The Journal of Pain, 18*(6), 664-672.

12 Zettle, R. D., Gird, S. R., Webster, B. K., Carrasquillo-Richardson, N., Swails, J. A., & Burdsal, C. A. (2018). The Self-as-Context Scale: Development and preliminary psychometric properties. (맥락으로서의 자아 척도: 개발 및 예비 심리 측정 특성) *Journal of Contextual Behavioral Science, 10*, 64-74.

13 De Tolnay, C. (1950). *The Youth of Michelangelo.* Princeton University Press; 2nd ed. pp. 26-28.

14 Coughlan, Robert (1966). *The World of Michelangelo*: 1475-1564. et al. Time-Life Books. p. 85.

15 Stone, I. (2015). *The Agony and the Ecstasy.* Random House.

16 Fromm, E. (1994). *Escape from Freedom.* Macmillan.

17 Sullivan, D., & Hardy, B. (2020). *Who Not How: The formula to achieve bigger goals through accelerating teamwork.* Hay House Business.

18 Carse, J. (2011). *Finite and Infinite Games*. Simon & Schuster.

19 Hardy, B. (2016). Does it take courage to start a business?(비즈니스를 시작하려면 용기가 필요한가?) (Masters' thesis, Clemson University).

20 Hardy, B. P. (2019). Transformational leadership and perceived role breadth: Multi-level mediation of trust in leader and affective organizational commitment(변혁적 리더십과 지각된 역할의 폭: 리더에 대한 신뢰와 정서적 조직 몰입의 다단계 매개 효과) (Doctoral dissertation, Clemson University).

21 Hardy, B. (2018). *Willpower Doesn't Work: Discover the hidden keys to success*. (의지는 통하지 않습니다: 성공의 숨겨진 열쇠 발견하기) Hachette.

22 Sullivan, D. & Hardy, B. (2020). *Who Not How: The Formula to Achieve Bigger Goals through Accelerating Teamwork*. (방법이 아니라 사람: 팀워크 가속화를 통해 더 큰 목표를 달성하는 공식) Hay House Business.

23 Sullivan, D. & Hardy, B. (2021). *The Gap and The Gain: The high achievers' guide to happiness, confidence, and success*. (격차와 이득: 고성과자를 위한 행복, 자신감, 성공을 위한 가이드) Hay House Business.

24 Greene, R. (2013). *Mastery*. Penguin.

25 Eliot, T. S. (1971). *Four Quartets*. Harvest.

1장. 10배의 힘

1 Koch, R. (2011). *The 80/20 Principle: The secret of achieving more with less: Updated 20th anniversary edition of the productivity and business classic*. (80/20 원칙: 적은 비용으로 더 많은 것을 성취하는 비결. 생산성 및 비즈니스 고전의 20주년 기념 버전) Hachette UK.

2 Wided, R. Y. (2012). For a better openness towards new ideas and practices. (새로운 아이디어와 관행에 열려 있으려면) *Journal of Business Studies Quarterly, 3*(4), 132.

3 Snyder, C. R., LaPointe, A. B., Jeffrey Crowson, J., & Early, S. (1998). Preferences of high- and low-hope people for self-referential input. (희망이 높은 사람과 낮은 사람의 자기 추천 입력에 대한 선호도 차이) *Cognition & Emotion, 12*(6), 807-823.

4 Chang, E. C. (1998). Hope, problem-solving ability, and coping in a college student population: Some implications for theory and practice. (대학생 집단의 희망,

문제 해결 능력, 대처 능력: 이론과 실무에 대한 몇 가지 시사점) *Journal of Clinical Psychology, 54*(7), 953-962.

5 Charlotte Law, M. S. O. D., & Lacey, M. Y. (2019). How Entrepreneurs Create High-Hope Environments.(기업가들이 희망이 넘치는 환경을 만드는 방법) *2019 Volume 22 Issue 1* (1).

6 Vroom, V., Porter, L., & Lawler, E. (2005). Expectancy theories.(기대치 이론) *Organizational Behavior, 1*, 94-113.

7 Snyder, C. R. (2002). Hope theory: Rainbows in the mind.(희망 이론: 마음속의 무지개) *Psychological Inquiry, 13*(4), 249-275.

8 Landau, R. (1995). Locus of control and socioeconomic status: Does internal locus of control reflect real resources and opportunities or personal coping abilities?(통제력과 사회경제적 지위: 내부 통제력이 실제 자원과 기회 또는 개인의 대처 능력을 반영하는가?) *Social Science & Medicine, 41*(11), 1499-1505.

9 Kim, N. R., & Lee, K. H. (2018). The effect of internal locus of control on career adaptability: The mediating role of career decision-making self-efficacy and occupational engagement.(내적 통제 위치가 경력 적응 능력에 미치는 영향: 진로 의사 결정에서의 자기효능감과 직업 참여의 매개 역할) *Journal of Employment Counseling, 55*(1), 2-15.

10 Holiday, R. (2022). Discipline Is Destiny: The power of self-control (The Stoic Virtues Series).(절제는 운명이다: 자제력의 힘(스토아적 미덕 시리즈) Penguin.

11 Sullivan, D. (2019). *Who Do You Want to Be a Hero To?: Answer just one question and clarify who you can always be.*(누구에게 영웅이 되고 싶은가? 한 가지 질문에 답하고 항상 어떤 사람이 되고 싶은지 명확히 하라) Strategic Coach, Inc.

12 Csikszentmihalyi, M., Abuhamdeh, S., & Nakamura, J. (2014). *Flow.* In Flow and the foundations of positive psychology (pp. 227-238). Springer, Dordrecht.

13 Heutte, J., Fenouillet, F., Martin-Krumm, C., Gute, G., Raes, A., Gute, D., … & Csikszentmihalyi, M. (2021). Optimal experience in adult learning: conception and validation of the flow in education scale (EduFlow-2).(성인 학습을 위한 최적의 경험: 교육 규모에 따른 플로우 개념 및 검증) *Frontiers in Psychology, 12*, 828027.

14 Csikszentmihalyi, M., Montijo, M. N., & Mouton, A. R. (2018). Flow theory: Optimizing elite performance in the creative realm.(플로우 이론: 창의성 영역에서 엘리트 성과 최적화하기)

15 Kotler, S. (2014). *The Rise of Superman: Decoding the science of ultimate hu-man performance.* (슈퍼맨의 부상: 궁극적인 인간 능력의 과학적 해독) Houghton Mifflin Harcourt.

16 Collins, J. (2001). *Good to Great: Why some companies make the leap and oth-ers don't.* (좋은 기업에서 위대한 기업으로: 어떤 기업은 도약하고 어떤 기업은 그렇지 못한 이유) HarperBusiness.

17 Sullivan, D. (2015). *The 10x Mind Expander: Moving your thinking, perfor-mance, and results from linear plodding to exponential breakthroughs.* (10배 마인드 확장기: 사고, 성과, 결과를 선형적인 발전에서 기하급수적인 혁신으로 전환하기) Strategic Coach Inc.

18 Hardy, B. (2016). Does it take courage to start a business? (Masters' thesis, Clemson University).

19 Snyder, C. R. (2002). Hope theory: Rainbows in the mind. (희망 이론: 마음속의 무지개) *Psychological Inquiry, 13*(4), 249-275.

20 Feldman, D. B., Rand, K. L., & Kahle-Wrobleski, K. (2009). Hope and goal attainment: Testing a basic prediction of hope theory. (희망과 목표 달성: 희망 이론의 기본 예측 테스트) *Journal of Social and Clinical Psychology, 28*(4), 479.

21 Baykal, E. (2020). A model on authentic leadership in the light of hope theory. (희망 이론에 비추어 본 진정한 리더십 모델) *Sosyal Bilimler Arastirmalari Dergisi, 10*(3).

22 Bernardo, A. B. (2010). Extending hope theory: Internal and external locus of trait hope. (희망 이론의 확장: 특성 희망의 내부 및 외부 위치) *Personality and In-dividual Differences, 49*(8), 944-949.

23 Tong, E. M., Fredrickson, B. L., Chang, W., & Lim, Z. X. (2010). Re-examining hope: The roles of agency thinking and pathways thinking. (희망에 대한 재검토: 기관적 사고와 경로적 사고의 역할) *Cognition and Emotion, 24*(7), 1207-1215.

24 Chang, E. C., Chang, O. D., Martos, T., Sallay, V., Zettler, I., Steca, P., ... & Cardeñoso, O. (2019). The positive role of hope on the relationship between loneliness and unhappy conditions in Hungarian young adults: How pathways thinking matters!. (헝가리 청년들의 외로움과 불행한 상황 사이의 관계에서 희망이 담당하는 긍정적인 역할: 경로 사고가 중요한 이유!) *The Journal of Positive Psychology, 14*(6), 724-733.

25 Pignatiello, G. A., Martin, R. J., & Hickman Jr, R. L. (2020). Decision fatigue: A

conceptual analysis. (의사 결정 피로: 개념적 분석) *Journal of Health Psychology,* *25*(1), 123-135.

26 Vohs, K. D., Baumeister, R. F., Twenge, J. M., Schmeichel, B. J., Tice, D. M., & Crocker, J. (2005). Decision fatigue exhausts self-regulatory resources—But so does accommodating to unchosen alternatives. (의사결정의 피로도는 자기조절 자원을 고갈시키고, 대안들에 순응하는 것 또한 그러하다) Manuscript submitted for publication.

27 Allan, J. L., Johnston, D. W., Powell, D. J., Farquharson, B., Jones, M. C., Leckie, G., & Johnston, M. (2019). Clinical decisions and time since rest break: An analysis of decision fatigue in nurses. (임상 의사 결정 및 휴식 시간 이후 시간 간호사의 의사 결정 피로에 대한 분석) *Health Psychology, 38*(4), 318.

28 Sullivan, D. & Hardy, B. (2020). *Who Not How: The formula to achieve bigger goals through accelerating teamwork.* (방법이 아닌 사람: 팀워크 가속화를 통해 더 큰 목표를 달성하는 공식) Hay House Business.

29 Dalton, M. (1948). The Industrial "Rate Buster": A Characterization. ("레이트 버스터"의 특징 해부) *Human Organization, 7*(1), 5-18.

30 Drew, R. (2006). Lethargy begins at home: The academic rate-buster and the academic sloth. (무기력은 가정에서 시작된다: 학업 성취도 저하와 학업 무기력증) *Text and Performance Quarterly, 26*(1), 65-78.

2장. 더 적게 일해도 더 많이 버는 비밀

1 Koomey, J. (2008). *Turning Numbers into Knowledge: Mastering the art of problem solving.* (숫자를 지식으로 전환하기: 문제 해결의 기술 마스터하기) Analytics Press.

2 McKeown, G. (2020). *Essentialism: The disciplined pursuit of less.* (본질주의: 더 적은 것을 절제된 방식으로 추구하기) Currency.

3 McAdams, D. P. (2011). *Narrative identity. In Handbook of identity theory and research* (pp. 99-115). (내러티브 정체성. 정체성 이론 및 연구 핸드북에서) Springer: New York, NY.

4 Berk, L. E. (2010). *Exploring Lifespan Development* (2nd ed.). (수명 개발 탐색하기) Pg. 314. Pearson Education Inc.

5 Sitzmann, T., & Yeo, G. (2013). A meta-analytic investigation of the within-person self-efficacy domain: Is self-efficacy a product of past performance or a driver of future performance?. (개인별 자기효능감 영역에 대한 메타분석적 조사: 자기효능감 은 과거 성과에 대한 산물일까, 아니면 미래 성과에 대한 동인일까?) *Personnel Psychology, 66*(3), 531-568.

6 Edwards, K. D. (1996). Prospect theory: A literature review. (프로스펙트 이론: 문헌 검토) *International Review of Financial Analysis, 5*(1), 19-38.

7 Haita-Falah, C. (2017). Sunk-cost fallacy and cognitive ability in individual decision-making. (개인 의사 결정의 매몰 비용 오류와 인지 능력) *Journal of Economic Psychology, 58*, 44-59.

8 Strough, J., Mehta, C. M., McFall, J. P., & Schuller, K. L. (2008). Are older adults less subject to the sunk-cost fallacy than younger adults?. (노년층은 젊은 층에 비해 매몰 비용 오류에 노출이 덜 되는가?) *Psychological Science, 19*(7), 650-652.

9 Knetsch, J. L., & Sinden, J. A. (1984). Willingness to pay and compensation demanded: Experimental evidence of an unexpected disparity in measures of value. (지불 의향과 요구되는 보상: 가치 측정의 예상치 못한 격차에 대한 실험적 증거) *The Quarterly Journal of Economics, 99*(3), 507-521.

10 Kahneman, D., Knetsch, J. L., & Thaler, R. H. (1990). Experimental tests of the endowment effect and the Coase theorem. (소유 효과와 코즈 정리에 관한 실험적 테스트) *Journal of political Economy, 98*(6), 1325-1348.

11 Morewedge, C. K., & Giblin, C. E. (2015). Explanations of the endowment effect: an integrative review. (소유 효과에 대한 설명: 통합적인 검토) *Trends in Cognitive Sciences, 19*(6), 339-348.

12 Festinger, L. (1957). *A Theory of Cognitive Dissonance.* (인지 부조화 이론) Stanford University Press.

13 Heider, F. (1946). Attitudes and cognitive organization. (태도 및 인지 조직) *Journal of Psychology, 21*, 107-112.

14 Heider, F. (1958). *The Psychology of Interpersonal Relations.* (대인 관계의 심리학) New York: John Wiley.

15 Doorley, J. D., Goodman, F. R., Kelso, K. C., & Kashdan, T. B. (2020). Psychological flexibility: What we know, what we do not know, and what we think we know. (심리적 유연성: 우리가 아는 것, 모르는 것, 안다고 생각하는 것들) *Social and Personality Psychology Compass, 14*(12), 1-11. 38

16 Kashdan, T. B., Disabato, D. J., Goodman, F. R., Doorley, J. D., & McKnight, P. E. (2020). Understanding psychological flexibility: A multimethod exploration of pursuing valued goals despite the presence of distress. (심리적 유연성에 대한 이해: 고통 속에서도 가치 있는 목표를 추구하기 위한 다양한 방법 탐구) *Psychological Assessment, 32*(9), 829.

17 Harris, R. (2006). Embracing your demons: An overview of acceptance and commitment therapy. (당신의 악마 포용하기: 수용 및 헌신 치료에 대한 개요) *Psychotherapy in Australia, 12*(4).

18 Blackledge, J. T., & Hayes, S. C. (2001). Emotion regulation in acceptance and commitment therapy. (수용 및 헌신 치료에서의 감정 조절) *Journal of Clinical Psychology, 57*(2), 243-255.

19 Hayes, S. C., Strosahl, K. D., & Wilson, K. G. (2011). *Acceptance and Commitment Therapy: The process and practice of mindful change.* (수용 및 헌신 치료: 마음챙김 변화의 과정과 실천) Guilford Press.

20 Gloster, A. T., Walder, N., Levin, M. E., Twohig, M. P., & Karekla, M. (2020). The empirical status of acceptance and commitment therapy: A review of meta-analyses. (수용 및 헌신 치료의 경험적 현황: 메타 분석에 대한 검토) *Journal of Contextual Behavioral Science, 18*, 181-192.

21 Hawkins, D. R. (2013). *Letting Go: The pathway of surrender.* (놓아주기: 항복의 길) Hay House, Inc.

22 Ferriss, T. (2009). *The 4-Hour Workweek: Escape 9-5, live anywhere, and join the new rich.* (주 4시간 근무제: 9-5 근무에서 벗어나 어디서나 생활하며 새로운 부자가 되라) Harmony.

23 MrBeast. (2016). *Dear Future Me (Scheduled Uploaded 6 Months Ago).* (미래의 나에게(6개월 전 업로드 예정)) MrBeast YouTube Channel. 2022년 8월 22일에 액세스됨. https://www.youtube.com/watch?v=fG1N5kzeAhM

24 MrBeast. (2020). *Hi Me in 5 Years.* (5년 후의 나) MrBeast YouTube Channel. 2022년 8월 22일에 액세스됨. https://www.youtube.com/watch?v=AKJfakEsgy0

25 Rogan, J. (2022). *The Joe Rogan Experience: Episode #1788 - Mr. Beast.* (조 로건 경험: 에피소드 #1788- 미스터 비스트) Spotify. 2022년 3월 15일, 검색됨. https://open.spotify.com/episode/5lokpznqvSrJO3gButgQvs

26 Gladwell, M. (2008). *Outliers: The story of success.* (이상값: 성공 스토리) Little, Brown.

27 Jorgenson, E. (2020). *The Almanack of Naval Ravikant.* (네이벌 라비칸트 어록) Magrathea Publishing.

28 Charlton, W., & Hussey, E. (1999). *Aristotle Physics Book VIII (Vol. 3).* (아리스 토텔레스 물리학) Oxford University Press.

29 Rosenblueth, A., Wiener, N., & Bigelow, J. (1943). Behavior, purpose and teleology. (행동, 목적 및 목적론) *Philosophy of Science, 10*(1), 18-24.

30 Woodfield, A. (1976). *Teleology.* (목적론) Cambridge University Press.

31 Baumeister, R. F., Vohs, K. D., & Oettingen, G. (2016). Pragmatic prospection: How and why people think about the future. (실용적인 전망: 사람들이 미래에 대해 생각하는 방법과 이유) *Review of General Psychology, 20*(1), 3-16.

32 Suddendorf, T., Bulley, A., & Miloyan, B. (2018). Prospection and natural selection. (전망과 자연 선택) *Current Opinion in Behavioral Sciences, 24*, 26-31.

33 Seligman, M. E., Railton, P., Baumeister, R. F., & Sripada, C. (2013). Navigating into the future or driven by the past. (미래로 나아갈 것인가, 아니면 과거에 이끌려 갈 것인가?) *Perspectives on Psychological Science, 8*(2), 119-141.

34 Schwartz, D. (2015). *The Magic of Thinking Big.* (크게 생각하는 마술) Simon & Schuster.

35 Godin, S. (2010). *Linchpin: Are you indispensable? How to drive your career and create a remarkable future.* (린치핀: 당신은 필수 불가결한 존재인가? 커리어를 발전시키고 놀라운 미래를 만드는 방법) Penguin.

36 Clear, J. (2018). *Atomic Habits: An easy & proven way to build good habits & break bad ones.* (원자 습관: 좋은 습관을 만들고 나쁜 습관을 고치는 쉽고 검증된 방법) Penguin.

37 Hoehn, C. (2018). *How to Sell a Million Copies of Your Non-Fiction Book.* (논 픽션 책을 백만 부 판매하는 방법) 2022년 10월 5일 검색됨. https://charliehoehn. com/2018/01/10/sell-million-copies-book/

38 Berrett-Koehler Publishers. (2020). *The 10 Awful Truths about Book Publishing. Steven Piersanti, Senior Editor.* (책 출판에 관한 10가지 끔찍한 진실) 2022년 10월 5일 검색됨. https://ideas.bkconnection.com/10-awful-truths-about-publishing

39 Clear, J. (2021). 3-2-1: *The difference between good and great, how to love yourself, and how to get better at writing.* (좋은 글과 위대한 글의 차이, 자신을 사랑하는 방법, 글쓰기를 더 잘하는 방법) 2022년 11월 2일 검색됨. https:// jamesclear.com/3-2-1/december-16-2021

40 Clear, J. (2014). *My 2014 Annual Review.* 2022년 10월 5일 검색됨. https://jamesclear.com/2014-annual-review

41 Clear, J. (2015). *My 2015 Annual Review.* 2022년 10월 5일 검색됨. https://jamesclear.com/2015-annual-review

42 Clear, J. (2016). *My 2016 Annual Review.* 2022년 10월 5일 검색됨. https://jamesclear.com/2016-annual-review

43 Clear, J. (2017). *My 2017 Annual Review.* 2022년 10월 5일 검색됨. https://jamesclear.com/2017-annual-review

44 Ryan, R. M., & Deci, E. L. (2017). *Self-Determination Theory. Basic psychological needs in motivation, development, and wellness.* (자기 결정 이론. 동기부여, 개발 및 웰빙에 대한 기본적인 심리적 욕구)

45 Deci, E. L., Olafsen, A. H., & Ryan, R. M. (2017). Self-determination theory in work organizations: The state of a science. (직장 조직의 자기 결정 이론: 과학의 상태) *Annual Review of Organizational Psychology and Organizational Behavior, 4,* 19-43.

46 Clear, J. (2018). *My 2018 Annual Review.* 2022년 10월 5일 검색됨. https://jamesclear.com/2018-annual-review

47 Clear, J. (2019). *My 2019 Annual Review.* 2022년 10월 5일 검색됨. https://jamesclear.com/2019-annual-review

48 Godin, S. (2007). *The Dip: A little book that teaches you when to quit* (and when to stick). (더딥: 언제 그만둬야 하는지(그리고 언제 계속해야 하는지) 알려주는 작은 책) Penguin.

49 Collins, J. (2001). *Good to Great: Why some companies make the leap and others don't.* HarperBusiness.

50 David Bowman, N., Keene, J., & Najera, C. J. (2021, May). *Flow encourages task focus, but frustration drives task switching: How reward and effort combine to influence player engagement in a simple video game.* (플로우는 작업 집중을 유도하지만 좌절감은 작업 전환을 유도한다: 간단한 비디오 게임에서 보상과 노력이 플레이어 참여에 영향을 미치는 방법) In Proceedings of the 2021 CHI Conference on Human Factors in Computing Systems (pp. 1-8).

51 Xu, S., & David, P. (2018). Distortions in time perceptions during task switching. (작업 전환 중 시간 인식의 왜곡 현상) *Computers in Human Behavior, 80,* 362-369.

3장. 나만의 독특함을 깨워라

1 Sullivan, D. (2015). *Wanting What You Want: why getting what you want is incomparably better than getting what you need.*(원하는 것을 원하기: 원하는 것을 얻는 것이 필요한 것을 얻는 것보다 비교할 수 없을 정도로 좋은 이유) Strategic Coach Inc.

2 Sullivan, D. (2015). *Wanting What You Want: why getting what you want is incomparably better than getting what you need.* Strategic Coach Inc.

3 Sullivan, D. (2015). *Wanting What You Want: why getting what you want is incomparably better than getting what you need.* Strategic Coach Inc.

4 Graham, P. (2004). *How to make wealth.*(부를 만드는 방법) 2022년 10월 11일 검색됨. http://www.paulgraham.com/wealth.html

5 Covey, S. R., & Covey, S. (2020). *The 7 Habits of Highly Effective People.*(고도로 효율적인 사람들의 7가지 습관) Simon & Schuster.

6 Ferriss, T. (2022). *Brian Armstrong, CEO of Coinbase — The Art of Relentless Focus, Preparing for Full-Contact Entrepreneurship, Critical Forks in the Path, Handling Haters, The Wisdom of Paul Graham, Epigenetic Reprogramming, and Much More (#627).*(브라이언 암스트롱[코인베이스 CEO]- 끊임없는 집중의 기술, 기업가정신에 흠뻑 젖기, 경로의 중요한 갈림길, 싫어하는 사람 다루기, 폴 그레이엄의 지혜, 후성유전학적 재프로그래밍 등) The Tim Ferriss Show.

7 Carter, I. (2004). *Choice, freedom, and freedom of choice.*(선택, 자유, 선택의 자유) *Social Choice and Welfare, 22*(1), 61-81.

8 Fromm, E. (1994). *Escape from Freedom.*(자유로부터의 도피) Macmillan.

9 Frankl, V. E. (1985). *Man's Search for Meaning.*(인간의 의미 찾기) Simon & Schuster.

10 Canfield, J., Switzer, J., Padnick, S., Harris, R., & Canfield, J. (2005). *The Success Principles* (pp. 146-152). (성공 원칙) Harper Audio.

11 Sullivan, D. (2017). *The Self-Managing Company. Freeing yourself up from everything that prevents you from creating a 10x bigger future.*(스스로 경영하는 회사. 10배 더 큰 미래를 만드는 데 방해가 되는 모든 것에서 자유로워지라) Strategic Coach Inc.

12 Rodriguez, P. (2022). *Paul Rodriguez | 20 and Forever.*(폴 로드리게스 | 스무 살, 그리고 영원히) Paul Rodriguez YouTube Channel. 2022년 10월 11일 검색됨. https://www.youtube.com/watch?v=xUEw6fSlcsM

13 Stephen Cox (April 11, 2013). *"Paul Rodriguez Interrogated,"*(폴 로드리게스 집중 분석) The Berrics. Archived from the original on April 13, 2013. 2013년 4월 13일 검색됨.

14 "City Stars Skateboards,"Skately LLC. Archived from the original on March 26, 2018년 4월 8일 검색됨.

15 Sigurd Tvete (July 31, 2009). "Paul Rodriguez Interview."Tackyworld. Tacky Products AS. Archived from the original on April 9, 2014. 2012년 9월 27일 검색됨.

16 Transworld Skateboarding, (2002). In Bloom. Transworld Skateboard Video.

17 Rodriguez, P. (2022). Paul Rodriguez | 20 and Forever. Paul Rodriguez YouTube Channel. 2022년 10월 11일 검색됨. https://www.youtube.com/watch?v=xUEw6fSlcsM

18 Quoted in Howard Gardner, *"Creators: Multiple Intelligences,"*(크리에이터: 다중 지능) in The Origins of Creativity, ed. Karl H. Pfenninger and Valerie R. Shubik (Oxford: Oxford University Press, 2001), 132.

19 Hall, D. T., & Chandler, D. E. (2005). Psychological success: When the career is a calling. (심리적 성공: 직업이 소명일 때) *Journal of Organizational Behavior: The International Journal of Industrial, Occupational and Organizational Psychology and Behavior, 26*(2), 155-176.

20 Duffy, R. D., & Dik, B. J. (2013). Research on calling: What have we learned and where are we going?. (소명 연구: 우리가 배운 것과 방향) *Journal of Vocational Behavior, 83*(3), 428-436.

21 Dobrow, S. R., & Tosti-Kharas, J. (2012). Listen to your heart? Calling and receptivity to career advice. (마음의 소리에 귀 기울이는가? 진로 조언에 대한 소명과 수용성에 관하여) *Journal of Career Assessment, 20*(3), 264-280.

22 Duke, A. (2022). *Quit: The power of knowing when to walk away.* (그만두기: 그만둘 때를 아는 힘) Penguin.

23 Sullivan, D. (2019). *Always Be the Buyer: Attracting other people's highest commitment to your biggest and best standards.* (항상 구매자가 되라: 가장 커다랗고 최고의 기준에 대해 사람들의 최고 헌신 끌어내기) Strategic Coach Inc.

24 Carse, J. (2011). *Finite and Infinite Games.* (유한 게임과 무한 게임) Simon & Schuster.

25 Jorgenson, E. (2020). *The Almanack of Naval Ravikant.* Magrathea Publishing.

4장. 경험을 자산으로 전환하라

1 Jobs, S. (2005). *Steve Jobs'2005 Stanford Commencement Address.* (스티브 잡스의 2005년 스탠포드 졸업식 연설) Stanford University YouTube Channel. 2022년 8월 26일 검색됨. https://www.youtube.com/watch?v=UF8uR6Z6KLc

2 Sullivan, D., & Hardy, B. (2021). *The Gap and The Gain: The high achievers' guide to happiness, confidence, and success.* Hay House Business.

3 Perry, M. (2022). *Friends, Lovers, and the Big Terrible Thing: A Memoir.* (친구, 연인, 그리고 큰 끔찍한 일: 회고록) Flatiron Books.

4 Sullivan, D., & Hardy, B. (2021). *The Gap and The Gain: The high achievers' guide to happiness, confidence, and success.* Hay House Business.

5 Fredrickson, B. L. (2004). The broaden-and-build theory of positive emotions. Philosophical transactions of the royal society of London. (긍정적 감정의 확장 및 구축 이론. 런던 왕실 사회의 철학적 거래) *Series B: Biological Sciences, 359*(1449), 1367-1377.

6 Garland, E. L., Fredrickson, B., Kring, A. M., Johnson, D. P., Meyer, P. S., & Penn, D. L. (2010). Upward spirals of positive emotions counter downward spirals of negativity: Insights from the broaden-and-build theory and affective neuroscience on the treatment of emotion dysfunctions and deficits in psychopathology. (긍정적인 감정의 상향 나선은 부정적인 감정의 하향 나선에 대응한다: 정신병리학의 감정 기능 장애 및 결함 치료에 대한 확장 및 구축 이론과 정서 신경과학의 통찰력) *Clinical Psychology Review, 30*(7), 849-864.

7 Vacharkulksemsuk, T., & Fredrickson, B. L. (2013). *Looking back and glimpsing forward: The broaden-and-build theory of positive emotions as applied to organizations.* (과거를 돌아보고 미래를 내다본다: 조직에 적용되는 긍정적 감정의 확장 및 구축 이론) In Advances in positive organizational psychology (Vol. 1, pp. 45-60). Emerald Group Publishing Limited.

8 Thompson, M. A., Nicholls, A. R., Toner, J., Perry, J. L., & Burke, R. (2021). Pleasant Emotions Widen Thought-Action Repertoires, Develop Long-Term Resources, and Improve Reaction Time Performance: A Multistudy Examination of the Broaden-and-Build Theory Among Athletes. (즐거운 감정은 사고-행동 레퍼토리를 넓히고, 장기적인 자원을 개발하며, 반응 시간 성과를 향상시킨다: 운동선수들의 확장 및 구축 이론에 대한 다중 연구 조사) *Journal of Sport and Exercise Psy-*

chology, *43*(2), 155-170.

9 Lin, C. C., Kao, Y. T., Chen, Y. L., & Lu, S. C. (2016). Fostering change-oriented behaviors: A broaden-and-build model. (변화 지향적인 행동 촉진: 확장 및 구축 모델) *Journal of Business and Psychology, 31*(3), 399-414.

10 Stanley, P. J., & Schutte, N. S. (2023). Merging the Self-Determination Theory and the Broaden and Build Theory through the nexus of positive affect: A macro theory of positive functioning. (긍정적 영향의 연결고리를 통해 자기 결정 이론과 확장 및 구축 이론을 통합하다: 긍정적 기능에 대한 거시적 이론) *New Ideas in Psychology, 68*, 100979.

11 Chhajer, R., & Dutta, T. (2021). Gratitude as a mechanism to form high-quality connections at work: impact on job performance. (직장에서 양질의 관계를 형성하는 메커니즘인 감사: 업무 성과에 미치는 영향) *International Journal of Indian Culture and Business Management, 22*(1), 1-18.

12 Park, G., VanOyen-Witvliet, C., Barraza, J. A., & Marsh, B. U. (2021). The benefit of gratitude: trait gratitude is associated with effective economic decision-making in the ultimatum game. (감사의 이익: 특성 감사는 최후통첩 게임에서 효과적인 경제적 의사 결정과 관련이 있다) *Frontiers in Psychology, 12*, 590132.

13 Sitzmann, T., & Yeo, G. (2013). A meta-analytic investigation of the within-person self-efficacy domain: Is self-efficacy a product of past performance or a driver of future performance?. (개인 내 자기효능감 영역에 대한 메타분석적 조사: 자기효능감은 과거 성과에 대한 산물인가, 미래 성과에 대한 동인인가?) *Personnel Psychology, 66*(3), 531-568.

14 Tong, E. M., Fredrickson, B. L., Chang, W., & Lim, Z. X. (2010). Re-examining hope: The roles of agency thinking and pathways thinking. (희망에 대한 재검토: 기관적 사고와 경로적 사고의 역할) *Cognition and Emotion, 24*(7), 1207-1215.

15 Peterson, S. J., & Byron, K. (2008). Exploring the role of hope in job performance: Results from four studies. (직무 수행에 있어 희망의 역할 탐구: 네 가지 연구 결과) *Journal of Organizational Behavior: The International Journal of Industrial, Occupational and Organizational Psychology and Behavior, 29*(6), 785-803.

16 Sullivan, D. (2016). *The 10x Mind Expander: Moving your thinking, perfor-mance, and results from linear plodding to exponential breakthroughs.* (10배의 마인드 확장기: 사고, 성과, 결과를 선형적인 발전에서 기하급수적인 혁신으로 전환

하기) Strategic Coach Inc.

7 Johnston, W. A., & Dark, V. J. (1986). Selective attention. (선택적 주의) *Annual Review of Psychology, 37*(1), 43-75.

18 Treisman, A. M. (1964). Selective attention in man. (남성의 선택적 주의력) *British Medical Bulletin, 20*(1), 12-16.

19 Kiyosaki, R. T., & Lechter, S. L. (2001). *Rich Dad Poor Dad: What the rich teach their kids about money that the poor and the middle class do not!*. (부자 아빠 가난한 아빠: 부자들이 자녀에게 돈에 대해 가르치는 것, 그리고 빈곤층과 중산층은 모르는 것!) Business Plus.

20 Waitzkin, J. (2008). *The Art of Learning: An inner journey to optimal performance*. (배움의 기술: 최적의 성과를 위한 내면의 여정) Simon & Schuster.

21 Moors, A., & De Houwer, J. (2006). Automaticity: a theoretical and conceptual analysis. (자동성: 이론적 및 개념적 분석) *Psychological Bulletin, 132*(2), 297.

22 Logan, G. D. (1985). Skill and automaticity: Relations, implications, and future directions. (기술과 자동화: 관계, 시사점 및 향후 방향) *Canadian Journal of Psychology/Revue Canadienne De Psychologie, 39*(2), 367.

23 Graham, P. (2004). *How to make wealth*. (부를 만드는 방법) 2022년 10월 11일에 검색됨. http://www.paulgraham.com/wealth.html

24 Adabi, M. (2017). *The Obamas are getting a record-setting book deal worth at least $60 million*. (오바마 부부가 최소 6천만 달러에 달하는 기록적인 도서 계약을 체결한다) Business Insider. 2022년 10월 11일에 검색됨. https://www.businessinsider.com/obama-book-deal-2017-2

5장. 1년에 150일 이상 '자유의 날' 확보하기

1 Brown, B. (2010). *The Gifts of Imperfection: Let go of who you think you're supposed to be and embrace who you are*. (불완전함이라는 선물: 자신이 어떤 사람이어야 한다고 생각하는 것을 버리고 있는 그대로의 자신을 받아들이기) Simon & Schuster.

2 Godin, S. (2014). *The wasteful fraud of sorting for youth meritocracy: Stop Stealing Dreams*. (청소년 능력주의 선발이라는 헤픈 사기: 꿈을 훔치는 일을 멈춰라) 2022년 9월 29일에 검색됨. https://seths.blog/2014/09/the-shameful-fraud-of-

sorting-for-youth-meritocracy/

3 Slife, B. D. (1995). Newtonian time and psychological explanation. (뉴턴의 시간과 심리학적 설명) *The Journal of Mind and Behavior,* 45-62.

4 Slife, B. D. (1993). *Time and Psychological Explanation.* (시간 및 심리 설명) SUNY press.

5 Murchadha, F. Ó. (2013). *The Time of Revolution: Kairos and chronos in Heidegger (Vol. 269).* (혁명의 시간: 하이데거의 카이로스와 크로노스) A&C Black.

6 Smith, J. E. (2002). Time and qualitative time. Rhetoric and kairos. (시간과 질적 시간. 수사학과 카이로스) *Essays in History, Theory, and Praxis,* 46-57.

7 Slife, B. D. (1993). *Time and Psychological Explanation.* SUNY press.

8 Einstein, A. (2013). *Relativity.* Routledge.

9 Tompkins, P. K. (2002). Thoughts on time: Give of yourself now. (시간에 대한 생각: 지금 자신을 내어주기) *Vital Speeches of the Day, 68*(6), 183.

10 Malhotra, R. K. (2017). Sleep, recovery, and performance in sports. (스포츠에서의 수면, 회복 및 운동 능력에 관하여) *Neurologic Clinics, 35*(3), 547-557.

11 Neagu, N. (2017). Importance of recovery in sports performance. (스포츠에서 경기력 회복의 중요성) *Marathon, 9*(1), 53-9.

12 Kellmann, M., Pelka, M., & Beckmann, J. (2017). Psychological relaxation techniques to enhance recovery in sports. (스포츠 회복력을 높이는 심리적 이완 기법) *In Sport, Recovery, and Performance* (pp. 247-259). Routledge.

13 Taylor, K., Chapman, D., Cronin, J., Newton, M. J., & Gill, N. (2012). Fatigue monitoring in high performance sport: a survey of current trends. (고성능 스포츠의 피로 모니터링: 최신 트렌드에 대한 설문 조사) *J Aust Strength Cond, 20*(1), 12-23.

14 Sonnentag, S. (2012). Psychological detachment from work during leisure time: The benefits of mentally disengaging from work. (여가 시간에는 일에서 심리적으로 분리하라: 정신적으로 업무에서 벗어나는 것의 이점) *Current Directions in Psychological Science, 21*(2), 114-118.

15 Karabinski, T., Haun, V. C., Nübold, A., Wendsche, J., & Wegge, J. (2021). Interventions for improving psychological detachment from work: A meta-analysis. (직장에서의 심리적 분리감을 개선하기 위한 개입: 메타 분석) *Journal of Occupational Health Psychology, 26*(3), 224.

16 Ferriss, T. (2018). *The Tim Ferriss Show Transcripts: LeBron James and Mike*

Mancias (#349). (팀 페리스 쇼 대본: 르브론 제임스와 마이크 맨시아스) The Tim Ferriss Show. 2022년 9월 30일에 검색됨. https://tim.blog/2018/11/30/the-tim-ferriss-show-transcripts-lebron-james-and-mike-mancias/

17 Karabinski, T., Haun, V. C., Nübold, A., Wendsche, J., & Wegge, J. (2021). Interventions for improving psychological detachment from work: A meta-analysis. (직장에서의 심리적 분리감을 개선하기 위한 개입: 메타 분석) *Journal of Occupational Health Psychology, 26*(3), 224.

18 Sonnentag, S. (2012). Psychological detachment from work during leisure time: The benefits of mentally disengaging from work. *Current Directions in Psychological Science, 21*(2), 114-118.

19 Sonnentag, S., Binnewies, C., & Mojza, E. J. (2010). Staying well and engaged when demands are high: the role of psychological detachment. (업무량이 많을 때 건강하게 업무에 집중하기: 심리적 안정감의 역할) *Journal of Applied Psychology, 95*(5), 965.

20 Fritz, C., Yankelevich, M., Zarubin, A., & Barger, P. (2010). Happy, healthy, and productive: the role of detachment from work during nonwork time. (행복, 건강, 생산성: 업무 외 시간 동안 업무로부터의 분리의 역할) *Journal of Applied Psychology, 95*(5), 977.

21 DeArmond, S., Matthews, R. A., & Bunk, J. (2014). Workload and procrastination: The roles of psychological detachment and fatigue. (업무량과 미루기: 심리적 분리와 피로감의 역할) *International Journal of Stress Management, 21*(2), 137.

22 Sonnentag, S., Binnewies, C., & Mojza, E. J. (2010). Staying well and engaged when demands are high: the role of psychological detachment. *Journal of Applied Psychology, 95*(5), 965.

23 Germeys, L., & De Gieter, S. (2017). Psychological detachment mediating the daily relationship between workload and marital satisfaction. (업무량과 결혼 만족도 사이의 일상적 관계를 매개하는 심리적 분리감) *Frontiers in Psychology,* 2036.

24 Greenhaus, J. H., Collins, K. M., & Shaw, J. D. (2003). The relation between work-family balance and quality of life. (일과 가정의 양립과 삶의 질 사이의 관계) *Journal of Vocational Behavior, 63*(3), 510-531.

25 Shimazu, A., Matsudaira, K., De Jonge, J., Tosaka, N., Watanabe, K., & Takahashi, M. (2016). Psychological detachment from work during nonwork

time: Linear or curvilinear relations with mental health and work engagement?. (업무 외 시간 동안 업무로부터의 심리적 분리: 정신 건강 및 업무 몰입도와 선형적 또는 곡선적 관계?) *Industrial Health*, 2015-0097.

26 Kotler, S. (2021). *The Art of Impossible: a peak performance primer*. (불가능의 기술: 최고의 성능을 위한 입문서) HarperCollins.

27 Culley, S. et al., (2011). Proceedings Volume DS68-7 IMPACTING SOCIETY THROUGH ENGINEERING DESIGN VOLUME 7: *HUMAN BEHAVIOUR IN DESIGN*. Human Behaviour in Design, Lyngby/Copenhagen, Denmark. 2022년 9월 30일에 검색됨. https://www.designsociety.org/multimedia/publication/1480c22e 7a4a2eb70160bfd90471ac2d.pdf

28 Lynch, D. (2016). *Catching the big fish: Meditation, consciousness, and creativity*. (대어 잡기: 명상, 의식, 그리고 창의력) Penguin.

29 Reservations. *How to do a Think Week Like Bill Gates*. (빌 게이츠처럼 생각하는 주간을 보내는 방법) 2022년 9월 30일에 검색됨. https://www.reservations.com/blog/resources/think-weeks/

30 Sullivan, D. (2017). *The Self-Managing Company. Freeing yourself up from everything that prevents you from creating a 10x bigger future*. Strategic Coach Inc.

31 Sullivan, D., & Hardy, B. (2020). *Who Not How: The formula to achieve bigger goals through accelerating teamwork*. Hay House Business.

32 Cowherd, C. (2022). *The Herd | Colin "crazy on" Jalen Hurts led Philadelphia Eagles beat Commanders to prove 3-0*. (더 허드 | '미친 존재감' 콜린 허츠가 이끄는 필라델피아 이글스가 커맨더스를 3-0으로 꺾다.) YouTube. 2022년 9월 30일에 검색됨. https://www.youtube.com/watch?v=ETu6-P-KRMg

33 Graham, P. (2009). Maker's Schedule, Manager's Schedule.

34 Kotler, S. (2021). *The Art of Impossible: a peak performance primer*. HarperCollins.

35 Csikszentmihalyi, M., Abuhamdeh, S., & Nakamura, J. (2014). Flow. *In Flow and The Foundations of Positive Psychology* (pp. 227-238). Springer, Dordrecht.

36 Godin, S. (2010). *Linchpin: Are you indispensable?* Penguin.

37 Sullivan, D. & Hardy, B. (2021). *The Gap and The Gain: The high achievers' guide to happiness, confidence, and success*. Hay House Business.

38 Albaugh, N., & Borzekowski, D. (2016). Sleeping with One's cellphone: The

relationship between cellphone night placement and sleep quality, relationships, perceived health, and academic performance. (휴대폰과 함께 잔다는 것: 휴대폰 사용과 수면의 질, 인간관계, 인지된 건강 및 학업 성취도 사이의 관계) *Journal of Adolescent Health, 58*(2), S31.

6장. 10배 성장을 위한 리더의 역할

1 Ferriss, T. (2009). *The 4-Hour Workweek: Escape 9-5, live anywhere, and join the new rich.* Harmony.

2 Sullivan, D. (2017). *The Self-Managing Company. Freeing yourself up from everything that prevents you from creating a 10x bigger future.* Strategic Coach Inc.

3 Bass, B. M., & Riggio, R. E. (2006). *Transformational Leadership.* (변혁적 리더십) Psychology Press.

4 Campbell, J. (2003). *The Hero's Journey: Joseph Campbell on his life and work (Vol. 7).* (영웅의 여정: 조셉 캠벨의 삶과 업적) New World Library.

5 Bass, B. M. (1999). Two decades of research and development in transformational leadership. (혁신적 리더십에 대한 20년간의 연구와 개발) *European Journal of Work and Organizational Psychology, 8*(1), 9-32.

6 Siangchokyoo, N., Klinger, R. L., & Campion, E. D. (2020). Follower transformation as the linchpin of transformational leadership theory: A systematic review and future research agenda. (변혁적 리더십 이론의 핵심인 팔로워의 변화에 관한 체계적인 검토와 향후 연구 의제) *The Leadership Quarterly, 31*(1), 101341.

7 Turnnidge, J., & Côté, J. (2018). Applying transformational leadership theory to coaching research in youth sport: A systematic literature review. (청소년 스포츠 코칭 연구에 변혁적 리더십 이론 적용하기: 체계적인 문헌 검토) *International Journal of Sport and Exercise Psychology, 16*(3), 327-342.

8 Islam, M. N., Furuoka, F., & Idris, A. (2021). Mapping the relationship between transformational leadership, trust in leadership and employee championing behavior during organizational change. (조직 변화 과정에서 변혁적 리더십, 리더십에 대한 신뢰, 직원들의 옹호 행동 사이의 관계 매핑하기) *Asia Pacific Management Review, 26*(2), 95-102.

9 Collins, J. (2001). *Good to Great: Why some companies make the leap and oth-*

ers don't. HarperBusiness.

10 Organ, D. W. (1988). A restatement of the satisfaction-performance hypothesis. (만족도-성능 가설의 재검토) *Journal of Management, 14*(4), 547-557.

11 Lam, S. S. K., Hui, C. & Law, K. S. (1999). Organizational citizenship behavior: comparing perspectives of supervisors and subordinates across four international samples. (조직 시민의식 행동: 4개의 국제 표본에서 상사와 부하 직원의 관점 비교하기) *Journal of Applied Psychology, 84*(4), 594-601.

12 Morrison, E. W. (1994). Role definitions and organizational citizenship behavior: the importance of the employee's perspective. (역할 정의와 조직 시민의식 행동: 직원의 관점의 중요성) *Academy of Management Journal, 37*(6), 1543-1567.

13 Vipraprastha, T., Sudja, I. N., & Yuesti, A. (2018). The Effect of Transformational Leadership and Organizational Commitment to Employee Performance with Citizenship Organization (OCB) Behavior as Intervening Variables (At PT Sarana Arga Gemeh Amerta in Denpasar City). (변혁적 리더십과 조직몰입이 직원 성과에 미치는 영향) *International Journal of Contemporary Research and Review, 9*(02), 20503-20518.

14 Engelbrecht, A. S., & Schlechter, A. F. (2006). The relationship between transformational leadership, meaning and organisational citizenship behaviour. (변혁적 리더십, 의미, 조직 시민성 행동의 관계) *Management Dynamics: Journal of the Southern African Institute for Management Scientists, 15*(4), 2-16.

15 Lin, R. S. J., & Hsiao, J. K. (2014). The relationships between transformational leadership, knowledge sharing, trust and organizational citizenship behavior. (변혁적 리더십, 지식 공유, 신뢰, 조직 시민 행동 간의 관계) *International Journal of Innovation, Management and Technology, 5*(3), 171.

16 Hardy, B. P. (2019). Transformational leadership and perceived role breadth: Multi-level mediation of trust in leader and affective organizational commitment (Doctoral dissertation, Clemson University).

17 Schaubroeck, J., Lam, S. S., & Peng, A. C. (2011). Cognition-based and affect-based trust as mediators of leader behavior influences on team performance. (리더 행동이 팀 성과에 미치는 영향을 매개하는 인지 기반 및 정서 기반 신뢰) *Journal of Applied Psychology, 96*(4), 863-871.

18 Nohe, C., & Hertel, G. (2017). Transformational leadership and organizational citizenship behavior: a meta-analytic test of underlying mechanisms. (변혁적 리더

십과 조직 시민의식 행동: 근본적인 메커니즘에 대한 메타분석 테스트) *Frontiers in Psychology, 8,* 1364.

19 Covey, S. R., & Merrill, R. R. (2006). *The Speed of Trust: The one thing that changes everything.* (신뢰의 속도: 모든 것을 바꾸는 단 한 가지) Simon & Schuster.

20 Deci, E. L., & Ryan, R. M. (2012). Self-Determination Theory. (자기 결정 이론)

21 Ryan, R. M., & Deci, E. L. (2019). Brick by brick: The origins, development, and future of self-determination theory. (벽돌 하나하나: 자기결정권 이론의 기원, 발전 그리고 미래) In *Advances in Motivation Science* (Vol. 6, pp. 111-156). Elsevier.

22 Sullivan, D., & Hardy, B. (2020). *Who Not How: The formula to achieve bigger goals through accelerating teamwork.* Hay House Business.

23 Sullivan, D. (2017). *The Self-Managing Company. Freeing yourself up from everything that prevents you from creating a 10x bigger future.* Strategic Coach Inc.

결론. 10배가 2배보다 쉽다

1 Hollis, J. (2005). *Finding Meaning in the Second Half of Life: How to finally, really grow up.* (인생 후반기의 의미 찾기: 마침내 진정으로 성장하는 방법) Penguin.

2 Hawkins, D. R. (1994). *Power Versus Force: An anatomy of consciousness.* (힘 대 힘: 의식의 해부학) Hay House, Inc.

3 Gódány, Z., Machová, R., Mura, L., & Zsigmond, T. (2021). Entrepreneurship motivation in the 21st century in terms of pull and push factors. (21세기의 기업가 정신 동기를 끌어당기는 요인과 밀어붙이는 요인으로 살펴보기) *TEM J, 10,* 334-342.

4 Uysal, M., Li, X., & Sirakaya-Turk, E. (2008). Push-pull dynamics in travel decisions. (여행 결정의 푸시-풀 역학 관계) *Handbook of Hospitality Marketing Management, 412,* 439.

5 Hawkins, D. R. (2013). *Letting go: The pathway of surrender.* (놓아주기: 항복의 길) Hay House, Inc.

6 Newport, C., (2012). *So Good They Can't Ignore You: Why skills trump passion in the quest for work You love.* (너무 뛰어나서 무시할 수 없다: 좋아하는 일을 찾

을 때 기술이 열정보다 우선시되는 이유) Grand Central Publishing.

7 Tracy, B. (2001). *Focal Point: A proven system to simplify your life, double your productivity, and achieve all your goals.* (초점: 생활을 간소화하고 생산성을 두 배로 높이며 모든 목표를 달성할 수 있는 검증된 시스템) Amacom.

옮긴이 심채원

경영컨설턴트를 꿈꾸며 경영학을 공부했지만, 우연히 편집자로 일하게 되면서 인생의 전환점을 맞이했다. 대학에서 경영학을 전공하며 논리적 사고와 전략적 마인드를 키우고, 인문학과 자기계발 도서를 편집하면서 인간 내면의 성장에 깊은 관심을 갖게 되었다. 통찰과 논리를 융합해 새로운 가치를 전달하는 일에 관심이 많다.
betterme888@naver.com

10배 마인드셋

초판 1쇄 발행 | 2024년 5월 2일

지은이 | 벤저민 하디, 댄 설리반
옮긴이 | 심채원

펴낸이 | 김윤정
펴낸곳 | 글의온도
출판등록 | 2021년 1월 26일(제2021-000050호)
주소 | 서울시 종로구 삼봉로 81, 442호
전화 | 02-739-8950
팩스 | 02-739-8951
메일 | ondopubl@naver.com
인스타그램 | @ondopubl

© 2023, The Strategic Coach
ISBN 979-11-92005-44-7 (03320)